Muhammed Ameen Saleh

قِصَصُ النَّبِيِّيْنَ

Seerah of the Prophet

Author:

Abul Hasan Ali Hasani Nadwi

May Almighty Allah shower His mercy upon him

Vocabulary added by:

Muawiyah ibn (Mufti) Abdus-Samad

Teacher at Jamiatul Ilm Wal Huda

Jamiatul Ilm Wal Huda

All rights reserved. No part of this publication may be reproduced, stored in a retrieval system, or transmitted in any form by means of electronic, mechanical, photocopying or otherwise, without the prior permission of the distributors.

British Library Cataloguing in Publication Data
A catalogue record for this book is available from the British Library.

Published & Distributed by:

Jamiatul Ilm Wal Huda
30 Moss Street
Blackburn
Lancashire, U.K.
BB1 5JT
T: 01254 673105
W: www.jamiah.co.uk
E: info@jamiah.co.uk

ISBN: 978-0-9556973-8-8

Printed by: Imak Ofset, Turkey

بسم الله الرحمن الرحيم

In the Name of Allah, the Most Gracious, the Most Merciful

قال الله عزّ وجلّ

"لَقَدْ كَانَ لَكُمْ فِيْ رَسُوْلِ اللهِ أُسْوَةٌ حَسَنَةٌ لِمَنْ كَانَ يَرْجُوْ اللهَ وَالْيَوْمَ الْآخِرَ

وَذَكَرَ اللهَ كَثِيْرًا"

[سورة الأحزاب: 21]

Introduction

بِسْمِ اللهِ الرَّحْمٰنِ الرَّحِيْمِ

الحمد لله ربّ العالمين والصلاة والسلام على رحمة للعالمين ومن تبعه من النّاس أجمعين أمّا بعد

The author, Abul Hasan Ali Hasani Nadwi, has a compiled a short, yet entertaining, book regarding some Prophets. He discusses Prophets, Ibrahim, Yusuf, Nuh, Hud, Saleh, Musa, Shuaib, Dawood, Suleiman, Ayub, Yunus, Zakariya, Isa and Muhammad (May Almighty Allah send blessings on all the Prophets).

In Part one, the stories of Ibrahim and Yusuf are compiled, in part two the stories of Nuh, Hud and Saleh are compiled, in part three the story of Musa is compiled (divided into two sections). The author completed the first three parts in 1946AH. Thereafter, after a thirty year gap, where he was unable to continue with the series due to other responsibilities, he was given divine ability in completing the beneficial series by completing part four and five. In part four the stories of Shuaib, Dawood, Suleiman, Ayub, Yunus, Zakariya and Isa are compiled and in part five the seerah of the Prophet Muhammad is discussed. Jamiatul Ilm Wal Huda has already published a volume consisting of the first four parts; with the grace of Almighty Allah this volume is the final part (the seerah), hence, completing the full series.

The author originally wrote this book for his nephew, namely Muhammad. His nephew had just started to study the Arabic language, as it is the language of the Qur'an and prophetic teachings. Very soon, the nephew became enthusiastic regarding the Arabic language and had a passion for reading Arabic stories. However, the author was concerned regarding the passion of the nephew, he was worried the nephew will use this exuberance and spirit in reading novels that will be of little benefit, therefore, he compiled stories of certain Prophets that a beginner student of the Arabic language will benefit from, both, in terms of the Arabic learning and also will feel a thrill and excitement from the stories.

In this edition, along with the Arabic text of the author, the words have been added in a tabular form with the Urdu and English meanings, benefitting both audiences alike. The first table covers the basic, constantly occurring words within the Arabic language. Thereafter, all the other words of each chapter are mentioned before the text of the relevant chapter. Furthermore, once a word has been mentioned in a table, it will not re-appear in any later tables. **Overall, the first volume had a total of 2596 Arabic words with meanings mentioned, this volume has a further 1338 Arabic words with meanings; therefore, in total a person who reads the full series** (five parts) **will have learnt 3934 words.**

In addition to the original work, in this edition approximately 40 sides of information regarding seerah has been added for the benefit of the English readers.

May Almighty Allah make the book of the author and the addition of the words, meanings and additional seerah notes beneficial for the society and generations, may He make it a means of making the studying of the Qur'an and prophetic narrations easier for learners. Ameen.

Muawiyah Ibn (Mufti) Abdus-Samad Ahmed
Graduate of Jamiatul Ilm Wal Huda (Blackburn, U.K.)

بين يدي الكتاب

الحمد للهِ ربِّ العالمين والصّلاة والسّلام على سيّد المرسلين وخاتم النبيّين محمّد ﷺ وآله وصَحْبه أجمعين ومَنْ تبعهم بإحسانٍ إلى يوم الدِّيْنِ

أمّا بعد:

فإنّ أكبرَ مجموعةٍ من الكلمات وأبلغ بيانٍ يَقْصُرَانِ عن إيفاء حقّ الحمد والشكر لله تعالى وعن التعبير عن السّرور الذي يغمر قلب كاتب هذه السطور وهو يقدّم الجزء الأخير لسلسلة (قصص النبيّين للأطفال) وهو الجزء الخاصّ بسيرة خاتم النبيّين ﷺ

وقد مدّ الله عمر الكاتب وَرَافَقَهُ التّوفيق الإلهيُّ فأكمل هذه السلسلة المباركة وختمها بختمٍ هو مِسْكُ الختام ولو عُجِّلَتْ به منيّتُهُ ومات قبل أن يُكْمِلَها لحملَ معه حسرةً لا تنتهي وحاجةً في نفسِ يعقوب عليه السلام ما قضاها وقد كان الشيء الزهيد من الأشغال والحوادث كافيًا ليشغله عن وَضْعِ هذا الكتاب وإكمال هذه السّلسلة وفي تأريخ التأليف والكتابة وتراجم المؤلّفين الكبار نماذجُ من السَّلاسلِ التي لم تُكْمل والأعمال التي لم تَتِمَّ

وقد تعرَّضَ المؤلّف نفسه لمثل هذا الخطر فقد وقعتْ فترة مدّة ثلاثين سنةً بين جزء (قصص النبيّين) الذي انتهى إلى قصّة سيّدنا موسى عليه وعلى نبيّنا الصّلاة والسلام وبين الجزء الذي ابتدأ بقصّة سيّدنا شعيب وانتهى إلى قصّة سيّدنا عيسى ابن مريم عليهما الصلاة والسلام

وما بالحياة ثقة ، وليس على رَيْبِ الزّمان معوّلٌ ولكن أَدْرَكَهُ اللّطف الإلهيّ وحالفه التّوفيق فشرع في وضع السّيرة النّبويّة للأطفال على إثر انتهائه من تأليف الجزء الأخير من (قصص النبيّين) وذلك في شوّال سنة 1395هـ وعكف على تأليف هذا الكتاب حتّى انتهى في مدّة قريبة ثمّ اشتغل بتأليف الكتاب الكبيرِ في السِّيْرة النبويّة وقد كان هذا الكتابُ الصغيرُ نواة هذا الكتاب الكبير وأساسه ووُفِّقَ لإتمامه في غرّة شوّال سنة 1396هـ

وقد اعتمدتُ في تأليف هذا الكتاب على تلخيص السيرة النبويّة لابن هشام الذي هو من أقدمِ كُتُب السيرة الموجودة الآن مطبوعة متداولة وأكثرها تأثيرا في النفوس والقلوب مستندًا في ذلك إلى بعض المراجع القديمة وكتب الصّحاح ولم ير المؤلّف ضرورة إحالة القارئ إلى هذه المراجع بقيد الصفحاتِ والطَّبعات لأنَّ الكتابَ قد أُلِفَ للصِّغَار الناهضين لا للباحثين والمحقّقين مقتصرا على النصوص والرّوايات لم أمزجها بالبحوث العلميّة والتّعليلات الفلسفيّة والشّهادات الأجنبيّة لأنّ ذلك يشغل القارئ عن التشبّع بروح السّيرة والتّذوّق بجمالها ولأنّ موضع هذه المباحث للكتاب الكبير الموسّع في موضوع السّيرة الذي كُتِبَ للمتوسّعين في الثّقافة المتقدّمين في مداركهم العقليّة والعلميّة المواجهين للتّساؤلات العصريّة والكلاميّة والدّراسات المقارنة

ولم أتقيّد في هذا الكتاب بالالتزامات التي التزمتُها في الأجزاء الأولى من (قصص النبيّين للأطفال) من مُحَاكَاةِ أسلوب الأطفال وطبيعتهم وتكرار الكلمات والجمل وسهولة الألفاظ وبسط القصّة فقد شبّ هؤلاء القرّاء الصّغار عن طوقهم وتقدّموا في ثقافتهم اللغويّة ودرجتهم العقليّة فأصبحوا قادرين على إساغة هذا الغذاء العلميّ العقليّ والتذوُّقِ لهذه القصّة الرائعة لحياة أكبر إنسانٍ وأشرف نبيٍّ

وهكذا جاء الكتابُ بحول الله تعالى وَسَطًا بين الكُتُب التي أَلّفت في السيرة للكبار النابغين والكتب التي أَلّفت للصغار الناهضين فهو جدير بأن يدرسه الصّغار المراهقون في مدارسهم ويقرأه الكبار المتوسّطون في مكتباتهم ومنازلهم ويقدّم كذلك إلى غير المسلمين أو ينقل إلى لغاتٍ أجنبيّة وقد جاءت فيه خلاصة السّيرة ولبابها وروائع حكاياتها وأخبارها وتأريخ الدّعوة الإسلاميّة الأولى وفتوحها وانتصاراتها وعجائب التربيّة النبويّة ومعجزاتها فأصبح الكتابُ مدرسةً كاملةً ينشأُ فيها الطالبُ بين إيمان وحنان ويتقلّبُ بين روحٍ وريحان ويخرج منها وقد حمل معه الزّاد الذي يسايره في حياته والنّور الذي يسير في ضوئه والسّلاح الذي يدافع به عن نفسه وإيمانه والرّسالة التي يحملها لِلْعَالَمِ وَالْأُمَمِ

ولَمّا كان الكتاب قد أُلِّفَ لتلاميذ المدارس الثّانويّةِ وما شاكَلَها رأى المؤلّف ضرورة شرح المفردات الغريبة وما هي فوق مستوى هؤلاء القرّاء الصّغار فطلب من الأستاذ نور عالم الأمينيّ النّدويّ وهو يمارس التّدريس في دار العلوم ندوة العلماء ويعرف مستوى أمثال هؤلاء التلاميذ الثّقافي أن يتناولها بالشّرح والإيضاح فقامَ بذلك مشكورا جزاه الله خيرا

وأخيرًا لا آخرًا أحمد الله على هذا التّوفيق وأشكره على آلائه ونِعَمِهِ وأسأله القبولَ وأن ينفعَ به الجيل الجديدَ والنّاشئة المسلمة التي تحيطُ بها العواصف وتفرش في طريقها الأشواك

واللهُ يهدي من يشاءُ إلى صراطٍ مستقيمٍ

15 من ذي القعدة 1397هـ

29 أكتوبر 1977م

أبو الحسن علي الحسني الندّويّ

دارة الشيخ علم الله

رأي بري

العصر الجاهليّ[1]

[1] The Arabian Peninsula dating back to 570 CE was a land known for its intense heat and humidity, its craggy mountains, rocky hills, burning desert sands and occasional oases and wells from occasional torrential rains; this land lacked rivers and lakes. People would come and reside around the oases and establish life there; indeed life in Arabia was living on the verge of famine, drought, and death. The crime was on the peak, survival of the fittest was taken literally, no government, no law, no rules, families would fight for the protection of their tribe; tribal wars was a constant occurrence. To the north of the Arabian peninsula was the Byzantine Roman Empire, whose religion was Christianity and their cultural living was like the Greek ruled the Levantine cities and Egypt. This rule combined with the Persian Sasanian Empire that ruled Iraq and Iran, along with many other lands of the Christians, Jews and Buddhists; hence, the Persian leader was referred to as the 'King of kings'. He used to wear a gold crown so heavy that it had to be suspended to the ceiling by a thin cord. To the south of Hijaz was Yemen, known for its cool mountains, cultivated hillsides, and myrrh crops; a result of the daily sustained rain on the land of Yemen; constantly battle would occur between the two great powers of the time, the Byzantine Roman Empire and the Persian Sasanian Empire in controlling this precious land of Yemen. It seems all around the Arabian peninsula, everything was ruled and battles and wars would decide who ruled them, yet it was only the barren lands of Arabia that nobody wanted to rule, as the land yielding no benefits in terms of crops and living, and worst the people of Arabia were known for their 'ignorance', a group that were almost impossible to control. The Arabian lands had a few Jewish tribes that generally ruled, a few Christians and Zoroastrians; however, in Makkah it was the haven for polytheists who were busy asking their idols for protection against the attacks of invaders, and for the food of life. However, it was these sacred lands, wherein Prophet Ibrahim (May peace be upon him) built 'the first House (of worship) established for mankind' (Quran 3:96), these foundations laid by Prophet Ibrahim remained in the hearts of some noble individuals, even many from the polytheists believed in 'one Allah', however, were led into believing of the associates from whom they used to ask for the rain, help, food, assistance, etc. If an individual was known to only believe in one Allah, then he would be exiled from Makkah and forced to wander Arabia until he met his death. Hence, generally the monotheism taught by Prophet Ibrahim had now totally changed, now it was one great Allah, with many 'lesser gods' that were erected in the forms of statues and stones. Polytheism spread throughout the Arabian peninsula as the residents of Makkah. Whenever a Makkan would travel he would carry this statue and stone with them, seeking protection in them; soon every house in Hijaz had its own personal god erected in the homes. Many individuals would bring back stones from their travels and erect them in Makkah, including within the proximity of the 'house (of worship) established for mankind'; from amongst these idols was Hubal that was brought back from Syria by a Makkan. The Arabians during this era were known for two extremes, their *jahiliyyah* (ignorance) and their *hilm* (sound reasoning), and they would pride themselves upon these two qualities. It was almost impossible to control or rule the Arabians during the *Ayyam al-Jahiliyyah* (days of ignorance). Matters took a turn

1- بعد نبيّ الله عيسى ابن مريم			
English Translation	**اردو ترجمہ**	**اللفظ**	
Period (without any prophet)	دو نبیوں کے درمیان کا زمانہ، فترت کا زمانہ	فَتْرَة ج فَتَرَات	1
To cover/spread	چھا جانا	ساد (ن) سِيَادَة	2
Pure	صاف ستھرا	نَقِيّ ج أَنْقِيَاء	3
Scream	چیخ	صَيْحَة	4
To engage in a profession/business	پیشہ اختیار کرنا	احترف (افتعال)	5
To deceive	جھوٹ بولنا	دجل (ن) دَجْلا	6
Burn out	بجنا	انطفأ (انفعال)	7
Storms	تیز ہوا	عَاصِف ج عَوَاصِف	8

1- بعد نبيّ الله عيسى ابن مريم

طالتِ الفترة وَسَادَ الظّلام في العالَمِ وغَابَ النُّوْرُ وَالْعِلْمُ وَخَفَتَتِ الأصوات التي رفعها الأنبياء والمرسلون في عصورهم بالتّوحيد النّقيّ والدّين الخالص في صيحات الجهل والضّلالة التي صاح بها الْمُحْتَرِفُوْنَ وَالدَّجَّالُوْنَ وانطفأت المصابيح الّتي أوقدها أنبياء الله ورسله وخلفاؤهم من العواصف التي هبّت حينا بعد حين

---

for the worst when the Christians that ruled Yemen under the Ethiopian government decided to make their own place of pilgrimage in Sana'a, Yemen. An individual from Quraish saw this as a direct challenge to devalue the Arabs even more, as their only honour was that they were host to the 'house of worship' and people of all religions would come to the Ka'bah, Makkah for pilgrimage. The Qurayshi went to Yemen, and defecated within the church made in Yemen for pilgrimage. The Governor of Yemen was incensed by this action and prepared war on Arabia, an incident recorded in the books of History as the 'story of the Elephants.'

2 – الديانات القديمة

English Translation	اردو ترجمہ	اللفظ	
Religions	ادیان	دِيَانَة ج دِيَانَات	1
Easy	آسان	سَمْح	2
Prey/victim	شکار	فَرِيْسَةُ	3
Play/tamper	کھیل کرنا	تلاعب (تفاعل)	4
Game/toy	کھیل	لُعْبَة ج لُعَب	5
Ritual	طریقہ	طَقْس ج طُقُوْس	6
To dismiss	پھیرنا	صرف (ض) صَرْفا	7
Progeny/ offspring	نسل	سُلَالَة	8
Pile	ڈھیر	رُكَام	9
To spread	پھیلانا	بسط (ن) بَسْطا	10
Simple/modest	صاف، سادہ	بَسِيْط ج بُسُط	11
To disappear	چھپنا	اختفى (افتعال)	12
Fire worshiper	آتش پرست	مَجُوْس	13
Place of worship	بت خانہ، بلند عمارت	هَيْكَل ج هَيَاكِل	14
To dictate	لکھوانا	أملى (إفعال)	15
Share	حصہ	خَلَاق	16
Buddhism	بدھ مذہب	بُوْذِيَّة	17
India	ھندوستان	هِنْد ج هُنُوْد	18
Asia	ایشیا	أَسْيا وآسِيَا	19
To set up/erect	بلند کرنا	نصب (ض ن) نَصْبا	20
Barhamah	ہندوؤں کی ایک ذات ، برہمی لوگ	بَرَاهِمَة وبِرْهَمِيّ	21

Genuine	مضبوط ،اصل	أَصِيْل ج أُصُل	22
Million	دس لاکھ	مِلْيُوْن ج مَلَايِيْن	23
Strata/group	مرتبہ	طَبْقَة ج طَبَقَات	24
Silly	کم عقل	سَخِيْف	25
Match	مثل	نَظِيْر ج نُظَرَاء	26
To progress	چڑھنا	ترقّى (تفعّل)	27
To dive	غوطہ لگانا	انغمس (افتعال)	28
To be ugly	بدمزہ ہونا	بشع (س) بَشَعا وبَشَاعَة	29
Forms of	مثل ،نظیر	شَكْل ج أَشْكَال	30
Depth/inside	پیٹ،اندر	جَوْف ج أَجْوَاف	31
Yard	فناء،گھر کے سامنے کا میدان	فِنَاء ج أَفْنِيَة	32

الديانات القديمة:

وأصبحتِ الدّيانات الْعُظْمَى – وفي آخرها المسيحيّة السّمحة – فريسة العابثين والمتلاعبين ولعبة المحرّفين والمنافقين حتّى فقدَتْ روحها وشَكْلَهَا ، فَلَوْ بُعِثَ أصحابُهَا الأَوَّلُوْنَ وأنبياءها المرسلون أنكروها وتجاهلوها

أصبحتِ اليهوديّة[2] مجموعةً من طُقُوْس وتَقَالِيْدَ لا رُوْحَ فِيْهَا ولا حياة ، وهي بصرف النَّظر عن ذلك دِيَانةٌ سُلاليّة لا تحمل للعالم رسالةً ولا للأمم دعْوَةً ولا للإنسانيّة رحْمَةً ، أمّا المسيحيّة[3] فقد

---

[2] *Yahudi* is the Arabic equivalent of 'a Jew'. The Jewish people, also known in Arabic as *Banu Israa'eel* (Israelites), are descendants from Prophets; Abraham, Isaac (Ishaaq) and Jacob (Yaqoub). Prophet Abraham was born in the Sumerican city (southern Iraq), later migrating to Canaan. Prophet Yaqoub was also a resident of Canaan until he moved to Ancient Egypt after being invited by his son, Joseph (Yusuf).

[3] In Islamic tradition the word *al-Masih* is a reference to Prophet Isa (Jesus) who was sent to the Israelites; his followers formally known as Christians. The word *al-Masih* literally means 'the traveller',

امتحنتْ بتحريف الغالين وتأويل الجاهلين مُنْذُ عَصْرِها الأوّل وأصبح كلّ ذلك رُكَامًا دُفِنَتْ تَحْتَهُ تعاليمُ المسيحِ البسيطةُ واخْتَفَى نُوْرُ التّوحيد وإخلاصُ العبادةِ للهِ وراءَ هذه السُّحُب

أمّا الْمَجُوْسُ[4] فَقَدْ عَكَفُوْا على عبادة النّار يعبدونها وَيَبْنُوْنَ لَهَا هَيَاكِلَ وَمَعَابِدَ ، أمّا خارج المعابد فكانوا أحرارًا ، يسيرون على هواهُمْ وما تُمْلي عليهم نفوسهم ، وأصبح الْمَجُوْسُ لا فَرْقَ بَيْنَهُمْ وبَيْنَ مَنْ لا دِيْنَ لهم ولا خَلاقَ في الأعمال والأخلاق

أمّا الْبُوْذِيَّةُ[5] — الدِّيانةُ المنتشرةُ في الهندِ[6] وآسيا الوسطى[7] — فَقَدْ تحوّلتْ وَثَنِيَّةً تَحْمِلُ مَعَهَا الْأصنامَ حيثُ سارتْ وتبني الهياكل وتنصبُ تماثيلَ (بُوْذَا) حيثُ حَلَّتْ وَنَزَلَتْ

أمّا البرهميّة[8] — دين الهند الأصيل — فقد امتازتْ بكثرةِ المعبوداتِ والآلهةِ حتّى بَلَغَتْ إِلَى الملايين وبالتّفاوتِ الظّالِمِ بين الطّبقاتِ والامتياز بين الإنسان والإنسان

أمّا العرب فقد ابْتُلُوْا في الْعَصْرِ الأخيرِ بوثنيّةٍ سَخِيْفَةٍ لا يُوْجَدُ لها نظيرٌ إلّا في الهندِ البرهميّةِ الوثنيّةِ وترقّوا في الشِّرْكِ فاتّخذُوْا مِنْ دون الله آلهةً وانغمستِ الأمّةُ في الوثنيّة وعبادة الأصنام بأبشعِ أشكالِها ، فَكَانَ لِكُلّ قبيلةٍ أو ناحيةٍ أو مدينةٍ صنمٌ خاصٌّ ، بَلْ لِكُلِّ بَيْتٍ صَنَمٌ خُصُوْصِيٌّ وكان

'the anointed' or the 'one who cures by caressing'. The Qur'an refers to Isa as sent by Allah, strengthened by the *Ruh al-Qudus* (pure spirit/holy spirit, a reference to the angel Jibraeel), and hence, 'anointed' with the task of Prophethood and the holy book, Bible.

[4] The Magians *(majoos)* were known for worshipping fire, they made special places of worship where they would light fires and spend the days worshiping the fire.

[5] Buddhism is a reference to a religion which relates its teachings to Siddhartha Gautama, more commonly known as the Buddha, who taught in the Indian subcontinent.

[6] Hind is a reference to Hindustan, a name that originally came from Persia, which literally means the 'Land of the Hindus.' This land included modern-day India, Pakistan and Bangladesh. Hinduism and Buddhism were two common religions in Hindustan.

[7] Central Asia includes countries like Kazakhstan, Kyrgyzstan, Tajikistan, Turkmenistan, Uzbekistan, etc. This stretches from the Caspian Sea in the west to China in the east, from Afghanistan in the south to Russia in the north.

[8] Brahman is a spiritual concept within Hinduism, it is discussed in the Hindu texts with the concept of Atman (Soul, Self), personal, impersonal and other qualities. Brahman is the concept regarded to connect all spirits to oneness in its existence, a major ideology within the Hindu religion.

في جوف الكعبة[9] – البيت الذي بَنَاهُ إبراهيم عليه السَّلَام[10] لعبادة الله وحده – وفي فنائها ثلاثمائة وستّون (360) صَنَمًا

	3 – الجزيرة العربيّة		
English Translation	**اردو ترجمہ**	**اللفظ**	
Island	جزیرہ	جَزِيْرَة ج جَزَائِر	1
Arab	عرب	عَرَبِيّ	2
To be in love/passionate	گرویدہ ہونا	أولع (إفعال)	3
Gambling	جوا	قِمَار	4
Zealotry/enthusiasm (often misguided)	مروّت	حَمِيَّة	5
To assume	گمان کرنا	زعم (ف ن) زَعْما	6
To bury alive	زندہ درگور کرنا	وأد (ض) وَأْدا	7
Raid/attack	لوٹ	غَارَة ج غَارَات	8
Man/woman	مرد ، عورت	مَرْء ج رِجَال (مؤنث مَرْأة)	9
Poverty	مفلس ،فقر	فَقْر ج فُقُوْر	10
To become poor	محتاج ہوجانا	أملق (إفعال)	11

[9] Ka'bah was the first house of worship built for mankind; there are many conflicting views amongst scholars regarding who was the first to build this house. Some scholars have suggested the angels built this house, whilst others have suggested Prophet Adam عليه السلام built the house and was later rebuilt by Prophet Ibrahim and Prophet Isma'eel عليهما السلام as it was destroyed, and some scholars are of the opinion that it was Prophet Ibrahim and Prophet Isma'eel عليهما السلام that built this house first. There are also other views in regards to who built the Ka'bah first.

[10] Prophet Ibrahim was a famous Prophet, both in Islamic texts and non-Islamic texts. He was born in approximately in the year 2510 BH in Iraq and passed away in Hebron, West Bank, in the year 2329 BH with the approximate age of 175. According to Islamic texts, it was Prophet Ibrahim and his son, Prophet Isma'eel that built the house of worship in Makkah, the Ka'bah.

To be very fond	خواہش مند ہونا	أغرم (إفعال)	12
To shed	گرانا	أراق (إفعال)	13
New incidents	نو پید چیز، حادثہ	حَادِث ج حَوَادِث وحَادِثَات	14

الجزيرة العربيّة:

ساءتْ أخلاقُ العربِ فأُوْلِعُوْا بالخمر والقِمارِ وبلغتْ بِهِمُ القساوةُ والحميّةُ المزعومةُ إِلَى وأْدِ البناتِ وشاعتْ فِيْهِمُ الْغَارَةُ وَقَطْعُ الطَّرِيْقِ عَلَى الْقَوَافِلِ وسقطتْ منزلةُ المرأةِ فكانت تورث كما يورث المتاع أو الدابّة ، ومنهم مَنْ كان يقتل أولادَه خشيةَ الإنفاقِ وَخَوْفَ الفقرِ والإملاق

وَأُغْرِمُوْا بالحرب وهانتْ عليهم إراقة الدِّمَاء فتثيرها حادثةٌ تافهةٌ وتدوم الحربُ أربَعِيْنَ سنةً ويقتلُ فيها ألوفٌ مِنَ النَّاسِ

4 – ظَهَرُ الْفَسَادُ فِيْ البَرِّ وَالْبَحْرِ			
English Translation	**اردو ترجمہ**	**اللفظ**	
Overall	مجموعی طور	جُمْلَة	1
Humanity	انسانیت	إِنْسِانِيَّة	2
To commit suicide	خودکشی کرنا	انتحر (افتعال)	3
Region/province	صوبہ	إِقْلِيْم ج أَقَالِيْم	4
To concern	فکر مند کرنا	همّ (ن) هَمًّا ومَهَمَّة	5

corruption land and seas

ظَهَرُ الْفَسَادُ فِيْ البَرِّ وَالْبَحْرِ:

وبالجملةِ فَقَدْ كانتِ الْإِنْسَانِيَّةُ فِيْ عَصْرِ الْبَعْثَةِ فِيْ طَرِيْقِ الانتحارِ وكانَ الإنسانُ فِيْ هذا القرنِ قد

نسي خالقهُ فنسي نَفْسَهُ وَمَصِيْرَهُ وَفَقَدَ رُشْدَهُ وَقُوَّةَ التَّمييز بين الْخَيْرِ والشَّرِّ وَالْحَسَنِ وَالْقَبِيْحِ ورُبَّمَا كان إقليمٌ واسعٌ ليس فيه أحدٌ يهمُّه دِينه ويعبد ربَّه ولا يشركُ به شيئا ، وصَدَقَ اللهُ العظيمُ: (ظَهَرَ الْفَسَادُ فِي الْبَرِّ وَالْبَحْرِ بِمَا كَسَبَتْ أَيْدِي النَّاسِ لِيُذِيقَهُمْ بَعْضَ الَّذِي عَمِلُوا لَعَلَّهُمْ يَرْجِعُونَ)[الروم: 41]

5 – لِمَاذَا بُعِثَ النبيُّ فِيْ جزيرة العرب؟

English Translation	اردو ترجمہ	اللفظ	
To be clear	صاف ہونا	صفا (ن) صَفَاء	1
Book	صحیفہ	كِتَاب ج كُتُب	2
To erase	مٹانا	محا (ن ف) مَحْوا	3
Persian	فارس	فُرْس وفَارِس	4
To climb	چڑھنا	رقى (س) رَقْيا	5
Civilisation	شہریت	مَدَنِيَّة	6
To blossom/shine	چمکنا	زها (ن) زَهْوا وزُهَاء	7
To write	لکھنا	خطّ (ن) خَطّا	8
Nature	فطرت	فِطْرَة	9
To twist/bend/change	ٹیڑھا ہونا	التوى (افتعال)	10
To be tough/forbearing	صبر وقوت دکھلانا	جلد (ك) جَلَادَة	11
To be austere	بد حال ہونا	تقشّف (تفعّل)	12
To be an expert in horsemanship/knight	شہسواری میں ماہر ہونا	فرس (ك) فُرُوْسِيَّة	13

لِمَاذَا بُعِثَ النبيُّ فِيْ جزيرة العرب؟

وَقَدِ اختارَ اللهُ العربَ ليتلقَّوا دَعْوَةَ الإسلامِ ثمّ يُبَلِّغُوْهَا إِلَى أَبْعَدِ أَنْحَاءِ العالمِ لأنّ ألواحَ قُلُوْبِهِمْ كَانَتْ صَافِيَةً لم تُكْتَبْ علَيْهَا كتاباتٌ دقيقةٌ عميقةٌ يصعبُ مَحْوُهَا وَإِزَالَتُهَا شَأْنَ الرّومِ وَالْفُرْسِ وأهل الهند الذين كانُوْا يَتِيهُوْنَ بعلومِهم وآدابِهم الرّاقيةِ ومَدَنِيَّاتِهِمْ الزّاهية ، أمّا العربُ[11] فلم تكنْ على ألواحِ قلوبهم إلّا كتاباتٌ بسيطةٌ خَطَّتْهَا يَدُ الجهلِ والبداوةِ وَمِنَ السَّهْلِ الْمَيْسُوْرِ مَحْوُهَا وَغَسْلُهَا وَرَسْمُ نقوشٍ جديدةٍ مكانَهَا

وكانُوْا على الْفِطْرَةِ إذ التَوَى عليهم فَهْمُ الحقّ حَارَبُوْهُ وإذا انكشفَ الغطاءُ عَنْ عُيُوْنِهِمْ أحبُّوْهُ واحْتَضَنُوْهُ واستماتُوْا في سبيلهِ وكانوا أصحابَ صِدْقٍ وَأَمَانَةٍ وَجَلَادَةٍ وَتَقَشُّفٍ في الحياة وشَجَاعَةٍ وَفُرُوْسِيَّةٍ

وفي جزيرةِ العربِ وفي مَكَّةَ كانتِ الْكعبةُ التي بَنَاهَا إِبْرَاهِيْمُ وَإِسْمَاعِيْلُ عَلَيْهِمَا السَّلَامُ لِيُعْبَدَ فِيْهَا اللهُ وَحْدَهُ وَلِتَكُوْنَ مَصْدَرَ الدَّعْوَةِ لِلتَّوْحِيْدِ إِلَى آخِرِ الْأَبَدِ: (إِنَّ أَوَّلَ بَيْتٍ وُضِعَ لِلنَّاسِ لَلَّذِي بِبَكَّةَ مُبَارَكًا وَهُدًى لِّلْعَالَمِينَ)[آل عمران: 96]

---

11 The Arabs that lived within the Arabian peninsula can be divided into three categories:

- العرب البائدة (al-Arab al-Baidah/the Old lost Arabs),
- العرب العاربة (al-Arab al-A'ribah/The Pure Arabs),
- العرب المستعربة (al-Arab al-Musta'ribah/The mixed Arabs).

Al-Arab al-Baidah is the most ancient and in most cases the extinct period of Arabian history. This included the tribes of 'Ad, Thamud, Jadis and Tasm. There is limited historical knowledge regarding these tribes, especially the Jadis and Tasm.

Al-Arab al-A'ribah include the Banu Qahtan tribe, who are recorded as one of the eldest settlers in the Arabian peninsula. It is from this tribe that many of the later Arabian tribes were formed; including the tribes of Banu Yaman, Banu Jurhum, Banu Kahlan, Banu Azd (which separated into Aws, Khazraj, Ghassan and Daus), Banu Qada'ah, and many more.

Al-Arab al-Musta'ribah are mixed Arabs which are generally from the descendants of Prophet Isma'eel. From the progeny of Isma'eel a man named 'Adnaan became the ancestor of Banu Adnaan, a major tribe within Arabia. Historians have differed in regards to the generations between Prophet Isma'eel and Adnaan, some suggesting forty generations, whereas others suggesting only seven generations between them with a space of more than 2000 years, suggesting they had long lives. From Banu Adnaan many famous tribes evolved, including, Banu Khudaf, Banu Kinanah, Banu Hawn, Banu Rabah, Banu Tamim, Banu Hudhail, etc.

قبل البعثة

6 – مكّة وقريش			
English Translation	اردو ترجمہ	اللفظ	
To surround	گھیرنا	حصر (ن ض) حَصْرا	1
To be barren	چٹیل ہونا	جرد (س) جَرَدا	2
Provisions/stores	خوراک	مِيْرَة	3
To plant a foundation	بنیاد رکھنا	أسّس (تفعيل)	4
Centre	رہنے کی جگہ	مَرْكَز ج مَرَاكِز	5
Light stand	روشنی کی جگہ	مَنَار	6
Meeting place	جمع ہونے کی جگہ	مَثَاب ومَثَابَة	7
To become dry	خشک ہونا	قحل (ف) قُحُوْلا (س) قَحْلا وقَحَلا	8
To retire	الگ ہونا	انعزل (انفعال)	9
To emphasise	تاکید کرنا ، واجب کرنا	حقّق (تفعيل)	10
To surrender	فرماں بردار ہونا	استسلم (استفعال)	11
To redeem	چھڑانا	فدى (ض) فَدًى وفِدًى وفِدَاء	12
Slaughtered	مذبوح ، مقتول	ذِبْح	13
Helper	مددگار ، خادم	عَوْن ج أَعْوَان	14
To participate	باہم شریک ہونا	اشترك (افتعال)	15
Foundation	بنیاد	قَاعِدَة ج قَوَاعِد	16
Place of sacrifice	قربانی کی جگہ ، قربانی	مَنَاسِك	17
To purify	پاک کرنا	زكّى (تفعيل)	18
To be wide/expanded	کشادہ ہونا	توسّع (تفعّل)	19

Grandchildren	پوتا	حَافِد ج حَفَدَة وحَفَد وأَحْفَاد	20
To arise/emerge	نکلنا	نبغ (ف ن ض) نَبْغا ونُبُوْغا	21
Gatekeeping	دربانی	حِجَابَة	22
Water supplying	پانی پلانیکی جگہ یا برتن	سِقَايَة وسَقَايَة	23
Feeding	ضیافت، کھانا کھلانا	رِفَادَة	24
Council	جماعت ، مجلس	نَدْوَة	25
Advice/counsel	مشورہ ، نصیحت	مَشُوْرَة ومَشْوَرَة ج مَشُوْرَات	26
Flag	جھنڈا	لِوَاء ج أَلْوِيَة وأَلْوِيَات	27
To gather	جمع کرنا	حاز (ن) حَوْزا وحِيَازَة	28
To be intelligent	ذکی ہونا ، نجیب وشریف ہونا	تنبّل (تفعّل)	29
Uncle	چچا	عَمّ ج عُمُوْمة وأَعْمَام وأعْمّ	30
To affirm	اقرار کرنا	أقرّ (إفعال)	31
To be eloquent	فصیح ہونا	فصح (ك) فَصَاحَة	32
To be clear	ظاہر ہونا ، واضح ہونا	بان (ض) بَيَانا وتَبْيَانا وتِبْيَانا	33
Speech	بیان	بَيَان	34
To debate/discuss	جھگڑا کرنا	ناقش (مفاعلة)	35
Debate/discuss	جھگڑا	جَدَل	36

مكّة وقريش:

قصد سيّدنا إبراهيمُ عَلَيْهِ السَّلَام مكّةَ وهي في وادٍ مَحْصُوْرٍ بين جبالٍ جَرْدَاءَ لَيْسَ فيه ما يعيشُ عليه النّاسُ مِنْ مَاءٍ وَزَرْعٍ وَمِيْرَةٍ وَمَعَهُ زوجُهُ هاجرُ عَلَيْهَا السَّلَام وولدهُ إسماعيل عَلَيْهِ السَّلَام فرارًا من الوثنيّةِ المنتشرةِ في العالمِ ورغبةً في تأسيسِ مَرْكَزٍ يُعْبَدُ فِيْهِ اللهُ وَحْدَهُ وَيَدْعُوْ النَّاسَ إِلَيْهِ وَيَكُوْنُ

منارًا للهدى ومثابةً للنّاس

تقبّل الله هذا العملَ وبارك في هذا المكان وأجْرَى الله الماء لهذه الأسرةِ المباركةِ الصّغيرة الْمُؤَلَّفَةِ مِنْ أُمٍّ وَابْنٍ – وقد تركهما إبراهيمُ عَلَيْهِ السَّلَام في هذا المكان القاحِلِ المنعزِلِ عن العالم – وكان بئرُ (زَمْزَم) وبارك اللهُ فِيْ هذا الماءِ فلا يزالُ النَّاسُ يشربُوْنَ مِنْهُ وَيَحْمِلُوْنَهُ إلى أنحاء العالَمِ

ونشأ إسماعيلُ وأراد إبراهيمُ عَلَيْهِ السَّلَام ذَبْحَ ابنِهِ إِسْمَاعِيْلَ عَلَيْهِ السَّلَام وهو غلامٌ يسعى إيثارًا لِحُبِّ اللهِ تَعَالَى عَلَى حُبِّهِ وَتَحْقِيْقًا لما رآه في المنام واستسلمَ إسماعيلُ عَلَيْهِ السَّلَام لهذا الأمرِ وَرَضِيَ بِهِ وَفَدَاهُ اللهُ بِذِبْحٍ عَظِيْمٍ لِيَكُوْنَ عَوْنَ أَبِيْهِ فِيْ الدَّعْوَةِ إِلَى اللهِ وَلِيَكُوْنَ جَدَّ آخر نبيٍّ وأفضل رسولٍ

وعادَ إبراهيمُ عَلَيْهِ السَّلَام إلى مكّة واشتركَ الأبُ والابنُ في بناءِ بيتِ اللهِ وكان دُعَاؤهما أَنْ يَتَقَبَّلَ اللهُ هذا البيتَ ويباركَ فيه وأن يعيشا على الإسلام ويَمُوْتَا عليه ولا ينقطعَ بَمَوْتِهِمَا وَأَنْ يَبْعَثَ اللهُ نَبِيًّا مِنْ ذُرِّيَّتِهِمَا يُجَدِّدُ دَعْوَةَ جدّه إبْراهيم عَلَيْهِ السَّلَام وَيُتِمُّ مَا بدأه: (وَإِذْ يَرْفَعُ إِبْرَٰهِۦمُ ٱلْقَوَاعِدَ مِنَ ٱلْبَيْتِ وَإِسْمَٰعِيلُ رَبَّنَا تَقَبَّلْ مِنَّآ ۖ إِنَّكَ أَنتَ ٱلسَّمِيعُ ٱلْعَلِيمُ ﴿١٢٧﴾ رَبَّنَا وَٱجْعَلْنَا مُسْلِمَيْنِ لَكَ وَمِن ذُرِّيَّتِنَآ أُمَّةً مُّسْلِمَةً لَّكَ وَأَرِنَا مَنَاسِكَنَا وَتُبْ عَلَيْنَآ ۖ إِنَّكَ أَنتَ ٱلتَّوَّابُ ٱلرَّحِيمُ ﴿١٢٨﴾ رَبَّنَا وَٱبْعَثْ فِيهِمْ رَسُولًا مِّنْهُمْ يَتْلُوا۟ عَلَيْهِمْ ءَايَٰتِكَ وَيُعَلِّمُهُمُ ٱلْكِتَٰبَ وَٱلْحِكْمَةَ وَيُزَكِّيهِمْ ۚ إِنَّكَ أَنتَ ٱلْعَزِيزُ ٱلْحَكِيمُ ﴿١٢٩﴾)[البقرة: 127 – 129]

وبارك الله في ذريّتهما وتوسّعتِ الأسرةُ وكثُرَ أولادُ عدنانَ وهو من أحفادِ إسماعيلَ عليه السّلامُ ونبغ في ذريّته فِهْر بْن مَالِك[12] ومِنْ أولاده قُصَيُّ بْنُ كِلَاب[13] ، وَقَدْ وَلِيَ الْبَيْتَ وأَمْرَ مكّة وكان

[12] Fihr bin Malik the individual to whom lineage of Quraish is tracked to as 'Quraish' was his surname. However, some scholars have mentioned that the name 'Quraish' was the surname of Fihr's father, namely Nadir bin Kinanah. Fihr bin Malik appears eleven generations before Prophet Muhammad صلّى الله عليه وسلّم.

سيّدا مُطَاعًا كانت إليه حِجَابةُ البيتِ وَعِنْدَهُ مفاتيحُهُ وسقايةُ زَمْزَم والرِّفادةُ والنّدوةُ التي يَجْتَمِعُوْنَ فِيْهَا للمشورة والرّأي واللواء في الحرب فحاز شَرَفَ مكّة كُلَّهُ

وتنبّل في أولاده عبدُ مَنَافٍ وكان هاشم[14] أكبرَ أبناءِ والدِهِ عبدِ مَنَاف وكان كبيرَ قَوْمِهِ وَكَانَتْ عِنْدَهُ الرِّفَادَةُ وَالسِّقَايَةُ وهو والدُ عبدِ المطّلب: جدّ الرّسول ﷺ وقد ولي السّقاية والرّفادة بعد عمّه المطّلب بن عبد مَنَاف وشرُف في قومِهِ شَرَفًا لم يبلُغْهُ أحدٌ مِنْ آبائِهِ وأحبّه قومُهُ

وسمّي أولادُ فِهْر بن مالك (قُرَيْشًا) وَغَلَبَ هذا الاسمُ على جميع الأسماء فاشتهرتْ هذه القبيلةُ بِ(قُرَيْش) وأقرَّ أهلُ العربِ كلُّهُمْ بِعُلُوّ نَسَبِ قريش والسيّادة وفصاحةِ اللُّغَةِ ونَصَاعَةَ البيانِ وكرم الأخلاقِ والشّجاعة وصار ذلك مَثَلًا لا يقبلُ نقاشًا ولا جدَلًا

---

[13] Qusayy bin Kilab is five generations before the Prophet Muhammad صلّى الله عليه وسلّم. He is from the descendants of Fihr bin Malik. Qusayy (whose real name is Zaid), after growing up in Syria, returned to Makkah and assumed the trusteeship of Ka'bah, he had gained great respect and honour for his responsibilities of Ka'bah, he used to be the door keeper for Ka'bah, having the liberty to open for whomsoever he desires, he used to take responsibility of hosting the pilgrims, giving them Zamzam water and providing food for them. Qusayy also built the 'Council house' *(Dar al-Nadwah)* to the north of the Ka'bah, this is where all the major meetings used to take place. Further, Qusayy was also entrusted with the flag and bow of the Quraish, Quraish would not take to the battle field without his authorisation.

[14] Hashim is the great grandfather of Prophet Muhammad صلّى الله عليه وسلّم, the lineage of Prophet Muhammad صلّى الله عليه وسلّم is called 'Hashmi' due to this great grandfather. Hashim was the eldest son of Abdu Manaf and was well respected amongst the people of Makkah and beyond. He was given the privilege of taking the pilgrims as host and would provide Zamzam water and food for them. Hashim secured safe business journeys for the Makkan people to Yemen in winter and Syria in summer. This is indicated in the Qur'an, surah Quraish.

لِإِيلَٰفِ قُرَيْشٍ ۝١ إِۦلَٰفِهِمْ رِحْلَةَ ٱلشِّتَآءِ وَٱلصَّيْفِ ۝٢ فَلْيَعْبُدُوا۟ رَبَّ هَٰذَا ٱلْبَيْتِ ۝٣ ٱلَّذِىٓ أَطْعَمَهُم مِّن جُوعٍ وَءَامَنَهُم مِّنْ خَوْفٍۭ ۝٤

(It is a great Favour from Allah) upon making familiar for the Quraish. [Verse 1] Making familiar the (safe business) journeys in winter (to Yemen) and in the summer (to Syria). [Verse 2] Hence, they should (show gratitude to Allah and) worship the Lord of this House (Ka'bah). [Verse 3] The Lord who fed them, (saving them) from hunger, and gave them security, (saving them) from fear. [Verse 4].

7 – ظهور الوثنيّة في مكّة وقريش

	اللفظ	اردو ترجمہ	English Translation
1	أحدث (إفعال)	ایجاد کرنا	To create
2	سيّب (تفعيل)	چھوڑ دینا	To abandon/dedicate
3	جلب (ن ض) جَلْبا وجَلَبا	ہانک کر لانا	To bring
4	تدرّج (تفعّل)	آہستہ آہستہ آگے بڑھنا	To progress step by step
5	ظعن (ف) ظَعْنا وظَعَنا	کوچ کرنا	To travel
6	حافظ (مفاعلة)	مداومت کرنا ، نگہبانی کرنا	To maintain/preserve
7	استحسن (استفعال)	اچھا جاننا	To approve

ظهور الوثنيّة في مكّة وقريش:

وبقيتْ قُرَيْش مُتمسّكَةً بدينِ إبْرَاهِيْم عَلَيْهِ السَّلَام الخليل وبِدِيْنِ جَدِّهَا إسماعيل عَلَيْهِ السَّلَام مُتمسّكةً بعقيدةِ التّوحيدِ وبعبادةِ اللهِ وَحْدَهُ حَتَّى نَشَأَ فِيْهِمْ عمرو بن لحيّ فكان أوّلَ مَنْ غَيَّرَ دِيْنَ إِسْمَاعِيْلَ فنصبَ الأوثان وأحدثَ فِيْ الحيوانات مِنَ التّعظيم والتّسييب والتّحريم ما لم يأذنْ به اللهُ ولم تعرفْهُ شريعةُ إبراهيم عَلَيْهِ السَّلَام وكان قد خَرَجَ من مكّة إلى الشّام فرأى أهلَها يعبدُوْنَ الأصنامَ ففُتِنَ بها وجَلَبَ بَعْضَهَا إلى مكّة فَنَصَبَهَا وأمر النّاس بعبادتها وتعظيمها

وتدرّجَ بعضُهُمْ مِنْ تعظيم حجارةِ الْحَرَمِ التي كانُوْا يحملُوْنها معهم إذا ظعنوا من مكّة تعظيمًا للحَرَمِ وَمُحافظةً على ذِكْرَاه إلى أن صاروا يعبدُوْنَ ما استحسنوا من الحجارةِ وأعجبهم

8 – حادثة الفیل

English Translation	اردو ترجمہ	اللفظ	#
To slit/slash	کٹی ہوئی ناک والا ہونا	شرم (س) شَرَما	1
Having a disfigured nose	کٹی ہوئی ناک	أَشْرَم (مؤنث شَرْمَاء) ج شُرْم	2
Church	گرجا	کَنِیْسَة ج کَنَائِس	3
To fasten	باندھنا	شدّ (ض ن) شَدًّا	4
Mountain pass/ravine	دو پہاڑوں کے درمیان کشادہ راستہ	فَجّ ج فِجَاج	5
To be deep/long	کشادہ اور لمبی ہونا	عمق (ك ن) عُمْقا	6
Deep/long	کشادہ اور لمبا	عَمِیْق ج عُمُق	7
Sucking/nursing	دودھ پلانا	لِبَان	8
Breast	سینہ، پستان	لَبَان	9
To equate	برابری کرنا	عدل (ض) عَدْلا	10
To hear about	ایک دوسرے سے سننا	تسامع (تفاعل)	11
To regard as huge	بڑا سمجھنا	أعظم (إفعال)	12
To discuss	گفتگو کرنا	حاور (مفاعلة)	13
To ask permission	اجازت طلب کرنا	استأذن (استفعال)	14
Bed/pallet	تخت	سَرِیْر ج أَسِرّة وسُرُر	15
To make sit	بٹھانا	أجلس (إفعال)	16
To renounce/abstain	بے رغبتی کر کے چھوڑ دینا	زہد (س ف ك) زُھدا وزَھَادَة	17
To disparage	حقیر سمجھنا	استہان (استفعال)	18
To side	مائل ہونا	انحاز (انفعال)	19
Summit/top part	پہاڑ کی چوٹی	شَعَفَة ج شَعَف وشِعَاف	20

Mountain path	پہاڑی راستہ	شِعْب ج شِعَاب	21
To fear	خوف کھانا ، ڈرنا	تخوّف (تفعّل)	22
Disgrace/dishonour	گناہ ، عیب	مَعَرَّة	23
Sanctity	محترم، قابل حفاظت چیز	حُرْمَة وحُرُمَة وحُرَمَة	24
Group of people	جماعت - تین سے دس تک -	نَفَر ج أَنْفَار	25
Ring/circle	ہر گول چیز ، رسّی	حَلْقَة حَلَق وحَلَقات	26
To seek help	مدد طلب کرنا	استنصر (استفعال)	27
To be ready	تیار ہونا، آمادہ ہونا	تهيّأ (تفعّل)	28
To agree	اتفاق کرنا	أجمع (إفعال)	29
To prepare	تیار کرنا	هيّأ (تفعيل)	30
To sit	بیٹھنا	برك (ن) بُرُوْكا وتَبْرَاكا	31
To direct	پھیر دینا	وجّه (تفعيل)	32
To scurry/run	تیز چلنا ، دوڑنا	هرول (فعللة)	33
To escape/flee	بھاگنا	هرب (ن) هَرَبا وهُرُوْبا	34
Tip of the fingers	سر انگشت	أَنْمَلَة ج أَنَامِل وأنملات (بتثليث الهمزة والميم)	35
To mislead	گمراہ کر دینا	ضلّل (تفعيل)	36
Flocks	فرقے	أَبَابِيْل (جمع لا واحد له)	37
Backed clay	کنکر	سِجِّيْل	38
Stalk/leaves of grain	کھیت کے پتے	عَصْف	39
To regard as great	بڑا سمجھنا	استعظم (استفعال)	40
To be worthy	لائق ہونا	جدر (ك) جَدَارَة	41
Worthy	لائق	جَدِيْر ج جَدِيْرُوْن وجُدَرَاء	42

		جَدِيْرَة ج جَدِيْرَات وجَدَائِر	
To date	تَارِیخ نکالنا	أرَّخ (تفعيل)	43
To happen/meet	پانا	صادف (مفاعلة)	44

حادثةُ الفيل [15]:

ووقع حَادِثٌ عظيمٌ، كَانَ دَلِيْلًا على ظهورِ حادثٍ أكبرَ وعلى أنَّ الله يُرِيْدُ بالعربِ خَيْرًا وأنَّ للكعبةِ شَأنًا ليس لِغَيْرِهَا مِنْ بُيُوْتِ الدّنيا

وكان مِنْ خَبَرِهِ أنَّ أبرهة الأشرم عامل النَّجاشِيّ (ملكِ الحبشة) على اليمن بَنَى بـ(صَنْعَاءَ) كنيسةً عظيمةً سمّاها (الْقُلَّيْس) وأراد أن يصرفَ إليها حَجَّ العربِ وغارَ على الكعبةِ أن تكون مثابةً للنّاسِ يشدّونَ إليها الرّحالَ ويأتون مِنْ كلِّ فجٍّ عميقٍ وأراد أن يكون هذا المكانُ لكنيسته وعزَّ ذلك على العربِ الذين رضعُوْا بلبان حبِّ الكعبةِ وتعظيمها لا يعدِلُوْنَ بها بيتًا ولا يرونَ

---

[15] Approximately fifty days prior to the birth of Prophet Muhammad, a major incident took place in and around Makkah; the incident referred to as the 'incident of the Elephant' which is described in surah 105 of the Qur'an. The commentators of this Surah have explained the story in detail. In brief, the governor of Yemen under the rule of Ethiopia, Abraha built a church in Sana'a, Yemen. This was to direct people away from doing pilgrimage of Ka'bah in Makkah, and directing them to Sana'a. When the Arabs learnt of this, an individual from the tribe of Kinanah when to this church and excreted within the church. This angered the governor of Yemen and he quickly mobilised an army in order to attack Makkah and Ka'bah. Whilst they were close to Makkah, they captured some animals on the way that belonged to the people of Makkah; this includes two hundred camels that were owned by Abdul Muttalib. Abdul Muttalib intended to talk to Abraha, he was granted permission. Abdul Muttalib requested Abraha to return his camels, which he accepted. However, Abraha was surprised that Abdul Muttalib, the chief of Makkah, never talked about protecting Makkah and the Ka'bah. Abdul Muttalib simply replied, verily, the Ka'bah belongs to the Lord, He will protect his house. The residents of Makkah took refuge in mountains, etc. Abraha advanced towards Makkah, Allah sent his army in the forms of birds, all of which had small pebbles that would fall like bullets. These birds started to drop these pebbles upon the army, whenever a pebble would hit any individual, some would die instantly and others gradually. A pebble also attacked Abraha, as a result his limbs started to fall apart, limb after limb; eventually his chest and heart ripped open causing his death.

عنها بديلًا وشَغَلَهُمْ ذلك وتحدّثوا به فَخَرَجَ كِنَانِيٌّ ودخل الكنيسةَ وأحدث فيها فغضب عند ذلك أبرهةُ وحَلَفَ لَيَسِيْرَنَّ إلى البيت حتّى يهدمه

ثمّ سار وخَرَجَ مَعَهُ بالفيلِ وتسامعتْ به العربُ فَنَزَلَ عَلَيْهِمْ كالصّاعقةِ وأعظَمُوْهُ وفَزِعُوْا له وأرادوا كفّه عن ذلك ومُحَاربته فرأوا أنّ لا طاقة لهم بأبرهةَ وجُنُوْدِهِ فَوَكَلُوْا الأمرَ إلى الله تعالى وكانوا على ثقةٍ بأنَّ للبيتِ ربًّا سَيَحْمِيْهِ يدلُّ على ذلك ما دار بين سيِّدِ قريش — عبد المطّلب جَدِّ الرّسول ﷺ وأبرهة مِنْ حِوَارٍ ، وقد أصاب له أبرهة مئتي بعير فاسْتُؤْذِنَ له عليه ، وَقَدْ أَعْظَمَهُ أبرهةُ وَنَزَلَ له عن سَرِيْرِهِ فأجلَسَهُ مَعَهُ وسَأَله عن حاجته ، فقال: حاجتي أن يرُدَّ عليَّ الملكُ مئتي بعيرٍ أصابها لي

فَلَمَّا قال له ذلك زَهِدَ فيه الملكُ واستهانَ به وقال: أتكلّمني في مئتي بعير أصبتُهَا لك وتتركُ بيتًا هو دينُكَ ودينُ آبائك ، قد جئتُ لِهَدْمِهِ لا تُكَلِّمُنِيْ فِيْهِ؟

قال له عبد المطّلب: إنِّي أنا ربّ الإبل وإنّ للبيت ربًّا سَيَمْنَعُهُ

قال: ما كان ليمتنعَ مِنِّيْ

قال: أَنْتَ وذاك

وانحازتْ قريش إلى شعف الجبال والشّعاب تخوّفا عليهم من مَعَرَّةِ الْجَيْشِ ينظرون ماذا سيصنعُ الله بِمَنِ اعتدى على حُرْمَتِهِ وقام عبدُ المطّلب ومعه نَفَرٌ مِنْ قريش فأخذوا بحلقةِ بابِ الْكَعْبَةِ يَدْعُوْنَ الله ويستنصرونَهُ على أبرهةَ وجُنُوْدِهِ

وأصبح أبرهةُ مُتهيّئا لدخول مكّة وهو مجمعٌ لهدم البيتِ ، وهيّأَ فيلَه وكان اسمُ الْفِيْلِ (محمودًا) وَبَرَكَ الفيلُ في طريق مكّة وضربوا الفيلَ ليقومَ ، فأبى ، ووجَّهُوْهُ راجعًا إلى اليمنِ فَقَامَ يُهَرْوِلُ هناك أرسل الله تعالى عَلَيْهِمْ طَيْرًا من البحرِ مَعَ كلِّ طائرٍ منهم أحجارٌ يحملها لا تصيبُ منهم أحدًا إلّا هَلَكَ وخرج أهل الحبشةِ هاربين يبتدرون الطَّرِيْقَ الذي منه جاؤوا ، وخرجوا يتساقَطُوْنَ بكلّ طريقٍ وأصيب أبرهة في جسده وخرجوا به معهم ، تَسْقُطُ أنامله أُنْمُلَةً أُنْمُلَةً حتّى قَدِمُوْا به

(صنعاء) فمات شرّ ميتةٍ

وذلك ما حكاه القرآن يقول: (أَلَمْ تَرَ كَيْفَ فَعَلَ رَبُّكَ بِأَصْحَابِ الْفِيلِ ۝١ أَلَمْ يَجْعَلْ كَيْدَهُمْ فِي تَضْلِيلٍ ۝٢ وَأَرْسَلَ عَلَيْهِمْ طَيْرًا أَبَابِيلَ ۝٣ تَرْمِيهِم بِحِجَارَةٍ مِّن سِجِّيلٍ ۝٤ فَجَعَلَهُمْ كَعَصْفٍ مَّأْكُولٍ ۝٥)[الفيل:1-5]

فَلَمَّا ردّ الله الحبشةَ مِنْ مكّة وأصابهم ما أصابَ أعظَمَتِ العربُ قريشًا وقالوا: هُمْ أهْلُ اللهِ ، قاتَلَ اللهُ عَنْهُمْ وكَفَاهُمُ الْعَدُوَّ

واستعظَمَ العرب هذا الحادثَ وكان جَدِيرًا بذلك فأرّخوا به وقالوا: وَقَعَ هذا في عام الفيل وَوُلِدَ فلانٌ في عام الفيل وَوَقَعَ هذا بعد عام الفيل بكذا مِنَ السِّنِيْنَ وعامُ الْفِيْلِ يصادفُ سنة (570م)

9 – عبد الله وآمنة			
English Translation	اردو ترجمہ	اللفظ	
Centre	ہار کے بیچ کا عمدہ حصہ	وَاسِطَة	1
Necklace	ہار	عِقْد ج عُقُوْد	2
To marry (off)	نکاح کرانا	زوّج (تفعيل)	3

عبد الله[16] وآمنة:

---

[16] Abdullah is the father of Prophet Muhammad صلّى الله عليه وسلّم. Abdullah was the youngest and most beloved child of his father, Abdul Muttalib. Abdul Muttalib got Abdullah married to a daughter of the chief of the Banu Zuhrah clan, the mother of Prophet Muhammad was called Aminah (daughter of Wahab). Abdullah had only stayed with the wife for three days before he left for a business trip to Syria, on return he fell ill at Yathrib (modern day Madinah) and passed away there. Abdullah left a pregnant wife Aminah, a slave girl Umm Ayman, five camels and a flock of goats behind. Abdullah is

وكان لعبد المطّلب – سيّد قريش – عشرة أبناء ، وعبد الله واسطةُ الْعِقْدِ[17] وزوّجه أبوه (آمنة) بنتَ وَهْبٍ سيّد بني زهرة[18] وهي يومئذٍ أفضلُ امرأةٍ في قريش نسبا وموضعا

ولم يلبثْ عبدُ الله أن ماتَ وأمُّ رسول الله ﷺ حاملٌ به وقد رأتْ مِنَ الآثارِ والآياتِ ما يدلّ أنّ لابنها شأنا

10 – ولادته الكريمة ونسبه الزكيّ			
English Translation	اردو ترجمہ	اللفظ	
To praise a lot	بار بار تعریف کرنا	حمّد (تفعيل)	1

ولادته الكريمة ونسبه الزكيّ:

وَوُلِدَ رسولُ الله ﷺ يومَ الإثنين: اليوم الثّاني عَشَرَ من شَهْرِ رَبِيْعِ الْأَوّل ، عام الفيل (570 الْمَسِيْحِيّ[19]) فكان أسعدَ يومٍ طلعتْ فيه الشّمس

وهو مُحَمَّدُ بْنُ عَبْدِ اللهِ بْنِ عَبْدِ الْمُطَّلِبِ بْنِ هَاشِمِ بْنِ عَبْدِ مَنَافِ بْنِ قُصَيِّ بْنِ كِلَابِ بْنِ مُرَّةَ بْنِ

---

referred to as az-Zabeeh (the sacrificed one) because Abdul Muttalib started to search besides the Ka'bah for the old well which had been covered, Zamzam. He vowed to Allah that if he was to discover the old lost well then he would sacrifice one of his ten sons. After discovering the well, he drew lots and the name of Abdullah was chosen. Abdul Muttalib took Abdullah to the Ka'bah in order to sacrifice him, however, the brothers and maternal uncles of Abdullah opposed the sacrificing. Eventually it was decided a hundred camels would be sacrificed in his place. This is the reason the Prophet is referred to as 'ibn za-zabeehayn' (the son of the two sacrificed ones).

[17] The phrase وَاسِطَةُ الْعِقْد literally translates as 'middle/pearl of the necklace' and loosely translated as 'key'. For example حجر واسطة العقد is translated as 'keystone' (a central stone at the peak of an arch, locking the whole together).

In this case it could be a reference to 'the most beloved', as Abdullah was the youngest but most beloved child of Abdul Muttalib.

[18] Banu Zuhrah is a clan of the Quraish tribe.

[19] The term المسيحي is a reference to the Christian calendar, which is also called the Gregorian calendar or the Western calendar; it is the most common internationally used civil calendar.

قبل البعثة

كَعْبِ بْنِ لُؤَيِّ بْنِ غَالِبِ بْنِ فِهْرِ بْنِ مَالِكِ بْنِ النَّضْرِ بْنِ كِنَانَةَ بْنِ خُزَيْمَةَ بْنِ مُدْرِكَةَ بْنِ إِلْيَاسَ بْنِ مُضَرَ بْنِ نِزَارِ بْنِ مَعَدِّ بْنِ عَدْنَانَ [20]

---

[20] The lineage of Prophet Muhammad صلّى الله عليه وسلّم is: Muhammad bin Abdullah bin Abdul Muttalib bin Hashim bin Abdu Manaf bin Qusayy bin Kilab bin Murrah bin Ka'b bin Luayy bin Ghalib bin Fihr bin Malik bin Nadr bin Kinanah bin Khuzaymah bin Mudrikah bin Ilyas bin Mudhar bin Nizar bin Ma'd bin Adnaan. The lineage until Adnaan is agreed upon by all the scholars, however, the lineage beyond Adnaan is not authentically known, despite some historians recording certain lineages. Furthermore, all the scholars have agreed that Adnaan was the descendent of Prophet Isma'eel عليه السلام, however, there is dispute regarding the names of each descendent between Isma'eel عليه السلام and Adnaan, there is even a dispute in the number of generations between Isma'eel عليه السلام and Adnaan.

The mother of Prophet Muhammad صلّى الله عليه وسلّم is Aminah, her lineage is: daughter of Wahb bin Abdu Manaf bin Zuhra bin Kilab; from Kilab onwards the lineage meets with the lineage mentioned for Prophet Muhammad صلّى الله عليه وسلّم.

Some historians have mentioned the names of the wives for the above mentioned lineage, the following table outlines:

Abdullah	Was married to	Aminah (the daughter of Wahb)
Abdul Muttalib	Was married to	Fatimah (the daughter of 'Amre)
Hisham	Was married to	Salmah (the daughter of 'Amre)
Abdu Manaf	Was married to	Atiqah (the daughter of Murrah)
Qusayy	Was married to	Hubbah (the daughter of Khalil)
Kilab	Was married to	Fatimah (the daughter of Sa'd)
Murrah	Was married to	Hind (the daughter of Sareer)
Ka'b	Was married to	Mahshiyyah (the daughter of Shaybaan)
Luayy	Was married to	Mawiyah (the daughter of Ka'b)
Ghalib	Was married to	Atiqah (the daughter of Yakhlid)
Fihr	Was married to	Laylah (the daughter of Harith)
Malik	Was married to	Jandalah (the daughter of 'Amir)
Nadir	Was married to	Ikrasha (the daughter of Adnan)
Kinana	Was married to	Barrah (the daughter of Murr)
Khuzaymah	Was married to	Awanah/Hind (the daughter of Sa'd)
Mudrika	Was married to	Salamh (the daughter of Ilhaaf)
Ilyas	Was married to	Laylah (the daughter of Halwan)
Mudhr	Was married to	Rubaab (the daughter of Haydah)
Nizar	Was married to	Sawdah (the daughter of Akk)
Ma'd	Was married to	Ma'anah (the daughter of Jawsham)
Adnan	Was married to	Mahdad (the daughter of Lahm)

وينتهي نسبُ عدنان إلى سيّدنا إسماعيل بن إبراهيم عليهما السّلامُ

فَلَمَّا وضعته أمُّهُ ﷺ أرسلتْ إلى جدّه: عبد المطّلب أنّه قد وُلِدَ لكَ غُلَامٌ فأتاه فنظر إليه وَحَمَلَهُ ودَخَلَ به الْكَعْبَةَ وقَامَ يَدْعُوْ الله ويَحْمَدُهُ وَسَمَّاهُ مُحَمَّدًا ﷺ وَكَانَ هَذَا الاسم غريبا فتعجّب منه العرب

11 – رضاعته ﷺ			
English Translation	**اردو ترجمہ**	**اللفظ**	
To search	طلب کرنا	التمس (افتعال)	1
Drought/barrenness	خشک سالی	جَدْب ج جُدُوْب	2
Hardship	سختی، تنگی	شِدَّة ج شِدَد	3
Benefit/good	خیر ، رزق	مَعْرُوْف	4
To turn away	پھرنا	انصرف (انفعال)	5
To turn	مڑنا	انعطف (انفعال)	6
Sucking/nursing	دودھ پلانا	لِبَان	7
Breast	سینہ، پستان	لَبَان	8
Old camel	بوڑھی اونٹنی	شَارِف ج شُرَّف	9
Female donkey	گدھی	أَتَان ج أُتُن	10
Soul/person	جان دار	نَسَمَة ج نَسَم ونَسَمَات	11
Partner/companion	ساتھی	صَاحِبَة ج صَاحِبَات وصَوَاحِب	12
To recognize	پہچاننا	تعرّف (تفعّل)	13

More detail is available in As-Sirah an-Nabwiyyah by Abul Hasan al-Nadwi (his detailed book on seerah. This list is present on 153 – 155 in the Darul Ibn Katheer print.

14	عَلَق (واحدها عَلَقَة)	خون	Blood
15	سَوْدَاء وسُوَيْدَاء	سیاہ نقطہ	Black
16	أنقى (إفعال)	صاف ستھرا کرنا	To clean
17	فَصِيْح ج فُصْح وفُصَحَاء فَصِيْحَة ج فَصَائِح وفَصِيْحَات	صاحبِ فصاحت	Eloquent person

رضاعته ﷺ:

التمس عبد المطّلب لحفيده اليتيم الذي كانَ أحَبَّ أولادِهِ إليه مُرْضِعًا من البادية على عادة العرب وأدركتْ حليمةَ السّعديّة[21] هذه السّعادةُ وكانت خرجتْ مِنْ بَلَدِهَا تلتمسُ الرُّضَعَاء وكان العامُ

---

[21] It was a custom of the Arabs from the cities to send their children under the care of a foster mother from the villages. This was done so that the children could learn pure Arabic dialect and enjoy the pleasant atmosphere of the village. Halimah, a woman from the family of Banu Sa'd from the Hawazin tribe, came in search for a child belonging to a rich tribe, however, she was unsuccessful, and rather an orphan Prophet Muhammad was destined for her. Halimah returned to her tribe of Banu Sa'd with the orphan Muhammad with her husband, Harith bin Abdul Uzzah. The foster brothers of the Prophet were Abdullah and Hudhaifah, whereas the foster sisters were Anusah and Judhama (more famously known as Sahymah); Judhama also nursed the Prophet. The household of Halimah very quickly realised that they had a noble child amongst them, blessings were evident within their wealth etc. Halimah mentions that before bringing Muhammad home, the family were going through a drought, the animals were not giving milk, she could not breastfeed her child. However, as soon as Muhammad joined the household, the animals started to give milk and her breasts overflowed with milk so that both Muhammad and her child could drink to their full. Halimah would bring Muhammad to Makkah every six months to visit his mother and relatives. After two years were complete, she brought Muhammad back to Makkah and was expected to hand the child back to the family, however, she begged the mother of the Prophet if she could keep Muhammad as he will be saved from the frequently occurring epidemics that raged in Makkah. Whilst living amongst the clan of Banu Sa'd, an amazing incident took place; the miracle of the 'Opening of the Chest' during the fourth year of the stay. Whilst Muhammad was playing with his foster brothers, two angels in white clothing came down from the heaven, made Muhammad lie down and opened the chest of the Prophet, they removed the heart and washed it with pure water, thereafter placing the heart back into the chest and sealing the chest. Some reports suggest that it was upon this occasion that the angels

عامَ جدبٍ وهُمْ في ضيقٍ وشدّةٍ وعُرِضَ رسول الله ﷺ على جميع المراضع فزَهِدْنَ فيه وذلك لأنّهنّ كُنَّ يَرْجُوْنَ المعروف من أبي الصبيّ ، فقُلْنَ: يَتِيْمٌ ، وما عسى أن تصنعَ أُمُّهُ وجَدُّهُ؟ وهكذا فعلتْ حليمةُ فانصرفتْ عنه أوّلَ مرّة ، ثمّ انعطف قلبُهَا عليه وألهمها الله حُبَّهُ وأَخْذَهُ ولم تكن وجدتْ غيره فرجعتْ إليه فأخذتْه وذهبتْ به إلى رَحْلِهَا ولمستِ البركةَ بيدها فكان لكلّ شيء في رَحْلِهَا شأنٌ غير الشّأن ورأتِ البركةَ في اللّبان والألبان والشّارف والأتان ، وكلٌّ يقول: لَقَدْ أخذتِ يا حليمةُ نسمةً مباركةً وحسدَتْهَا صواحِبُها

ولم تزل تتعرّف مِنَ الله الزّيادة والخير ، حتّى مضتْ سنتان في بني سَعْدٍ وفَصَلَتْهُ وَكَانَ يَشِبُّ شبابا لا يَشِبُّهُ الغلمان وقدمت بِهِ ﷺ على أمّه وطلبت أن تتركه عندها بعض الوقت فردّته إليها

وجاءه ملكان وهو في بني سعد فَشقَّا بطنه واستخرجا من قلبه علقةً سوْدَاءَ فطَرَحَاها ثمّ غسلا قلبه حتّى أنقَيَاه وردّاه كما كان

ورعى رسول الله ﷺ الغنمَ مع إخوته مِنَ الرّضاعةِ ونشأ على البساطةِ والْفطرَةِ وحياة الباديةِ السّليمة واللغة الفصيحة التي اشتهر بها بنو سعدِ بن بكر وكان أليفًا وَدُوْدًا ، أحبّه إخوتُهُ وأحبَّهُمْ ثمّ عاد إلى أمّه وجدّه وقد أَنْبَتَهُ اللهُ نباتًا حَسَنًا

---

also placed a 'Seal of Prophethood' mark upon the blessed back of the Prophet, between the two shoulders. Upon seeing this the foster brothers and others playing were frightened by this incident, hence rushed to Halimah and informed her. However, by the time Halimah returned the two angels had disappeared. Muhammad informed Halimah that he is okay, does not have any pains due to the incident; rather he feels a divine light was placed within him.

Historians have suggested up to five occasions where the 'Chest was Opened'; whilst living with Halimah, at the age of ten, at the age of twenty, just prior to revelation and finally prior to the journey of Mi'raaj. However, not all them have been accepted by the scholars of Hadeeth as authentic; the most famous ones include the occasion when the Prophet was living with Halimah and also at the time of Mi'raaj.

12 – وفاة آمنة وعبد المطّلب

English Translation	اردو ترجمہ	اللفظ	
Death	موت	وَفَاة ج وَفَيَات	1
Ever gracious	شفقت کرنے والے	حَفِيّ ج حُفَوَاء	2
To treat well	بھلائی کرنا، نرمی کرنا	لاطف (مفاعلة)	3

وفاة آمنة وعبد المطّلب:

فلمّا بَلَغَ ستَّ سنين تُوُفِّيَتْ آمنة بـ(الأبواء[22]) بين مكّة والمدينة ، فكان مع جدّه وكان به حَفِيًّا يُجْلِسُهُ على فراشه في ظلّ الكعبة ويُلاطِفُهُ

فَلَمّا بلغ رسول الله ﷺ ثمانيَ سنين مات عبد المطّلب

[22] When the Prophet Muhammad was six years old, he was returned to his mother, Aminah who was very pleased at receiving her only child. She set out for Yathrib (modern day Madinah) to show the child to his maternal relatives and also to visit the grave of Abdullah. Umm Ayman, the Abyssinian slave girl, also accompanied them on the journey. The three of them remained in Madinah for almost a month before returning to Makkah. Some historians have mentioned that during this stay the Prophet learnt swimming in a pond in Madinah. Whilst on their way returning from Makkah, the mother of the Prophet, Aminah fell ill at a place called al-Abwa, she passed away there and was also buried at al-Abwa. Umm Ayman brought Muhammad back to Makkah, leaving him in the care of his grandfather, Abdul Muttalib.

Al-Abwa is a village belonging to Rabigh, western coast of Saudi Arabia. Historians have mentioned Abu Sufyan accepted Islam at this place, the mother of the Prophet passed away at this place and this is where the battle of Waddan took place.

13 – مع عمّه أبي طالب			
English Translation	**اردو ترجمہ**	**اللفظ**	
To be merciful/gentle	مہربان ہونا	حدب (س) حَدَبا	1

مع عمّه أبي طالب[23]:

فكان رسول الله ﷺ بعد عبد المطّلب مع عَمِّهِ أبي طالب وهو أخو عبدِ الله من أبٍ وأمٍّ وكان عبدُ المطّلب يُوْصِيْهِ به فكان إليه ومعه وكان أرفقَ به وأكثر حدبًا عليه مِنْ أبنائِهِ

[23] After the demise of Aminah, the mother of Prophet Muhammad, he was handed over in the care of his grandfather, Abdul Muttalib. Abdul Muttalib had great affection for Muhammad, allowing Muhammad to sit next to him when Abdul Muttalib would be having meetings with friends, stroking the back of Muhammad and observing his movements. However, Prophet Muhammad's stay with his grandfather was short, when the Prophet was eight years, two months and ten days old, just two years into the care of his grandfather, and the sad news of the death of the grandfather reached. Muhammad was visibly saddened by the death as tears rolled down his beloved cheek. Muhammad was now in the care of his uncle, Abu Talib as he was the real brother of Abdullah, hence the real uncle of Muhammad. Abu Talib looked after Muhammad more than his own sons, as Muhammad was very well-mannered, polite and extremely helpful. Abu Talib would keep Muhammad with him when sleeping and eating; his affection was intense. It is during these days the Prophet worked as a shepherd and his presence in the family helped Abu Talib a lot; Abu Talib was not regarded as a wealthy man prior to this. When Muhammad was twelve years of age, Abu Talib took Muhammad on a business trip to Syria. When the caravan reached Basra, a Christian monk, Bahira, came to visit the caravan. Upon seeing Muhammad he uttered that he will be the chief of the world shortly. When asked why he made such a comment, Bahira replied that when he came to see Muhammad the trees and stones were bowing in prostration for Muhammad, and the trees and stones only prostrate for Prophets. Further, according to our scripts, he will have a mark of Prophethood on his back between the shoulders which is also present in Muhammad. Bahira kept a feast for the caravan and then he quietly mentioned to Abu Talib that he should send Muhammad back to Makkah as he fears for his safety if he continues the journey and meets the Jews and Romans. Abu Talib listened to the advice of the monk and returned Muhammad to Makkah. Some reports suggest Abu Talib himself brought Muhammad back to Makkah without advancing in the journey anymore.

14 – التربية الإلهيّة

English Translation	اردو ترجمہ	اللفظ	
Dirt	میل کچیل	قَذَر ج أَقْذَار	1
To be manly/courageous	صاحب مروت ہونا	مرأ (ك) مُرُوْءَة	2
Shame	شرم	حَيَا	3
To name	نام رکھنا	أسمى (إفعال)	4
Relation	رشتہ داری	رَحِم ج أَرْحَام	5
Burden	بوجھ	كَاهِل ج كَوَاهِل	6
Piety	پرہیز گاری	تَقْوَى	7
Result	نتیجہ	نَتِيْجَة ج نَتَائِج	8
To be satisfied	خوش ہو جانا	قنع (س) قَنَعا وقَنَاعَة	9
To give arrows	تیر دینا	نبّل (تفعيل)	10
Youth	جوانی	فَتَاء وفُتُوَّة	11

التربية الإلهيّة:

وشبّ رسول الله ﷺ محفوظا من الله تعالى بعيدا من أقذار الجاهليّة وعاداتها فَكَانَ أفضلَ قومه مروءةً وأحسنهم خُلُقًا وأشدّهم حَيَاءً وأصدَقَهُمْ حَدِيْثًا وأعظمهم أمانةً وأبعدهم مِنَ الفحش والبذاءةِ حَتَّى ما أسموه في قومه إلّا (الأمين[24]) ، وكان واصِلًا للرّحم حاملا لما يثقل كواهل النّاس

[24] Prophet Muhammad never used to rely upon others for his living, rather he used to work for himself as a shepherd and as a businessman. Many rich individuals would send the Prophet for their business dealings as he was known for his truthfulness. He was experienced in long business trips as he used to live with his uncle, Abu Talib who was also a businessman. The qualities of Prophet Muhammad in regards to business allowed him to stand out amongst the other businessmen of that time. He was honest in his dealings, sincere in his suggestions and polite in his approach; these qualities gave him the title of 'al-Amin' (the trustworthy) and 'al-Sadiq' (the truthful).

مُكْرِمًا للضّيف عَوْنًا على البِرّ والتّقوى وكان يأكل من نتيجة عَمَلِه ويقنعُ بالقوتِ

ولَمَّا بلغ رسول الله ﷺ أربع أو خمس عشرةَ سنةً ، هاجتْ حرب الفُجّار بَيْنَ قريش وبين قيس وشهد رسول الله ﷺ بعضَ أيّامِهِ وكان ينبّل على أعمامه وبذلك عرف الحرب وعرف الفروسيّة والفُتُوّة

15 – زواجُهُ ﷺ من خَدِيْجَة رضي الله عنها			
English Translation	**اردو ترجمہ**	**اللفظ**	
To be composed/ forbearing	بردبار ہونا	رجح (ف ن ض) رَجَاحَة	1
Widower	بیوہ، مسکین	أَرْمَل ج أَرَامِل وأَرَامِلَة (مؤنث أَرْمَلَة)	2
Life	زندگی	عُمْر وعُمُر	3
To employ/hire	مزدور رکھنا	استأجر (استفعال)	4
To do *mudharabah* (a type of transaction)	کسی کے مال سے تجارت کرنا	ضارب (مفاعلة)	5
Travel	کوچ	رِحْلَة	6
To offer	پیش کرنا	عرض (ض) عَرْضا	7
To propose	منگنی کرنا	خطب (ن) خَطْبًا	8

زواجُهُ ﷺ من خَدِيْجَة رضي الله عنها:

ولَمَّا بلغ رسولُ الله ﷺ خَمْسًا وعشرين سنةً تزوّجَ خديجةَ بنْتَ خُوَيْلِد[25] رضي الله عنها وهي من

[25] Khadijah was a noble woman in Arabia, known for her business and riches. When she heard regarding the Prophet and his truthful nature in business, she invited the Prophet to conduct her business. After permission from Abu Talib, the Prophet accepted the offer of Khadijah and went on a trip to Syria, making more profit in this business trip than the profit expected by Khadijah herself. Khadijah made her slave, Maisarah, go with the Prophet in this journey. On return, Maisarah praised

سيّدات قريش وفُضْليات النّساء رجاحة عَقْلٍ وكَرَمَ أخلاقٍ وَسَعَةَ مَالٍ وكانت أرملةً تُوُفِّيَ زَوْجها أبو هالة وكانتْ إذ ذاك في الأربعينَ مِنْ سِنِّهَا ورسول الله ﷺ في الخامسةِ والعشرين من عُمُرِهِ

وكانتْ خديجةُ رضي الله عنها امرأةً تاجرةً تستأجِرُ الرِّجالَ في مالِهَا وَتُضَارِبُهُمْ بِشَيْءٍ تَجْعَلُهُ لَهُمْ ، وَكَانَتْ قريشٌ قَوْمًا تُجَّارًا وقد كانت اختبرتْ صِدْقَ حديثِ رسول الله ﷺ وَكَرَمَ أَخْلاقه ونصيحته حين خرجَ في مالٍ لها إلى الشّام تاجرًا وبَلَغَهَا مِنْ كبر شأنه في هذه الرّحلة فعرضتْ عليه نَفْسَهَا وكانت قَدْ رفضتْ طَلَبَ كَثِيرٍ مِنْ أشراف قريشٍ وخطبها إليها عَمُّهُ حمزةُ رضي الله عنه وخَطَبَ أبو طالب الخطبة فكان الزّواجُ

وكانت أوّل امرأةٍ تزوّجَهَا رسولُ الله ﷺ وَوَلَدَتْ لَهُ أولادَهُ كُلُّهُمْ إلّا إبراهيم

16 – قصّة بنيان الكعبةِ ودرء فتنة عظيمة			
English Translation	اردو ترجمہ	اللفظ	
To make a roof	چھت ڈالنا	سقّف (تفعيل)	1
Height	قد	قَامَة ج قَامَات	2
To quarrel	ایک دوسرے سے جھگڑنا	اختصم (افتعال)	3
To turn to/lead to	لوٹنا	آل (ن) أَوْلًا	4
To make a contract	معاہدہ کرنا	تعاقد (تفاعل)	5

قصّة بنيان الكعبةِ ودرء فتنة عظيمة:

ولَمَّا بَلَغَ رسول الله ﷺ خمسًا وثلاثين سَنَةً ، اجتمعتْ قريشٌ لبنيانِ الْكَعْبَةِ وقدْ أرادوا ذلك

the Prophet before Khadijah, confirming to Khadijah the truthful nature of the Prophet. As a result of this journey, Khadijah sent a proposal marriage to Prophet Muhammad. Khadijah was 40 years old at that time, whereas the Prophet was only 25 years old. Further, the Prophet had never married before, whereas Khadijah was a widow who had been married twice before, with two sons and a daughter. Khadijah had rejected the proposal of many chief men of Makkah, yet she herself sent a marriage proposal to the Prophet. After consultation with Abu Talib, the Prophet was ready for the marriage. Abu Talib conducted the marriage and paid 500 dirhams as part of the dowry.

لِيُسَقِّفُوْهَا وكانتْ حِجَارَةً بعضها على بعضٍ من غيرِ طينٍ يركبُ بعضُهَا بِبَعْضٍ وكانتْ فَوْقَ الْقَامَةِ وَكَانَ لا بُدَّ مِنْ هَدْمٍ وبناءٍ جديد

فَلَمَّا بلغ البنيانُ موضع الرّكن ، اختصموا في الحَجَرِ الأَسْوَدِ[26] ، كُلُّ قبيلة تريدُ أن تَرْفَعَهُ إلى موضِعِهِ دون الأخرى ، وَكُلُّ قبيلةٍ تريدُ أن يكون لها هذا الشَّرف ، حتّى آل الأمر إلى الحربِ ، وكانتْ في أهون من هذا بكثيرٍ في الجاهليّة

وَأَعَدُّوْا للقتالِ وقَرَّبَتْ بنو عبد الدّار جَفْنَةً مملوءةً دَمًا وتعاقدوا هُمْ وبنو عديٍّ على الموتِ وأدخلوا أيديَهُمْ في ذلك الدَّمِ في تلك الجَفْنَةِ

وكانتْ آية الموتِ والشَّرِّ وَمَكَثَتْ قريش على ذلك أيّامًا ثمّ اتّفقُوْا على أنّ أوّل مَنْ يَدْخُلُ من باب الْمَسْجِدِ يقضي بَيْنَهُمْ ، فَكَانَ أَوَّلَ داخِلٍ عليهم رسولُ الله ﷺ ، فَلَمَّا رَأَوه قالوا: هذا الأمين رضينا هذا محمّدٌ ﷺ

[26] According to some historical reports, when the Prophet reached the age of 35, the reconstruction of Ka'bah occurred. Due to heavy rains, and as the Ka'bah was situated in a low valley surrounded by hills, great damage had been done to the building. Also, overtime the Ka'bah had already become weak, partly due to a lack of complete attention by certain custodians. Coincidently, at this time a ship of some traders was wrecked near a Makkan port, the Makkans bought the planks from the shipmen and started to rebuild the Ka'bah. The Makkans worked together in reconstructing the building in harmony, however, once the building was nearing completion, the Makkans started to dispute regarding who would place the 'sacred black stone' back in its original place. This difference almost led to war, as the Arabs were used to fighting over little incidents. The tribe 'Abd al-Daar even presented a pot filled with blood and made an agreement with the tribe 'Ady that they will fight with each other until one prevails, and are responsible for placing the black stone. During this intense, delicate time, a wise old Quraishi, Abu Umayyah bin Mughirah, suggested that whoever walks first into the mosque tomorrow should decide who takes the responsibility of placing the black stone in its original place; all participants agreed to this suggestion. The next morning, it was Prophet Muhammad who was the first to walk into the mosque, hence, it was the Prophets' decision regarding who would take responsibility of placing the black stone. The Prophet suggested a sheet should be brought and place the black stone on the sheet, the chief of every tribe will hold a side of the sheet and raise the black stone until the correct place. Thereafter, the Prophet, himself, took the stone and placed in the correct position.

ودعا رسول الله ﷺ بثوب وأخذ الحجر ووضعه فيه بيده ثمّ قال: لتأخذ كلّ قبيلة بناحية من الثّوب ثمّ ارْفَعُوْهُ جميعا ، فَفَعلوا حتّى إذا بَلَغوا به مَوْضِعَهُ وَضَعَهُ هو بيده ثمّ بنى عليه وهكذا درأ رسول الله ﷺ الحربَ عن قريشٍ بحكمةٍ ليستْ فوقَهَا حِكْمَةٌ

17 – حلف الفضول			
English Translation	**اردو ترجمہ**	**اللفظ**	
Goods	سرمایہ	بِضَاعَة ج بِضَائِع	1
To ask for help	مدد طلب کرنا	استعدى (استفعال)	2
To rebuke	ڈانٹنا	انتهر (افتعال)	3
To ask for help	مدد طلب کرنا	استغاث (استفعال)	4
To make a promise	معاہدہ کرنا	تعاهد (تفاعل)	5
To rejoice	خوش ہونا	اغتبط (افتعال)	6
Illiterate	ان پڑھ	أُمِّي	7
Accusation	تہمت	ظِنَّة ج ظِنَن وظَنَائِن	8
To emigrate	وطن سے علیحدہ ہونا	اغترب (افتعال)	9
To title	لقب دینا	لقّب (تفعيل)	10

حلفُ الفضول:

وشَهِدَ رسول الله ﷺ حِلْفَ الفضولِ[27] وكان أكرمَ حِلْفٍ سُمِعَ به وأشْرَفَهُ في العرب وكان سببُه أنّ

[27] Due to the lack of any central organisation in pre-Islamic Arabia, many individuals that were backed by big tribes would oppress those individuals that never had a big clan. The Prophet was only 14 or 15, when he took part in a battle known as 'battle of Fijar'. This battle started at a fair in the market of Ukadh between the Quraish and the Qays tribes. The commander of the Quraish was Herb

رجلًا من زَبِيْدٍ قَدِمَ مكّة ببضاعةٍ فاشتراها منه العاصُ بنُ وائل أحدُ أشراف قريش ، فحبَسَ عنه حَقَّهُ فاستعدى عليه الزبيديّ أشرافَ قريشٍ فأبوا أن يعينُوْا على العاص بن وائل لمكانته وانتهرُوْهُ

واستغاثَ الزَّبِيْدِيُّ أهلَ مِكَّةَ واستعانَ بكلّ ذي مروءةٍ

وهاجتِ الْغَيْرَةُ في رجالٍ من ذَوي المروءةِ والفتوّةِ فاجتمعوا في دار عبد الله بن جُدْعان فصَنَعَ لهم طعاما وتعاقدُوْا وتعاهدوا بالله ليكونُنَّ يدًا واحدةً مع المظلوم على الظالم حتّى يؤدّي إليه حقّه فسمّتِ العربُ ذلك الحِلْف (حِلْف الْفُضُوْلِ) وقالوا: لقد دخلَ هؤلاءِ في فَضْلٍ من الأمرِ ثمّ مَشَوْا إلى العاصِ بنِ وائل ، فانتزعُوْا منه سِلْعَةَ الزبيديّ فدفعُوهَا إليه

وكان رسول الله ﷺ مغتبطًا بهذا الحِلْف متمسّكًا به حتّى بعد البعثة ، يقول: (لَقَدْ شَهِدْتُ فِيْ دَارِ عَبْدِ اللهِ بْنِ جُدْعَانَ حِلْفًا لَوْ دُعِيْتُ بِهِ فِيْ الْإِسْلَامِ لَأَجَبْتُ ، تَحَالَفُوْا أَنْ يَرُدُّوْا الْفُضُوْلَ عَلَى أَهْلِهَا وَأَلَّا يَعُزَّ ظَالِمٌ مَظْلُوْمًا)[28]

---

bin Umayyah, the Hashemite detachment commanded by the Prophets uncle, Zubair bin 'Abd al-Muttalib. The Prophet was naturally on the side of Quraish, in addition the Quraish were on the correct side as well. The Prophet never played any direct role in the fighting, rather he would collect arrows and hand them to his uncle, Abu Talib. The constant fighting in Hejaz (especially Makkah) had made living very difficult and insecure. Oppression of the weak was increasing rapidly. Once an individual from the tribe of Zabeed came to Makkah and sold his business stock to 'As bin Wa'il, a noble individual of Makkah. 'As took the stock, yet failed to make the correct payment, as a result the individual from Zabeed tribe sought help from the kind-hearted individuals of Makkah. Some just individuals agreed to help the individual from the tribe of Zabeed, they held a meeting in the house of Abdullah bin Jud'aan outlining how to help the oppressed. The conclusion of the agreement was that these just individuals will always stand up for the oppressed, they would take the right of the oppressed individual in this incident from 'As bin Wa'il; hence, they completed their promise. The Prophet participated in this agreement and after prophethood would show happiness at taking part in such a noble agreement. He would say: 'I liked this agreement more than red camels (red camels were regarded very expensive amongst Arabs), I still agree with those conditions and agreements.'

[28] This quote is mentioned in الروض الأنف *(Ar-Raud al-Unuf)* written by the Andalussian Islamic scholar Imam Abul Qasim Abdurrahman ibn Abdullah al-Suhayli (1114 – 1185). He was born in Andalus, in the town of Fuengirola (which in ancient times was known as Suel and then Suhayl); this town is located in southern Spain, in the Malaga province. Imam Abul Qasim al-Suhayli authored many books; including literature on grammar, Islamic law and the prophets biography and Seerah. His most

وكان من حِكْمَة الله تعالى وتربيتهِ أن نشأ رسولُ اللهِ ﷺ أمّيًّا لا يقرأ ولا يكتب فكان أبعدَ عن تُهمةِ الأعداءِ وظنّة المُغتربين وإلى ذلك أشارَ القرآنُ بقوله: (وَمَا كُنتَ تَتْلُوا مِن قَبْلِهِ مِن كِتَٰبٍ وَلَا تَخُطُّهُ بِيَمِينِكَ إِذًا لَّٱرْتَابَ ٱلْمُبْطِلُونَ)[العنكبوت:48]

وقد لقّبهُ القرآنُ بالأمّيّ فقال: (ٱلَّذِينَ يَتَّبِعُونَ ٱلرَّسُولَ ٱلنَّبِىَّ ٱلْأُمِّىَّ ٱلَّذِى يَجِدُونَهُۥ مَكْتُوبًا عِندَهُمْ فِى ٱلتَّوْرَىٰةِ وَٱلْإِنجِيلِ)[الأعراف:157]

---

renowned work is his commentary upon the 'seerah' written by Ibn Hisham, this commentary is titled *'Ar-Raud al-Unuf'*. Imam Abul Qasim al-Suhayli migrated from Andalus to Marrakesh around 1182 and passed away here three years later.

بعد البعثة

18 – تباشير الصّبح وطلائع السّعادة

English Translation	اردو ترجمہ	اللفظ	
Arrival/dawn/good news	خوش خبری ،ابتداء	تَبَاشِيْر	1
Morning	صبح	صُبْح ج أَصْبَاح	2
Beginning	اوائل	طَلَائِع	3
To approach/draw near	وقت آنا	آن (ض) أَيْنا	4
System/style	طریقہ	سُنَّة ج سُنَن	5
To be anxious/stressed	بیقرار ہونا	قلق (س) قَلَقا هو قَلِق ومِقْلَاق	6
Stress/worry	پریشانی	قَلَق	7
Climax/highest point	بلندی	ذُرْوَة وذِرْوَة ج ذُرًى	8
To sing like a cameleer/camel driver	حدی پڑھنا	حدا (ن) حَدْوا وحِدَاء وحُدَاء	9
To make beloved	محبوب بنانا	حبّب (تفعيل)	10
To become clear/unveiled	کھل جانا ، منکشف ہونا	حسر (ن ض) حُسُوْرا	11
To reach/arrive at	پہنچنا	أفضى (إفعال)	12
Daybreak/brightness	صبح، تڑکا	فَلَق ج فُلْقَان	13

تباشير الصّبح وطلائع السّعادة:

وأتمّ رسول الله ﷺ أربعين سنةً من عمرِه وظهرتْ تباشيرُ الصّبْحِ وطلائعُ السّعادة وآن أوان البعثة وتلك سنّة الله إذا اشتدّ الظلامُ وطالتِ الشّقوة

وبلغ قلقُ رسول الله ﷺ ممَّا كان يراهُ ذِروتَهُ كأنّ حاديًا يحدُوْهُ فحُبِّبَ إليه الخلاء فلم يكنْ شيءٌ أحبّ إليه من أن يخلو وحده وكان يخرج من مكّة ويبعد حتّى تحسَرَ عنه البيوتُ ويفضي إلى شعابِ مكّة وبطونها وأوديتها فلا يمرّ بحَجَرٍ ولا شجر إلّا قال: السلام عليكَ يا رسول الله ويلتفتُ رسول الله ﷺ حولَهُ وعن يمينه وشماله وخَلْفه فلا يرى إلّا الشجر والحجارة

وكان أوّل ما بُدِئَ به الرّؤيا الصادقة في النّوم ، وكان لا يرى رؤيا إلّا جاءتْ مِثْلَ فَلَقِ الصّبح

19 – في غار حِرَاء			
English Translation	**اردو ترجمہ**	**اللفظ**	
Cave	غار	غَار ج أَغْوَار وغِيْرَان	1
To be continuous	مسلسل ہونا	توالى (تفاعل)	2
To take provisions	توشہ لینا	تزوّد (تفعّل)	3
To worship alone	عبادت کے لئے علیحدہ ہونا	تعبّد (تفعّل)	4
Straight	سیدھا	حَنِيْف	5

في غار حِرَاء[29]:

وكان يخلو غالبًا بغار حراء فيمكثُ فيه ليالي متواليات وكان يتزوّد لذلك وكان يتعبّد ويدعو على الطريقة الإبراهيميّة الحنيفيّة والفطرة السليمة المنيبة إلى الله

[29] The cave of Hira is a cave about 3 kilometres from Makkah on the mountain Jabal al-Nour. The cave is 3.7m in length, 1.6m in width and at a height of 270m, taking approximately 600 steps to reach there.

20 – مبعثه ﷺ		
English Translation	اردو ترجمہ	اللفظ
Time of birth	پیدائش کا وقت	مِيْلَاد ‎1
Pens	قلم	قَلَم ج أَقْلَام ‎2

مبعثه ﷺ [30]:

وكان كذلك في إحدى المرّات إذ جاءه اليومُ الموعودُ لبعثته وكان ذلك في 17 من رمضان في السنّة الحادية والأربعين من ميلاده ، 6 أغسطس 610م وهو بـ(حِرَاء) فجاءه الملكُ فقال: (اقْرَأْ) فقال: ما أنا بقارئ ، قال رسول الله ﷺ: فأخذني فغطّني حتى بلغ منّي الجهد ، ثمّ أرسلني فقال: (اقرأْ) فقلتُ: ما أنا بقارئ فأخذني فغطّني الثانية حتى بلغ منّي الجُهْدُ ، ثمّ أرسلني فقال:

Handwritten annotations: "One of the times that was on 17 Ramadan when the fixed day came 2 him, like this read in August, 41st year of his birth" / "until severe pain squeezed took hold of — I I'm not a reader let go — reached"

---

[30] Prophet Muhammad was involved in business as the custom of many individuals in Makkah at that time, however, as years passed, the Prophets interest in business decreased and his attention to meditation increased. He would constantly visit the cave of Hira, a cave about 3 kilometres from Makkah on the mountain Jabal al-Nour, where he would meditate. The Prophet would take food and provisions there as well, as sometimes he would be meditating, thinking regarding the creator, searching the true Lord, distancing himself from the evil methods of the Makkan people, etc, would take many days, sometimes even a month; hence, provisions were needed for this long stay. The Prophet used to visit this cave frequently during the month of Ramadhan. It was during his meditation period where he started to see many dreams which would become reality in the practical world. It was almost seven years that the Prophet has been visiting the cave of Hira, with the number of good dreams increasing rapidly in the last six months. The Prophet was in his 40th year, the age of wisdom and intense spirituality, Monday 17th of Ramadhan 610 CE (according to Ibn Sa'd) when the Prophet saw angel Jibraeel whilst in deep meditation. Angel Jibraeel commanded the Prophet to read, however, as the Prophet was unlettered, he was unable to read, and the Prophet was shivering and anxious at this unplanned occurrence. Angel Jibraeel embraced the Prophet and asked him to 'pray' again, the Prophet was still unable to pray. For the third time, after embracing, angel Jibraeel asked the prophet to 'pray', on the third occasion Jibraeel instructed: 'Recite in the name of Your Lord who created, Created man from a clinging substance, recite, and Your Lord is the most Generous, Who taught by the pen, taught man that which he never knew.'[Surah al-Alaq: 1-5].

فقلتُ: ما أنا بقارئ فأخذني فغطّني الثالثة ، ثمّ أرسلني فقال: (اِقْرَاْ بِاسْمِ رَبِّكَ الَّذِىْ خَلَقَ ۝١ خَلَقَ الْاِنْسَانَ مِنْ عَلَقٍ ۝٢ اِقْرَاْ وَ رَبُّكَ الْاَكْرَمُ ۝٣ الَّذِىْ عَلَّمَ بِالْقَلَمِ ۝٤ عَلَّمَ الْاِنْسَانَ مَا لَمْ يَعْلَمْ ۝٥)[العلق:1-5]

وكان ذلك أوّل يوم من أيّام النبوّة ، وأوّل وحيٍ من القرآن

21 – في بيتِ خديجة رضي الله عنها

English Translation	اردو ترجمہ	اللفظ	
To know	پہچاننا	عهد (س) عَهْدا	1
To tremble	کانپنا	ارتعد (افتعال)	2
Muscle beneath the shoulder (which generally moves at the time of anxiety)	مونڈھے کے نیچے کا گوشت جو خوف کے وقت اچھلنے لگتا ہے	فَرِيْصَة ج فَرَائِص	3
To wrap	لپیٹنا	زمّل (تفعيل)	4
Virtuous person	صاحب فضل	فَاضِل ج فَاضِلُوْن وفُضَلَاء فَاضِلَة ج فَاضِلَات وفَوَاضِل	5
To visit	زیارت کرنا	زار (ن) زِيَارَة ومَزَارا وزَوْرا وزُوَارا وزُوَارَة	6
Understanding	سمجھ	ذِهْن ج أَذْهَان	7
Companionship	صحبت	عِشْرَة	8
Overtness	کھلم کھلا	عَلَانِيَة ج عَلَانُوْن	9
Nature (natural habits)	طبیعت	شَمِيْلَة ج شَمَائِل	10
To be supported/strengthened	درست کرنا	وفّق (تفعيل)	11
Affliction/calamity	اثر، سختی	لَمَّة	12

To be against	مخالف ہونا	تنافى (تفاعل)	13
To be very merciful	بہت مہربانی کرنا	رأف (ف) رَأْفَة (ك) رَآفَة (س) رَأَفا	14
Burden	بوجھ	كَلّ ج كُلُوْل	15
To be poor	مفلس ہونا	عدم (س) عُدْما وعَدَما	16
To entertain/host (guest)	میزبانی کرنا	قرى (ض) قِرًى وقَرَاء	17
Calamity/disaster	حادثہ ، مصیبت	نَائِبَة ج نَائِبَات ونَوَائِب	18

في بيتِ خديجة رضي الله عنها:

وفزِع منه رسول الله ﷺ فإنّه لم يعهدْهُ ولم يسمعْ به وقد طالتِ الفترةُ وعهدُ العرب بالنبوّة والأنبياء بعيدٌ وخاف على نفسه ورجع إلى بيته ترتعدُ فرائصُهُ وقال: زمّلوني زمّلوني ، لقد خشيت على نفسي

وسألتْ خديجة رضي الله عنها عن السّبب فَقَصَّ عليها الْقِصَّةَ وكانتْ عاقلةً فاضلةً سمعتْ بالنبوّة والأنبياء والملائكة وكانتْ تَزُوْر ابن عَمِّهَا وَرَقَةَ بْنَ نَوْفَلٍ[31] وكان قد تنصّر وقرأ الْكُتُب وسمع من أهل التوراة

---

[31] After the first revelation in the cave of Hira, the Prophet quickly returned home trembling. When he reached home, he asked his wife, Khadijah to wrap him up and cover him; she wrapped him until the fear decreased. After he mentioned the incident to Khadijah, she remarked that Allah would never disgrace you O Muhammad. You keep good relations with your kin, you help the poor and the destitute, serve your guests generously and assist the deserving calamity-afflicted ones. Khadijah then took the Prophet to her cousin Waraqa bin Naufal bin Asad, who during the pre-Islamic Period became a christian and used to write the divine books with Hebrew letters. He would write from the Gospel in Hebrew as much as Allah wished him to write. He was an old man and had lost his eyesight. Khadijah said to Waraqa, "Listen to the story of your nephew, O my cousin!" Waraqa asked: "O my nephew! What have you seen?" Allah's Messenger described whatever he saw. Waraqa replied: "This is the same one who keeps the secrets, meaning angel Jibraeel, who was sent to Prophet Musa. I wish I were young and could live up to the time when your people would turn you away." Allah's Messenger asked: "Will my people turn me away (and try to drive me out)?" Waraqa affirmed the question and then remarked that anyone who came with a similar message from Allah to the people

والإنجيل وكانتْ تُنْكِرُ مِنْ أهل مكّة ما ينكره أهل الفطرةِ السَّلِيْمَةِ والأذهان المستقيمةِ وكانت مِنْ أعرف النّاس بأخلاق رسول الله ﷺ لمكانها منه وعشرتها له واطّلاعها على السّرّ والعلانية وقد رأتْ من أخلاقِ رسول الله ﷺ وشمائلِهِ ما يؤكّد أنّه الرّجلُ الْموفّقُ الْمُؤيَّدُ مِنَ الله المصطفى مِنْ خَلْقِهِ الْمَرْضِيُّ في سِيْرَتِهِ وسُلُوْكِهِ وأنّ من كانتْ هذه أخلاقه وسيرته لا يخاف عليه من لَمَّةٍ من الشَّيْطَان أو أن يكون به مسٌّ من الجنّ وأنّ ذلك يتنافى مع ما عرفته من حكمة الله ورأفته وسُنَنه في خَلْقِهِ فقالتْ في ثقةٍ وإيمانٍ وفي قوّةٍ وتأكيدٍ: (كلّا! واللهِ ما يخزِيْكَ اللهُ أبدًا ، إنّكَ لَتَصِلُ الرّحم وتحمل الْكَلَّ وتكسِبُ الْمعدوم وتقري الضّيف وتعينُ على نوائب الحقّ)

	22 – بين يدي ورقَة بن نَوْفل		
	اللفظ	اردو ترجمہ	English Translation
1	فتر (ن ض) فُتُوْرا وفُتَارا	تیزی کے بعد ساکن ہونا	To cool down
2	تتابع (تفاعل)	لگاتار رہنا	To be continuous

بين يدي ورقَة بن نَوْفل:

ورأتْ أن تستعينَ في ذلك بابْنِ عمّها العالم وَرَقَة بن نوفل ، فانطلقتْ برسول الله ﷺ إليه وأخبر رسولُ الله ﷺ ورقةَ خبر ما رأى ، فقال ورقةُ: والذي نفسي بيده إنّك لنبيّ هذه الأمّة ولقد جاءَكَ النّاموسُ الأكبرُ الذي جاء موسى وإنّ قومَكَ سيكذّبونك ويؤذونَكَ ويخْرِجُوْنَكَ ويقاتِلُوْنَك وتعجّب رسول الله ﷺ حين قال ورقةُ: إنّهم سيُخْرِجُوْنَكَ لأنّه كان يعرف منزلته عند قريش فلا

was always treated with hostility. He then told the Prophet that if I am alive till that day then I will definitely support you.

There were a few individuals within Makkah who, even during the days of ignorance, were grown up with good habits, these included Abu Bakr, Uthman, Waraqa bin Naufal, Ubaydullah bin Jahsh, Zaid bin ‘Amr bin Naufal.

ينادونَهُ ولا يخاطبونَهُ إلّا بـ(الصّادق) وبـ(الأمين) فقال مُتعجّبا: أو مخرجيّ هُمْ!

قال ورقة: نَعَمْ ، لم يأتِ رجُلٌ قَطُّ بمثلِ ما جِئْتَ بِهِ إلّا عاداهُ النّاسُ وحارَبُوْهُ وإنْ أدركَتْ ذلك اليوم وطالتْ بي الحياةُ نَصَرْتُكَ نَصْرًا قَوِيًّا

وفَتَرَ الوحيُ زمانًا ، ثمّ تتابع وبدأ القرآن ينزل

23 – إسلامُ خديجة ﵂ وأخلاقها			
	اللفظ	اردو ترجمہ	English Translation
1	آزر (مفاعلة)	مدد دینا	To help
2	ثبّت (تفعيل)	ثابت کرنا	To affirm/support
3	خفّف (تفعيل)	ہلکا کرنا	To lighten (the burden)
4	هوّن (تفعيل)	ہلکا کرنا، آسان کرنا	To lighten/make easy

إسلامُ خديجة ﵂ وأخلاقها:

وآمنتْ به[32] خديجةُ ﵂ فكانتْ أوّلَ مَنْ آمَنَ باللهِ وبرسوله ﷺ وكانت بجواره تُؤَازِرُهُ وتثبّتُه

[32] Few Companions accepted Islam very soon after the first revelation, these include:

- Khadijah, the mother of the believers and the wife of the Prophet,
- Abu Bakr, the first caliph of Islam,
- Ali, the fourth caliph of Islam, the son of Abu Talib (the uncle of Prophet Muhammad),
- Zaid bin Haritha, a freed slave of Prophet Muhammad,
- Umm Ayman, the slave girl that brought the Prophet back to Makkah after the demise of his mother,
- Ammar bin Yasir, who was born 57 years before Hijrah (567CE) and passed away in the year 37AH (657CE). Along with accepting Islam early he was one of the courageous Muslims who openly announced his Islam. He migrated with the Muslims to Madinah, participated in the battle of Badr, Uhud, Khandaq and the pledge of Ridhwan. The Prophet used to call him 'al-tayyib al-mutayyab' (the pure and purified). He passed away at the age of 93.

- Khabbab bin al-Arat, who passed away in the year 37AH (657CE). Some historians have mentioned he was the sixth person to accept Islam and the first to openly announce his Islam. He was from amongst those companions that were tortured severely during their stay in Makkah, prior to their migration to Madinah. He participated in all the battles in the army of Prophet Muhammad. In the latter part of his life, he lived in Kufa, where he passed away at the age of 73.
- Uthman bin Affan, who was born 47 years prior to Hijrah (577CE) and passed away in the year 35AH (656CE). Uthman became the third caliph of Islam and was from amongst one of the ten Companions who the prophet gave glad tidings of paradise in one sitting. Uthman was a rich businessman in Makkah, after Islam he provided multiple wealth for the Muslims; including preparing half of the Muslim army for the battle of Tabuk. He became caliph in the year 23AH, during his rule many lands were conquered by Muslims. Another major action attributed to him includes the compilation of the holy Qur'an into one book in the correct order.
- Abdul Rahman bin Awf, who was born 44 years prior to Hijrah (580CE) and passed away in the year 32AH (652CE). He was one of the early Muslims, some historians suggesting the eight Muslim. He is one of the ten that was given the glad tidings of paradise. He was known for his wealth and generosity. Once when a large amount of stock came for him, he gave the full stock away as charity. The stock included seven hundred animals, wheat and other food.
- Sa'd bin Abi Waqqas, who was born 23 years prior to Hijrah (600CE) and passed away 55 years after Hijrah (675CE). He was one of the earliest Muslims, some reports suggest the third Muslim. He is also one of the ten companions that were given the glad tidings of paradise in this world. During the reign of Umar, he was appointed the leader of the people of Kufa. In the era of Uthman, after a short while he returned close to Madinah, where he had become blind, and it was here that he passed away.
- Talha bin Ubaydullah, who was born 28 years prior to Hijrah (596CE) and passed away in the year 36AH (656CE). A companion known for his generosity and bravery. He is also from amongst the ten Companions who was given the glad tiding of paradise in this world. In the battle of Uhud, he was one of the companions who defended the Prophet with his soul and body; taking 24 wounds in defence of the Prophet.
- Arqam bin Abd Munaf, who was born 30 years prior to Hijrah (594CE) and passed away in the year 55AH (675CE). Some historians have mentioned that he was the seventh person to accept Islam. He had a house near mount Safa'a, namely Darul Arqam, this is the house from where the Prophet used to invite people towards Islam. It was in this house that the second caliph Umar accepted Islam. He lived in Madinah after migration and it is in Madinah that he passed away.
- Saeed bin Zaid, who was born 22 years prior to Hijrah (600CE) and passed away in the year 51AH (671CE). He participated in all the battles with the Prophet except the battle of Badr.

بعد البعثة
وتُخفّفُ عَنْهُ وتُهَوِّنُ عليه أمرَ النّاس

(handwritten: lighten burden upon him & make men...)

24 – إسلامُ عليّ بن أبي طالبٍ وزيد بن حارثة رضي الله عنهما

(handwritten: Islam of)

English Translation	اردو ترجمہ	اللفظ	
Freed servant	آزاد غلام	مَوْلَى ج مَوَالِي	1
Beauty	خوبصورتی	حُسْن ج مَحَاسِن	2

He is also from amongst the ten Companions that was given the glad tidings of paradise in this world.
- Abdullah bin Masood, who passed away in the year 32AH (653CE). He was from amongst the early Muslims and the first person to pray the Qur'an aloud in Makkah. He was one of the main servants of the Prophet in travels and at home. He was very short to the extent that many individuals that were sitting were equal to Abdullah bin Masood standing. He passed away during the caliphate of Uthman in Madinah.
- Uthman bin Madh'oon, who passed away in Madinah in the 2 year of Hijrah (624CE). Historians have mentioned that he was the fourteenth man to accept Islam. After migrating to Madinah with the Muslims, he passed away very soon in Madinah. Historians have mentioned he was the first Muhajir companion to be buried in Madinah and the first to be buried in the famous graveyard of Madinah.
- Zubair bin Awwam, who was born 28 years prior to Hijrah (594CE) and passed away in the year 36AH (656CE). He accepted Islam very early during Islamic period and is from amongst the ten companions to have been given the glad tiding of paradise in this world.
- Abu Ubaydah bin al-Jarrah, who was born 40 years prior to Hijrah (584CE) and passed away 18 years after Hijrah (639CE). He is also from amongst the ten companions that were given the glad tidings of paradise in this world. He also participated in all the battles.
- Ubaydah bin Harith bin Abdul Muttalib, who was born 62 years prior to Hijrah (562CE) and passed away in the 2nd year of Hijrah (624CE). He is one of the earliest people to accept Islam. He was martyred in the battle of Badr.
- Suhaib al-Rumi, who was born 32 years prior to Hijrah (592CE) and passed away in the year 32AH (659CE). He was a freed slave of Abdullah bin Juda'an, he used to do business work in Makkah until Prophet Muhammad came with the message of Islam.

Many of these Companions accepted Islam at the hands of Abu Bakr.

إسلامُ عليٍّ بن أبي طالبٍ وزيد بن حارثة رضي الله عنهما:

ثمّ أسلم عليّ بن أبي طالب – ﵁ – وهو يومئذٍ ابنُ عشر سنين وكان في حِجْرِ رسول الله ﷺ قبلَ الإسلامِ ، أخذه مِنْ أبي طالبٍ في أيّام الضّائقةِ ، وضَمَّهُ إليهِ

وأسلم زيدُ بنُ حارثة ﵁ مولى رسول الله ﷺ وكان قد تبنّاه رسولُ الله ﷺ فكَانَ إسلامُ هؤلاء شهادةَ أقربِ النّاسِ إليه وأعرفهم به وبِصِدْقِهِ وإخلاصِهِ وحسنِ سِيْرَتِهِ وأهلُ البيتِ أدرى بما فيه

25 – إسلام أبي بكر بن أبي قحافة وفَضْلُهُ في الدّعوة إلى الأسلام

	اللفظ	اردو ترجمہ	English Translation
1	اعتدل (افتعال)	سیدھا ہونا	To be straight/moderate

إسلام أبي بكر بن أبي قحافة وفَضْلُهُ في الدّعوة إلى الأسلام:

وأسلم أبو بكر بن أبي قُحَافة ، وكانتْ له منزلةٌ في قريشٌ لعقله ومروءته واعتداله وأظهر إسلامَهُ وقد كان رجُلًا محبَّبًا سَهْلًا عالِمًا بأنساب قريش وبأخبارها وكان تاجرًا ذا خُلُقٍ وَمَعرُوْفٍ فَجَعَلَ يَدْعُوْ إلى الله وإلى الإسلام من وَثِقَ به من قومه مِمَّنْ يَغْشَاهُ ويَجْلِسُ إليه

26 – إسلام أشرافٍ مِنْ قريش

	اللفظ	اردو ترجمہ	English Translation
1	سُؤْدَد وسُؤْدُد	سرداری	Leadership
2	تلا (ن) تُلُوًّا	پیچھے چلنا	To follow
3	رِسْل ج أَرْسَال	گروہ	Group

إسلام أشرافٍ مِنْ قريش:

وَأَسْلَمَ بدعوته أشراف من قريشٍ لهم مكانة وسُؤْدَدٌ منهم عثمان بن عَفَّان والزبير بن العوَّام وعبدُ الرحمن بن عَوف وسَعْدُ بن أبي وَقَّاص وطَلْحةُ بنُ عُبيد الله فَجَاءَ بِهِمْ إلى رسول الله ﷺ فَأَسْلَمُوْا وتلاهم رجالٌ من قريشٍ لهم شرف ومكانة ، منهم أبو عبيدة بن الجرّاح والأرقم بن أبي الأرقم وعثمان بن مظعون وعبيدة بن الحارث بن عبد المطّلب وسعيد بن زيد وخبّاب بن الأرتِّ وعبد الله بن مسعود وعمّار بن ياسر وصهيب وغيرُهُمْ رضي الله عنهم

ودخل النّاس في الإسلام أرْسَالًا مِنَ الرّجالِ والنّساء حتّى فشا ذكرُ الْإسلام بِمَكَّةَ وَتُحُدِّثَ بِهِ

27 – الدّعوة جهارًا على جَبَلِ (الصّفا)

English Translation	اردو ترجمہ	اللفظ	
To express openly	کھلّم کھلا کرنا	جاهر (مفاعلة)	1
To do	کر گذرنا	صدع (ف) صَدْعا	2
To attack	حملہ کرنا	أغار (إفعال)	3
To answer	جواب دینا	لبّى (تفعيل)	4
Bottom of the mountain	دامن کوہ	سَفْحُ الجَبَل	5
To destroy	ہلاک کرنا	تبّ (ن) تَبًّا	6

الدّعوة جهارًا على جَبَلِ (الصّفا):

وكان رسول الله ﷺ يُخْفِيْ أمْرَهُ ومَضَى على ذلك ثلاثُ سِنِيْنَ ، ثمّ أمره الله تعالى بإظهار دِيْنِهِ

وقال: (فَاصْدَعْ بِمَا تُؤْمَرُ وَأَعْرِضْ عَنِ الْمُشْرِكِينَ)[الحجر:94] وقال: (وَأَنذِرْ عَشِيرَتَكَ

﴿الْأَقْرَبِينَ ﴿٢١٤﴾ وَاخْفِضْ جَنَاحَكَ لِمَنِ اتَّبَعَكَ مِنَ الْمُؤْمِنِينَ﴾[الشعراء:214-215]

وَ﴿وَقُلْ إِنِّي أَنَا النَّذِيرُ الْمُبِينُ﴾[الحجر:89]

فخرج ﷺ وصعد على جبل (الصّفا) ونادى بأعلى صوتِهِ: (يَا صباحاه) وكانتْ صيحةً معروفةً مألُوْفَةً كُلَّما أحسَّ إنسانٌ بخطر عدُوٍّ يغير على بلدٍ أو على قبيلةٍ على غفلةٍ منها نادى: (يا صباحاه) فَلَمْ تتأخّرْ قريش في تلبية هذا النّداء واجتمعوا إليه بين رجلٍ يجيء إليه وبين رجلٍ يبعثُ إليه رسُولَه

فقال رسول الله ﷺ: "يا بني عبدِ المطلّب ، يا بني فِهْر ، يا بني كَعْب! أرأيتم لو أخبرتُكُمْ أنّ خيلا بسفحِ هذا الجبلِ تريد أن تغيرَ عليكُمْ ، صدّقْتُمُوْنِي؟"

كان العرب واقعيّين عمليّيْن ، إنّهم رأوا رجلا جرّبوا عليه الصدق والأمانة والنصيحة وقف على جبلٍ يرى ما أمامه وينظر إلى ما وراءه وهم لا يرَوْنَ إلّا ما هو أمامهم فهداهم ذكاؤهم وإنصافهم إلى تصديقِ هذا الْمُخْبِرِ الأمين الصّادقِ فقالوا: نَعَمْ ، هنالك قال رسول الله ﷺ "فإنّي نذير لكمْ بينَ يَدَيْ عذابٍ شديدٍ"

فسكت القومُ ولكنّ أبا لهبٍ قال: تَبًّا لكَ سَائِرَ اليوم ، أما دَعَوْتَنَا إلّا لهذا!

إظهار قومه العداوة له وَحَدْبُ أبي طالبٍ عليه:

وَلَمَّا أظهر رسول الله ﷺ الدّعوة للإسلام وصدع بالحقّ كما أمره الله تعالى ، لم يبعد منه قومُهُ ولم يردّوا عليه حتّى ذكر آلهتهم وعابها فَلَمَّا فَعَلَ ذلك أعظمُوْهُ وأجمَعُوْا خِلَافَهُ وعَدَاوَتَهُ

وحَدِبَ على رسول الله ﷺ عَمُّهُ أبو طالب ومنعه وقام دُوْنَهُ ومضى رسول الله ﷺ في دَعْوَتِهِ وصَدْعِهِ بالحقّ لا يردّه عنه شيءٌ ومضى أبو طالب يحدَبُ عليه ويذودُ عنه

فَلَمَّا طال ذلك مشى رجالٌ مِنْ قُرَيْشٍ إلى أبي طالب فقالوا: يا أبا طالب! إنّ ابنَ أخيكَ قد

سبَّ آلهتنا وعاب دينَنا وسفّه أحلامنا وضلّل آباءنا ، فإمّا أن تكُفّه عَنّا وإمّا أن تُخلّي بيننا وبينه فإنّك على مثل ما نحنُ عليه مِنْ دِيْنٍ وعَقِيْدَةٍ

فقال لهم أبو طالبٍ قولا رفيقًا وردّهم ردًا جميلا فانصرفوا عنه

29 – بَيْنَ رسول الله ﷺ وأبي طالب			
English Translation	**اردو ترجمہ**	**اللفظ**	
To urge/excite	برانگیختہ کرنا	حضّ (ن) حَضًا	1
To fight	مقابلہ کرنا	نازل (مفاعلة)	2
Group	فریق، جماعت	فَرِيْق ج أَفْرِقَاء وأَفْرِقَة	3
To have mercy	رحم کرنا	أبقى (إفعال)	4
To burden/make someone carry a load	اٹھوانا	حمّل (تفعيل) حِمَّالا	5
To have strength	طاقت رکھنا	أطاق (إفعال)	6

بَيْنَ رسول الله ﷺ وأبي طالب:

وأكثرتْ قريش ذِكْرَ رسولِ الله ﷺ وحَضَّ بعضُهُمْ بَعْضًا عليه ومَشَوْا إلى أبي طالب مرّة أخرى ، فقالوا: يا أبا طالبٍ! إنّ لك سِنًّا وشرفًا ومنزلةً فينا وقد رَجَوْنَاكَ أن تنهى ابن أخيكَ فلم تَفْعَلْ فإنّا واللهِ لا نَصْبِرُ أكثرَ مِمَّا صَبَرْنَا على شتَمِ آبائِنَا وتسفيه أحلامِنَا وعيبِ آلهتنا ، فإمّا أن تكفّهُ عَنّا وإمّا أن نُنَازِلَهُ وإيّاك في ذلك حتّى يهلك أحد الفريقين

وعظُم على أبي طالب فراقُ قومه وعداوتهم ولم يطبْ نفْسًا بإسلامِ رسول الله ﷺ لهم فَبَعَثَ إلى رسول الله ﷺ

فقال له: يابن أخي! إنّ قومَكَ قد جاؤوني فقالوا لي: كذا كذا ، فَأَبْقِ عَلَيَّ وعلى نفسك ولا تحمّلني من الأمر ما لا أطيقُ

30- لو وَضَعُوْا الشَّمْسَ في يميني والقمرَ في يساري			
English Translation	اردو ترجمہ	اللفظ	
Left side	بائیں جانب	يَسَار ج يُسُر ويُسْر	1
To shed tears	آنسو بہانا	استعبر (استفعال)	2

لو وَضَعُوْا الشَّمْسَ في يميني والقمرَ في يساري:

وظنَّ رسول الله ﷺ أنّ أبا طالبٍ قد اضطربَ في أمرِهِ وضعُفَ عن نصرتِهِ والقيامِ مَعَهُ فقال: يا عَمّ! واللهِ لو وَضَعُوْا الشَّمْسَ في يميني والقمر في يساري على أن أترك هذا الأمر حتّى يظهره الله أو أهلك فيه ما تركتُهُ

واستعبرَ رسول الله ﷺ فبَكَى ، ثمّ قام

فَلَمَّا ولّى ، ناداه أبو طالب فقال: أَقْبِلْ يابن أخي ، فأقبل عليه رسولُ الله ﷺ فقال: اذهبْ يابن أخي ، فقُلْ مَا أحْبَبْتَ فواللهِ لا أُسْلِمُكَ لشيءٍ أبدًا

31 – تعذيب قريش للمسلمين			
English Translation	اردو ترجمہ	اللفظ	
Sun baked ground	گرم زمین	رَمْضَاء	1
Heat	گرمی	حَرّ ج حُرُوْر	2
To be hot	تیز گرم ہونا	حمي (س) حَمْيا وحُمِيّا وحُمُوّا	3
Noon	زوال	ظَهِيْرَة ج ظَهَائِر	4
Basin-shaped valley/ Level land	کشادہ وادی	بَطْحَاء ج بِطَاح	5
To throw down	پچھاڑنا	جلد (ض) جَلْدا	6

7	جلد (ك) جَلَادَة	طاقتور ہونا	To be powerful
8	أعتق (إفعال)	آزاد کرنا	To free
9	كسا (ن) كَسْوا	پہنانا	To wear
10	هِجْرَة وهُجْرَة	ہجرت ، ترک وطن	Migration
11	حرج (س) حَرَجا	تنگ ہونا	To be difficult/rough situation
12	عذل (ن ض) عَذْلا	ملامت کرنا	To blame/reproach
13	استجار (استفعال)	پناہ لینا	To seek refuge
14	لطم (ض) لَطْما	تھپڑ مارنا	To slap
15	خضّر (تفعيل)	سبز کرنا	To make green/bruise
16	ذِمَّة ج ذِمَم	امان	Protection

تعذيب قريش للمسلمين:

ومضى رسول الله ﷺ يَدْعُوْ إلى الله ويَئِسَتْ قريشٌ مِنْهُ وَمِنْ أبي طالبٍ ونزل غضبهُمْ على مَنْ كان أسلمَ مِنْ أبناءِ قبائلِهِمْ وليس لَهُمْ مَنْ يَمْنَعُهُمْ

فوثبتْ كُلُّ قبيلةٍ على من فيهم مِنَ الْمُسْلِمِيْنَ فَجَعَلُوْا يحبسونهم ويعذّبونهم بالضّرب والجوع والعطشِ وبِرَمْضَاءِ مَكَّةَ إذا اشتَدَّ الحَرُّ

وكان بلالٌ الحبشيّ رضي الله عنه – وقد أسلم – يخرجُهُ مولاهُ أميّةُ بن خَلَفٍ إذا حَمِيَتِ الظّهيرةُ فيطرحُهُ على ظهره في بطحاء مكّة ثمّ يأمُرُ بالصّخرةِ الْعَظِيْمَةِ فَتُوْضَعُ على صدره ثم يقول له: لا واللهِ لا تزالُ هكذا حتّى تموتَ أو تَكْفُرَ بِمُحَمَّدٍ وتَعْبُدَ اللّاتَ والْعُزّى فيَقُوْلُ وهو في ذلك البلاء: أَحَدٌ ، أَحَدٌ

فَمَرَّ به أبو بكر الصّدّيق رضي الله عنه فأعطى أميّة غلامًا أسودَ أجْلَدَ مِنْهُ وأقْوى وأخذ منه بلالًا رضي الله عنه وأعتقَهُ

وكانتْ بنو مخزومٍ يخرُجُوْنَ بِعمّار بن ياسر وبأبيه وأمّه – وكانوا أهلَ بيتِ إسلامٍ – إذا حَمِيَتِ الظّهيرة ، يعذّبونهم برمضاء مكّة فَيَمُرُّ بهم رسول الله ﷺ ويقول: صَبْرًا يا آل ياسر! موعدكُمْ الجنّة ، فأمّا أمّه فقتلوها وهي تأبى إلّا الإسلامَ

وكان مصعب بن عمير فتى مكة شبابا وجمالا وتيها وكانتْ أمّه غنيّة كثيرةَ الْمَال ، تكسوهُ أحسنَ ما يكوْنُ مِنَ الثّيابِ

وبَلَغَ مصعب بن عُمَيْر رضي الله عنه أنّ رسول الله ﷺ يَدْعُوْ إلى الإسلام في دار الأرقم بن أبي الأرقم ، فَدَخَلَ عليه فأسلم وصدّق به فَخَرَجَ فَكَتَمَ إسلامَهُ خَوْفًا مِنْ أمِّهِ وقومِهِ فَكَانَ يختلفُ إلى رسول الله ﷺ سِرًّا فبصُرَ به عثمان بن طلحة يصلّي فأخبر أمّه وقومه فأخذوه وحَبَسُوْهُ فَلَمْ يزلْ مَحْبُوْسًا حَتَّى خرجَ إلى أرض الحبشةِ في الهجرةِ الْأُوْلَى ثمّ رجعَ مَعَ الْمُسْلِمِيْنَ حِيْنَ رجعوا ، فرجعَ متغيّر الحالِ قد حرجَ – يعني: غلظ – فكفّتْ أمّه عنه مِنَ الْعَذْلِ

وكان بعضُ المسلمين قد دَخَلَ في جِوَارِ بعضِ الْمشركينَ مِنْ أشرافِ قريش ورؤسائهم وكانوا يمنعونهم ويحْمُوْنَهُمْ وكان عثمان بن مظعون قد دخل في جوار الوليد بن المغيرة ، ثمّ أَبَتْ غيرتُهُ ذلك فَرَدَّ عليه جِوَارَهُ وكان وَفِيًّا كريمَ الجِوار وقال: قد أحببتُ أن لا أستجيرَ بغيرِ الله ودار بينه وبين أحدِ المشركين حديثٌ أغضبَ الْمشركَ فقامَ إليه وَلَطَمَ عَيْنَهُ فخضَّرَهَا والوليدُ بْنُ المغيرة قريبٌ يرى ذلك ، فقال: أما والله يابنَ أخي! إن كانتْ عينُك عَمَّا أصابها لَغَنِيَّةٌ ، لَقَدْ كنْتَ في ذِمَّةٍ مَنِيْعَةٍ ، قال عثمانُ رضي الله عنه: بَلْ واللهِ إنَّ عَيْنِيَ الصّحيحةَ لَفَقِيْرَةٌ إلى مِثْلِ مَا أصابَ أُخْتَهَا فِيْ اللهِ وإِنِّيْ لَفِيْ جِوَارِ مَنْ هُوَ أعَزُّ مِنْكَ وَأَقْدَرُ يَا أَبَا عَبْدِ شَمْسٍ!

32 – محاربة قريش لرسول الله ﷺ وتفنّنهم في الإيذاء

	اللفظ	اردو ترجمہ	English Translation
1	حابى (مفاعلة)	مائل ہونا	To side with/favour
2	أغرى (إفعال)	برانگیختہ کرنا	To excite/stir up
3	شِعْر ج أَشْعَار	شعر، کلام منظوم	Poem
4	غمز (ض) غَمْزا	طعنہ دینا	To slander
5	أسكت (إفعال)	چپ کرانا	To silence
6	حَرَاك	حرکت	Movement/motion
7	رِدَاء ج أَرْدِيَة	چادر	Robe/cloth
8	لِحْيَة ج لِحًى ولُحًى	داڑھی	Beard
9	تدثّر (تفعّل)	اوڑھنا	To wear

محاربة قريش لرسول الله ﷺ وتفنّنهم في الإيذاء:

فَلَمَّا لَمْ تَلْقَ قريشٌ نجاحًا في صَرْفِ هؤلاء الفتيانِ الّذين أسلموا عن دينِهِمْ وَلَمْ يَلِنْ رسولُ الله ﷺ وَلَمْ يُحَابِهِمْ واشتدَّ عَلَيْهِمْ ذلكَ فأغرَوْا بِرَسُوْلِ الله ﷺ سُفَهَاءَهُمْ فَكَذَّبُوْهُ وآذوهُ وَرَمَوْهُ بالسِّحْرِ والشِّعْرِ والْكَهانة والجنون وتفنَّنُوْا في إيذاء رسول الله ﷺ وذَهَبُوْا فيه كلَّ مَذْهَبٍ

وكَانَ أَشْرافُهُمْ مجتمعين يومًا في الْحِجْرِ ، إذ طلع عليهم رسولُ الله ﷺ ومرَّ بِهِمْ طائفًا بالبيْتِ ، فَغَمَزُوْهُ بِبَعْضِ القولِ وعادُوْا بذلك ثلاثَ مرَّاتٍ ، فَوَقَفَ ثُمَّ قَالَ: أتسمعونَ يا معشرَ قريش ، أمّا والّذي نفسي بيده ، لقد جِئْتُكُمْ بالذَّبْحِ فأُسْكِتَ الْقَوْمُ فلا حرَاكَ بِهِمْ وصاروا يلاطفونه بالقول

فَلَمَّا كان مِنَ الْغَدِ ، وهُمْ في مقامهم طلع عليهم رسول الله ﷺ فَوَثَبُوْا إليه وثبة رجلٍ واحِدٍ وَأَحاطُوْا بِهِ وَأَخَذَ رجُلٌ مِنْهُمْ بِجَمْعِ رِدَائِهِ ، فَقَامَ أبو بكرٍ رضي الله عنه دُوْنَهُ وَهُوَ يَبْكِيْ وَيَقُوْلُ: أَتَقْتُلُوْنَ رجلًا أن يقول: ربيّ الله! فانْصَرَفُوْا عَنْهُ وَرَجَعَ أبو بكرٍ رضي الله عنه يَوْمَئِذٍ وقد صَدَعُوْا فَرْقَ رأسِهِ وقد

جَرُّوْهُ بلحيتِهِ

وخرجَ رسول الله ﷺ يومًا فَلَمْ يَلْقَهُ أحدٌ مِنَ النَّاس إلّا كذّبه وآذاه ، لا حُرٌّ ولا عَبْدٌ فرجعَ رسول الله ﷺ إلى منزله فتَدَثَّرَ مِنْ شدّة مَا أصابه فأنزل الله تعالى عليه: (يَٰٓأَيُّهَا ٱلْمُدَّثِّرُ ۝١ قُمْ فَأَنذِرْ ۝٢)[المدثّر:1-2]

33 – ماذا فَعَلَ كُفَّارُ قريشٍ بأبي بكر رضي الله عنه؟			
English Translation	**اردو ترجمہ**	**اللفظ**	
To tread/trample	روندنا	وطئ (س) وَطْأً	1
To mend/sew	سینا	خصف (ض) خَصْفا	2
To lean	سہارا لینا	اتّكأ (افتعال)	3

ماذا فَعَلَ كُفَّارُ قريشٍ بأبي بكر رضي الله عنه؟

وقام أبو بكر رضي الله عنه يومًا في النَّاسِ يَدْعُوْ إلى الله وإلى رَسُوْلِهِ ، وثار المشركُوْنَ على أبي بكر رضي الله عنه ، فَوُطِئَ وَضُرِبَ ضَرْبًا شَدِيْدًا وَجَعَلَ عُتْبَةُ بن ربيعة يضربُهُ بِنَعْلَيْنِ مَخْصُوْفَتَيْنِ يُحَرِّفُهُمَا لِوَجْهِهِ حتّى ما يُعْرَف وَجْهُهُ مِنْ أَنْفِهِ

وَحَمَلَتْ بَنُوْ تَيمٍ أبا بكرٍ رضي الله عنه وَهُمْ لا يشكُّوْنَ فِيْ مَوْتِهِ وتكلَّمَ آخرَ النَّهارِ ، فَقَالَ: مَا فَعَلَ رسولُ الله ﷺ؟ فَمَسُّوْا مِنْهُ بِأَلْسِنَتِهِمْ وَعَذَلُوْهُ وَدَنَتْ مِنْهُ أُمُّ جَمِيْلٍ وَهِيَ مِمَّنْ أَسْلَمَ ، فَسَأَلَهَا عَنْ رسول الله ﷺ ، قالتْ: هَذِهِ أُمَّكَ تَسْمَعُ ، قال: لَا شَيْءَ عَلَيْكِ مِنْهَا ، فَقَالَتْ: سَالِمٌ صَالِحٌ ، قال: فإنّ للهِ عليَّ ألَّا أذوقَ طَعَامًا ولا أشربَ شرَابًا أو آتِيَ رسولَ اللهِ ﷺ فأمهلتا حَتَّى إذا هدأتِ الرِّجْلُ وَسَكَنَ النَّاسُ ، خَرَجَتا بِهِ يَتَّكِئُ عَلَيْهِمَا ، حَتَّى أَدْخَلَتَاهُ على رسول الله ﷺ وَرَقَّ له رسولُ الله ﷺ رِقَّةً شديدَةً ، فَدَعَا رسولُ الله ﷺ لِأُمِّهِ ودعاها إلى اللهِ فَأَسْلَمَتْ

34 – احتيارُ قريش في وصْفِ رسولِ الله ﷺ			
	اللفظ	اردو ترجمہ	English Translation
1	احتار (افتعال)	حیران ہونا	To be confused
2	وفد (ض) وَفْدا ووُفُوْدا	آنا	To come (as groups)
3	مَوْسِم ج مَوَاسِم	موسم، جمع ہونے کی جگہ، جمع ہونے کا وقت	Season/time
4	نقض (ن) نَقْضا	توڑنا	To break

احتيارُ قريش في وصْفِ رسولِ الله ﷺ:

وحارتْ قريشٌ في أمر رسولِ الله ﷺ بماذا يَصِفُوْنَهُ وكيف يَحُوْلُوْنَ بينَهُ وبَيْنَ مَنْ يَقْصِدُهُ أو يستمعُ إليه مِنَ الْوَافِدِيْنَ مِنْ بَعِيْدٍ واجتمعُوْا إلى الوليد بن المغيرة – وكان ذا سِنٍّ فيْهِمْ وقد حَضَرَ الْمَوسم – فَقَالَ لَهُمْ: يا معشر قريش! إنّه قد حَضَرَ هذا الموسمُ وإنّ وفود العربِ ستقدمُ عليكم فيه وقد سَمِعُوْا بأمر صاحبِكُمْ هذا فأجمِعُوْا فيه رأيًا واحِدًا ولا تختلِفُوْا فَيُكَذِّب بعضُكُمْ بعضًا ويردّ قولُكُم بعضَهُ بعضًا ودار بينَهُمْ حديثٌ طويلٌ وأَخْذٌ وردٌّ

ولَمْ يَرْضَ الوليدُ بما عَرَضُوْهُ وَنَقَضَهُ فرجعوا إليه وقالوا: فَمَا تَقُوْلُ يا أبا عبد شمسٍ؟ قال: إنَّ أقربَ القولِ فيه: لأنْ تقُوْلُوْا: ساحرٌ ، جاء بِسِحْر يُفَرِّقُ بِهِ بَيْنَ الْمَرْءِ وأَبِيْهِ وبيْنَ الْمَرْءِ وَأَخِيْهِ والْمَرْءِ وَزَوْجَتِهِ وَبَيْنَ الْمَرْءِ وَعَشِيْرَتِهِ

فَتَفَرَّقُوْا عَنْهُ بِذَلِكَ فَجَعَلُوْا يجلسُوْنَ بسبيلِ النَّاسِ حينَ قَدِمُوْا الموسِم ، لا يَمُرُّ أحدٌ إلّا حَذَّرُوْهُ إيَّاهُ وَذَكَرُوْا لَهُ أَمْرَهُ

	35 – قسوةُ قريش في إيذاء رسولِ الله ﷺ ومبالغتُهُمْ في ذلك		
	اللفظ	**اردو ترجمہ**	**English Translation**
1	سَلَى ج أَسْلَاءُ	جھلی	Amnion/membrane
2	جَزُوْر ج جُزُر وجَزُوْرَات وجَزَائِر	اونٹنی، بکری	(Slaughter) camel/sheep
3	مَنْكِب ج مَنَاكِب	مونڈھا	Shoulder

قسوةُ قريش في إيذاء رسولِ الله ﷺ ومبالغتُهُمْ في ذلك:

وتفنَّنَتْ قريشٌ وقَسَوْا في إيذاءِ رسُوْلِ الله ﷺ فَلَمْ يَرْعَوْا فيه قرابةً ولا رَحِمًا ، وتخطَّوْا حُدُوْدَ الإنسانيّة

فبينا النبيّ ﷺ ساجدٌ – ذاتَ يومٍ – في المسجدِ وَحَوْلَهُ ناسٌ مِنْ قُرَيْشٍ ، إذ جاء عقبةُ بنُ أبي مُعَيْط مِنْ قريشٍ بِسَلَى جَزُوْرٍ فَقَذَفَهُ عَلَى ظَهْرِ النبيّ ﷺ فَلَمْ يَرْفَعْ رأسه ، فجاءتِ ابنتُهُ فاطِمَةُ عليها السَّلام فأخذَتْهُ مِنْ ظَهْرِهِ وَدَعَتْ عَلَى مَنْ صَنَعَ هذا ودعا عليهم النبيّ ﷺ

وبيْنَا هُوَ ﷺ يُصَلِّيْ في حِجْرِ الْكَعْبَةِ ، إذْ أَقْبَلَ عُقْبَةُ بْنُ أبي معيطٍ فَوَضَعَ ثَوْبَهُ فِيْ عُنُقِهِ ، فَخَنَقَهُ خَنْقًا شَدِيْدًا ، فَأَخَذَ أَبُوْ بكرٍ رضي الله عنه بِمنكِبِهِ وَدَفَعَهُ عَنِ النبيّ ﷺ وقال: أتقتُلُوْنَ رجُلًا أن يَقُوْلَ رَبِّيَ الله!

	36 – إسلام حمزة عبد المطّلب رضي الله عنه		
	اللفظ	**اردو ترجمہ**	**English Translation**
1	توشّح (تفعّل)	گردن پر لٹکانا	To put on/wear (on neck)
2	قنص (ض) قَنْصا	شکار کرنا	To hunt
3	شَكِيْمَة ج شَكَائِم وشُكُم وشَكِيْم	خوددار	Stubborn/disdainful
4	شجّ (ن ض) شَجًا	زخمی کرنا	To hurt/injure

إسلام حمزة عبد المطّلب رضي الله عنه:

ومَرَّ أبو جهل برسول الله ﷺ ذاتَ يومٍ عند الصَّفَا فآذاهُ وشَتَمَهُ فَلَمْ يُكَلِّمْهُ رسولُ الله ﷺ فانْصَرَفَ عَنْهُ

وَلَمْ يَلْبَثْ حمزةُ بْنُ عبدِ الْمُطَّلب رضي الله عنه أن أقبل مُتَوَشِّحًا قَوْسَهُ راجِعًا مِنْ قَنْصٍ لَهُ وكان أعزّ فتى في قريش وأشدّ شكيمةً فأخبرته مولاةُ عبد الله بن جُدْعَان بما جرى لرسول الله ﷺ فاحْتَمل حمزة الْغَضَبُ ودَخَلَ المسجد ورأى أبا جهلٍ جالسًا في القوم فَأَقْبَلَ نحوَهُ ، حتَّى إذا قام على رأسه ، رَفَعَ الْقَوْسَ فضَرَبَهُ بِهَا فَشَجَّهُ شَجَّةً مُنْكَرَةً ، ثُمَّ قال: أتشتمُهُ وأنا على دِيْنِهِ؟ أقولُ ما يقولُ فسكتَ أَبُوْ جهلٍ وأسلمَ حمزةُ رضي الله عنه وعزَّ ذلك على قريش لمكانته وشجاعتِهِ

37 – ما دار بين عُتْبَة وبين رسول الله ﷺ			
English Translation	اردو ترجمه	اللفظ	
To make representative	جانشین بنانا	استخلف (استفعال)	1
To accuse of disbelief	کافر قرار دینا	كفّر (تفعيل)	2
To make leader	سردار بنانا	سوّد (تفعيل)	3
To make king	مالک بنانا	ملّك (تفعيل)	4
Jinn who informs human (of the hidden)	جن کو انسان کو خبر دے	رَئِيّ	5
Vision	منظر	رِئَى	6
To become silent	خاموش ہونا	أنصت (إفعال)	7
To separate	جدا ہو جانا	اعتزل (افتعال)	8

ما دار بين عُتْبَة وبين رسول الله ﷺ:

ولَمَّا رأتْ قريشٌ أنَّ أصحابَ رسول الله ﷺ يزيدُوْنَ ويكثرون ، استأذنَ عُتْبَةُ بْنُ ربيعة قريشًا ، أن يأتي رسولَ الله ﷺ فيكلّمه ويَعْرِض عليه أمورًا ، لَعَلَّهُ يقبلُ بعضها فَيُعْطُوْهَا وَيَكفُّ عنهم وَأَذِنتْ لَهُ قريشٌ واستخلفته

وجاء عُتْبَةُ رسولَ الله ﷺ فَجَلَسَ إِلَيْهِ وقال: يا ابْنَ أَخِيْ! إِنَّكَ مِنَّا حيثُ قَدْ علِمْتَ وإنَّكَ قَوْمَكَ بِأَمْرٍ عظيْمٍ فَرَّقْتَ بِهِ جماعتَهُمْ وَسَفَّهْتَ بِهِ أحلامَهُمْ وَعِبْتَ بِهِ آلهتهم ودِيْنَهُمْ وَكَفَّرتَ بِهِ مَنْ مَضَى مِنْ آبائِهِمْ ، فاسْمَعْ مِنِّيْ أعرضْ عَلَيْكَ أُمُوْرًا تنظرُ فِيْهَا لَعَلَّكَ تقبل مِنْهَا بعْضَهَا

فقال رسول الله ﷺ: قُلْ يا أبا الوليد! أَسْمَعُ

قال: يا بن أخي ، إن كُنْتَ إِنَّمَا تريدُ بما جئتَ به من هذا الأمر مالًا ، جَمَعْنَا لكَ مِنْ أموالنا حَتَّى تكوْنَ أكثرَنَا مالا وإن كُنْتَ تريد به شَرَفا سوَّدْناك علينا حَتَّى لا نقطع أمْرًا دُوْنَك وإن كُنْتَ تريد به مُلْكًا مَلَّكْنَاكَ عَلَيْنَا وإنْ كان هذا الذي يأتيكَ رئِيًّا تراه لا تستطيعُ ردَّهُ عَنْ نَفْسِكَ طلبنا لكَ أطِبَّاء وَبَذَلْنَا فيه أموالَنا حتّى نُبْرِئَكَ مِنْهُ

فَلَمَّا فَرَغَ عُتْبَةُ قال له رسولُ الله ﷺ أَقَدْ فَرَغْتَ يا أبا الوليد؟

قال: نَعَمْ

قال: فَاسْمَعْ مِنِّيْ

قال: أَفْعَلُ

فقرأ رسولُ الله ﷺ آياتٍ مِنْ سُوْرَةِ فُصِّلَتْ إلى السَّجْدَة ، فَلَمَّا سَمِعَ عَنْهُ عُتْبَةُ ، أَنْصتَ لَهَا وَأَلْقَى يَدَيْهِ خَلْفَ ظَهْرِهِ مُعْتمِدًا عَلَيْهَا يَسْمَعُ مِنْهُ ، فَلَمَّا انتهى رسولُ الله ﷺ إلى السَّجْدَة مِنْهَا سَجَدَ ، ثُمَّ قال: (قَدْ سمعْتَ يا أبا الوليد مَا سَمِعْتَ ، فَأَنْتَ وَذَاكَ)

فقام عُتْبَةُ إلى أصحابه فقال بَعْضُهُمْ لِبَعْضٍ: نَحْلِفُ بالله لَقَدْ جاءَكُمْ أبو الوليد بِغَيْرِ الْوَجْهِ الذي ذَهَبَ بِهِ ، فَلَمَّا جَلَسَ إليهم ، قَالُوْا: ما وراءك يا أبا الوليد؟

قال: ورائي أنّي قَدْ سمعْت قولًا واللهِ ما سمعْتُ مثلَهُ قطُّ واللهِ ما هو بالشِّعْرِ ولا بالسِّحْرِ ولا بالكهانة ، يا معشر قريش! أطيعوْنِيْ وخَلُّوْا بين هذا الرّجل وبين ما هو فيه فاعتَزِلُوْهُ

قالوا: سَحَرَكَ واللهِ يا أبا الوليدِ بلسانه

قال: هذا رأيي فيه فاصْنَعُوْا ما بدا لَكُمْ

38 – هجرة المسلمين إلى الحبشة			
English Translation	**اردو ترجمہ**	**اللفظ**	
Relaxation/ease	کشادگی	فَرَج	1
To make leader	امیر بنانا	أمّر (تفعيل)	2
To come continuously	لگاتار آنا	تتابع (تفاعل)	3
To migrate	ہجرت کرنا	هاجر (مفاعلة)	4

هجرة المسلمين إلى الحبشة:

وَلَمَّا رأى رسول الله ﷺ ما يُصِيْبُ أَصْحَابَهُ مِنَ الْبَلاء وأنّه لا يقدِرُ على أن يَمْنَعَهُمْ قال لهم: لَوْ خَرَجْتُمْ إلى أرض الحبشة فإنّ بها مَلِكًا ، لا يُظْلَمُ عنده أحدٌ وهي أرض صِدْقٍ حتّى يَجْعلَ اللهُ لَكُمْ فَرَجًا مِمَّا أَنْتُمْ فِيْهِ

فَخَرَجَتْ عند ذلكَ جَمَاعَةٌ مِنَ الْمسلمين إلى أرض الحبشة ، فَكَانَتْ أَوَّل هِجْرَةٍ في الإسلام وكانوا عشرة رجالٍ ، أَمَّرُوْا عَلَيْهِمْ عثمان بن مظعون رضي الله عنه

ثمّ خرج جعفرٌ بن أبي طالب رضي الله عنه وتتابع المسلمون حتّى اجتمعُوْا بأرض الحبشة ومِنْهُمْ مَنْ خرج بأهله ومنهم مَنْ خَرَجَ بِنَفْسِهِ وكان جميعُ مَنْ هاجَرَ إلى أرض الحبشةِ ثلاثةً وثمانين رجلًا

39 – تعقّب قريش للمسلمين

	اللفظ	اردو ترجمہ	English Translation
1	تعقّب (تفعّل)	پیروی کرنا	To chase
2	بِطْرِيْق ج بَطَارِقَة	رومیوں کا جرنیل	Roman general
3	استطرف (استفعال)	پسند کرنا	To like/regard rare
4	استمال (استفعال)	مائل کرنا	To incline
5	أرضى (إفعال)	رضامند کرنا	To please
6	ابتدع (افتعال)	ایجاد کرنا	To invent
7	أُسْقُف ج أَسَاقِفَة	پادری	Bishop

تعقّب قريش للمسلمين:

وَلَمَّا رأتْ قريشٌ أنّ هؤلاء قد أَمِنُوْا واطمأنّوْا بأرض الحبشة ، بَعَثُوْا عبدَ اللهِ بْنَ أبي ربيعة وعمرو بْنَ العاص بن وائل وجَمَعُوْا لهما هدايا للنّجاشيّ ولبطارقتِهِ مِمَّا يُسْتَطْرَفُ مِنْ مَتاعِ مكّة وقَدِمَا على النجّاشيّ وقد استمالا البطارقة وأرضياهُمْ بهداياهم وتكلّما في مجلِسِ الملك ، فقالا: إنّه لجَأ إلى بلد الملك مِنَّا غلمانٌ سُفَهَاءُ فارقُوْا دِيْنَ قَوْمِهِمْ ولم يَدْخُلُوْا في دِيْنِكُمْ وجاؤُوْا بدينٍ مُبْتدعٍ لا نعرفه نحن ولا أنتم وقد بَعَثَنَا إليك أشْراف قومِهِمْ مِنْ آبائِهِمْ وأعمامهم وَعَشَائِرِهِمْ لِتَرُدُّوْهُمْ إِلَيْهِمْ ، فَهُمْ أَبْصَرُ بِهِمْ وأَقْرَبُ إِلَيْهِمْ ، وقالتِ البطارقةُ حَوْلَهُ: صَدَقَا أَيُّهَا الملكُ فأسلمهم إليهما

فغضب النّجاشيّ وأبى أن يقبلَ كلامَهُمْ وَيُسْلِمَ مَنْ لجأ إليه وإلى بلاده وحلف باللهِ وأرسلَ إلى المسلمين فَدَعَاهُمْ وَدَعَا أَسَاقِفَتَهُمْ وقال للمسلمين: ما هذا الدّين الذي قد فارقْتُمْ فيْهِ قَوْمَكُمْ؟ وَلَمْ تَدْخُلُوْا فِيْ دِيْنِيْ ولا دِيْنِ أحدٍ من هذه الملل؟

English Translation	اردو ترجمہ	اللفظ	
		40 – تصوير جعفر بن أبي طالب للجاهليّة وتعريفه بالإسلام	
Dead	مردار	مَيْتَة ج مَيْتَات	1
Adultery	زنا	فَاحِشَة ج فَوَاحِش	2
To stop from bad/moral excellence	حرام سے رکنا، پاکدامند ہونا	عفّ (ض) عِفَّة وعَفَافَة	3
Fulfilling	ادائگی	أَدَاء	4
Haram	حرام	مُحْرَم ج مَحَارِم	5
To count	شمار کرنا	عدّد (تفعيل)	6
To consider legal/halal	حلال سمجھنا	استحلّ (استفعال)	7
Dirt/illegal	ناپاک	خَبِيْث ج خُبُث خَبِيْثَة ج خَبَائِث	8
To be wet	تر ہونا	اخضلّ (افتعال)	9
To make wet	تر کرنا	أخضل (إفعال)	10
Book	کتاب	مصْحَف (بتثليث الميم) ج مَصَاحِف	11

تصوير جعفر بن أبي طالب للجاهليّة وتعريفه بالإسلام:

وقام جعفرُ بن أبي طالبٍ – وَهُوَ ابنُ عمِّ رسولِ الله ﷺ – فقال له:

(أيُّها الملكُ! كُنَّا قومًا أهلَ الجاهليّة نَعْبُدُ الْأصنامَ ونأكلُ الميتة ونأتي الفواحش ونقطعُ الأرحامَ ونسيءُ الجوارَ ويأكلُ القويُّ مِنَّا الضَّعِيْفَ ، فَكُنَّا على ذلك حَتَّى بَعَثَ الله إلينا رسولًا مِنَّا ، نعرف نسبَهُ وصِدْقَهُ وأمانته وعفافَهُ فَدَعانَا إلى الله لِنُوَحِّدَهُ ونعبدَهُ ونخلع ما كُنَّا نعبدُ نحن وآباؤنا من دُوْنِهِ من الْحِجَارَةِ والْأَوْثَانِ وَأَمَرَنا بِصِدْقِ الحديثِ وأداءِ الأمانة وصِلَةِ الرَّحِمِ وَحُسْنِ الْجِوَارِ

والْكَفِّ عَنِ الْمَحارِمِ والدِّماء ونهانا عن الفواحش وقولِ الزُّوْر وأكل مالِ اليتيم وقذف المحصنات وأمرنا أن نعبدَ اللهَ وحْدَهُ لا نشرك بِهِ شَيْئًا وأمرنا بالصّلاة والزّكاة والصّيام فَعَدَّدَ عليه أمور الإسلام ... فَصَدَّقْناه وآمنَّا بِهِ واتَّبعناه على ما جاء بِهِ مِنَ الله فعبدْنا اللهَ وَحْدَهُ فَلَمْ نُشْرِكْ بِهِ شَيْئًا وَحَرَّمْنَا ما حَرَّمَ علينا وأحلَلْنَا ما أحلّ لنا فَعَدَا علينا قَوْمُنَا ، فَعَذَّبُوْنا وَفَتَوْنا عَنْ دِيْنِنا لِيَرُدُّوْنا إلى عبادة الأوثان مِنْ عبادة الله تعالى وأن نستحلّ ما كُنَّا نسْتَحلُّ مِنَ الْخَبائث ، فَلَمَّا قهرُوْنا وظلمُوْنا وضيّقوا علينا وحالوا بيننا وبين ديننا خَرَجْنَا إلى بلادكَ واخْتَرْناكَ على مَنْ سِوَاكَ ورَغِبْنا في جِوارِكَ ورجَوْنا أن لا نُظْلَمَ عِنْدَكَ أيُّها الملكُ!)

وَسَمِعَ النجاشيّ كلّ ذلك في هدوءٍ ووقارٍ ، ثمّ قال: هَلْ مَعَكَ ما جاء به صاحبُكُمْ عنِ الله من شيء؟

قال جعفرٌ: نَعَمْ

قال النّجاشيّ: فاقْرَأْهُ عليَّ

فقرأ جعفرٌ صَدْرًا مِنْ سُوْرَةِ مريمَ فبكى النّجاشيّ حتّى اخضلَّتْ لِحْيته وبكى أساقفتُهُ حَتَّى أَخْضَلُوْا مَصَاحِفَهُمْ

41 – خيبة وفد قريش

	اللفظ	اردو ترجمہ	English Translation
1	مِشْكَاة	طاق	Lantern
2	عَذْرَاء ج عَذَارى	باکرہ	Virgin
3	مِقْدَار ج مَقَادِيْر	پیمانہ، اندازہ	Quantity

خيبة وفد قريش:

ثمّ قال النّجاشيّ: إنَّ هذا والذي جاء به عيسى يخرجُ مِنْ مِشْكَاةٍ واحدةٍ

ثمّ أقبل على رسولَيْ قريش ، فقالَ: انْطَلِقَا ، فلا والله لا أُسْلِمُهُمْ إليكُمْ

وغدا عمرو بن العاص على النّجاشيّ من الغدِ وقال له: أيُّهَا الملكُ! إنّهم ليقولونَ في عيسى ابن مريم قولًا عظِيْمًا فأقبل الملكُ على المسلمين

فقال: ماذا تقولون في عيسى ابن مريم؟

قال جعفر بن أبي طالب: نقول فيه ما جاء به نبيّنا ﷺ: هو عبدُ الله ورسولُهُ وروحُهُ وكلمَتُهُ ألقاها إلى مريم الْعَذْرَاءِ الْبَتُوْلِ

فضرب النّجاشيّ بيده إلى الأرض فأخذ منها عُوْدا ، ثمّ قال: واللهِ ما زاد عيسى ابن مريم على ما قُلْتَ مِقْدَارَ هذا الْعُوْدِ

وردّ المسلمين ردّا كريما وأمّنهم وخرجا مِنْ عندِهِ مَقْبُوْحَيْنِ

42 – إسلام عمر بن الخطّاب رضي الله عنه			
English Translation	**اردو ترجمہ**	**اللفظ**	
Husband	شوہر	بَعْل ج بُعُوْل	1
To teach recitation	پڑھانا	أقرأ (إفعال)	2
To change religion	تبدیل مذہب کرنا	صبأ (ف ك) صَبْأً وصُبُوْءا	3
Brother-in-law	بہنوئی	خَتَن ج أَخْتَان	4
Noise	حرکت	حِسّ	5
To hide	غائب ہونا	تغيّب (تفعّل)	6
Bedchamber	کوٹھری	مُخْدَع (بتثليث الميم) ج مَخَادِع	7

Thigh	ران	فَخْذ وفِخْذ وفَخِذ ج أَفْخَاذ	8
Unclear noise	مبہم آواز	هِنَّمَة	9
To grab	پکڑنا	بطش (ن ض) بَطْشا	10
To halt	ٹھیرنا	توقّف (تفعّل)	11
Just now	ابھی	آنِفا (منصوب أبدا للظرف)	12
To be impure	ناپاک ہونا	نجس (س) نَجَسا (ك) نَجَاسَة	13
To bathe	نہانا	اغتسل (افتعال)	14
Hole	شگاف	خَلَل ج خِلَال	15
To stand	کھڑا ہونا	نهض (ف) نَهْضا ونُهُوْضا	16
Small room/ chamber	چھوٹا کمرہ	حُجْرَة ج حُجَر وحُجرَات	17
place of wearing the veil	ازار باندھنے کی جگہ	حُجْزَة ج حُجَز وحُجُزَات	18
To pull	کھینچنا	جبذ (ض) جَبْذا	19
Calamity	مصیبت	قَارِعَة ج قَوَارِع	20
To glorify Allah	تکبیر کہنا	كبّر (تفعيل)	21

إسلام عمر بن الخطّاب رضي الله عنه:

وأيّد الله الإسلامَ والمسلمين بإسلام عمر بن الخطّاب العدويّ القرشيّ وكان رجلا مَهِيْبًا ذا قُوَّةٍ وشكيمة ، وكان رسول الله ﷺ حريصًا على إسلامه ، يدعو الله لذلك

وكان مِنْ خَبَرِ إسلامه أنّ أخته فاطمة بنتَ الخطّاب أَسْلَمَتْ وأسلم بَعْلُهَا سعيدُ بنُ زيد وكانا يُخْفِيَانِ إسلامَهُمَا مِنْ عُمَرَ لهيبته وشدّته على الإسلام والمسلمين وكان خبّاب بنُ الأرتِّ يختلفُ إلى فاطمة يقرئُها القرآن

فخرج عمر يومًا مُتَوَشِّحًا سيفَهُ ، يريد رسول الله ﷺ ورَهْطًا من أصحابه قد ذُكِرَ له أنّهم اجتمعوا

فِي بيتٍ عند الصَّفَا ، فَلَقِيَهُ نُعَيْم بن عبد الله – وهو من قومه بني عدِيٍّ وكان قد أسلم – فقال له: أين تريدُ يا عمر؟

قال أريد محمّدًا هذا الصّابئ الّذي فرّق أمرَ قريشٍ وسفَّهَ أحلامَها وعاب دينَها وسبَّ آلهتها فأقتله

فقال له نعيمٌ: لقد غرَّتْكَ نفسُكَ يا عُمَرُ! أفلا تَرْجِعُ إلى أهلِ بيْتك فتقيم أمْرَهُمْ؟

قال عمر: وأيُّ أهلِ بيتي؟

قال: ختَنُكَ وابنُ عَمِّك سعيد بن زيد وأختُكَ فاطمةُ بنت الخطّاب فقد والله أسلما وتابعا مُحَمَّدًا على دينِهِ فَعَلَيْكَ بهما

ورجع عُمَرُ عامِدًا إلى أخته وخَتَنِهِ وعندهما خَبَّابُ ابْنُ الأَرَتِّ ، مَعَهُ صَحِيفة ، فيها (طه) يقرئهما إيّاها

فَلَمَّا سمعوا حِسَّ عُمَرَ ، تغيّب خبّابٌ ﷺ في مَخْدَعٍ لهم وأخذتْ فاطمةُ الصّحيفةَ وَجَعَلَتْهَا تحت فخِذها وقد سمع عمرُ حين دنا إلى البيت قراءةَ خبَّابٍ ﷺ

فَلَمَّا دَخَلَ قال: ما هذه الهَيْنَمَة؟

قالا له: ما سَمِعْتَ شيئا

قال: بلى واللهِ ، لَقَدْ أُخْبِرْتُ أَنَّكُمَا تابعْتُمَا محمّدا على دِيْنِهِ

وبطش عمرُ بِخَتَنِهِ سعيد بن زيد فقامتْ إليه أختُهُ فاطمةُ لتكفّه عن زوجها فضربها فشجّها

فَلَمَّا فَعَلَ ذلك ، قالتْ له أختُهُ وخَتَنُهُ: نَعَمْ قد أسلمْنَا وآمنّا بالله ورسوله فاصْنَعْ ما بدا لَكَ

وَلَمَّا رأى عمر ما بأخته من الدّم ، نَدِمَ على ما صنع وتوقّف

وقال لأخته: أعطينيْ هذه الصّحيفةَ التي سمعْتُكُمْ تقرؤونها آنفا ، أنظر ما هذا الذي جاء به محمّدٌ وكان عمر قارئا ، فَلَمَّا قال ذلك ، قالت له أُخْتُهُ: إنَّا نَخْشَاكَ عليها

قال: لا تَخَافِي ، وحلف لها بآلهته ، فَلَمَّا قال ذلك ، طَمِعَتْ في إسلامه ، فقالتْ له: يا أخي!

إنّك نجسٌ على شِرْكِكَ وإنّه لا يمسّها إلّا الطّاهر

فقام عمرُ فاغتسلَ ، فأعطَتْهُ الصّحيفةَ وفيها (طه) ، فَلَمَّا قرأ مِنْهَا صَدْرًا

قال: ما أحسن هذا الكلام وأكْرَمَهُ!

فَلَمَّا سمع ذلك خَبَّابٌ ﵁ ، خرج إليه

وقال له: يا عمرُ! واللهِ ، إنِّي لأرجُوْ أن يكونَ الله قد خصَّكَ بدعوةِ نبيِّهِ ، فإنّي سمعتُهُ أمْسِ وهو يقول: اللهمّ أيّد الإسلام بـ(أبي الْحَكَم بن هشام) – يعني أبا جهل – أو بِ(عُمَر بْنِ الْخَطَّاب) ، فاللهَ ، اللهَ يا عُمَرُ

عند ذلك قال له عمرُ: فَدُلَّنِيْ يا خَبَّابُ على محمّد ، حتّى آتيه فأسلم ، وقال خبّابٌ: هو في بيتٍ عندَ الصَّفَا مَعَهُ نفرٌ من أصحابه ، فأخذ عمر سَيْفَهُ فتوشَّحَهُ ثمّ عمد إلى رسول الله ﷺ وأصحابه ، فضربَ عليهم البابَ فَلَمَّا سَمِعُوْا صَوْتَهُ ، قام رجلٌ من أصحابِ رسول الله ﷺ فنظرَ مِنْ خَلَلِ الباب ، فَرَآهُ مُتَوشِّحًا السيفَ فرجع إلى رسول الله ﷺ وهو فزع ، فقال: يا رسول الله! هذا عمر بن الخطّاب مُتَوشّحا السيفَ ، فقال حمزةُ بنُ المطّلب: فائذن له ، فإن كان جاء يريد خَيْرًا بذلناه له وإن كان جاء يريد شرًا قتلناه بسيفه فقال رسول الله ﷺ: اِئْذَنْ لَهُ ، فأذن له الرّجل

ونهض إليه رسول الله ﷺ حتّى لقيَهُ في الْحُجْرَة ، فأخذ حُجْزَتَهُ أو بمجمع رِدَائِهِ ، ثمّ جَبَذَهُ جَبْذَةً شَدِيْدَةً ، وقال: ما جاء بكَ يابْنَ الخطَّاب؟ فوالله ما أرى أن تنتهيَ حتّى ينزِلَ اللهُ بكَ قارعةً ، فقال عُمَرُ: يا رسول الله! جِئْتُكَ لأؤمن باللهِ وبرسوله وبما جاء مِنْ عند الله

قال: فَكَبَّرَ رسولُ الله ﷺ تكبيرةً عَرَفَ مِنْهَا أهلُ البيتِ من أصحاب رسولِ الله ﷺ أنّ عمر قد أسلمَ

وعزّ المسلمون في أنفسِهُمْ ، حِيْنَمَا أسلم عُمَرُ ﵁ وقد أسلم حمزة ﵁ مِنْ قبلُ

وأعلن عُمَرُ إسلامَهُ وشاع ذلك في قريش ، وقاتلوه وقاتلهم ، حتّى يئسُوْا منه

43 – مقاطعة قريش لبني هاشم والإضراب عنهم

English Translation	اردو ترجمہ	اللفظ	
To break ties	قطع تعلق کرنا	قاطع (مفاعلة)	1
To counsel	باہم مشورہ کرنا	ائتمر (افتعال)	2
To marry	شادی کرنا	نكح (ف ض) نِكَاحا	3
To buy	خریدنا	ابتاع (افتعال)	4
To agree/make covenant	باہم عہد کرنا	تواثق (تفاعل)	5
To strengthen	مضبوط کرنا	وكّد (تفعيل)	6

مقاطعة قريش لبني هاشم والإضراب عنهم:

وجعل الإسلام يفشُوْ في القبائل ، فاجتمعتْ قريش ، وائتمَرُوْا بينَهُمْ أن يكتبوا كتابًا يتعاقَدُوْنَ فيه على بني هاشم وبني عبد المطّلب على أن لا يَنْكِحُوْا إليهم ولا يُنْكِحُوْهُمْ ولا يبيعُوْهُمْ شيئًا ولا يبتاعُوْا مِنْهُمْ ، فَلَمَّا اجْتَمَعُوْا لذلك كتبوْهُ في صحيفةٍ ، ثمّ تعاهدُوْا وتواثقُوْا على ذلك وعلَّقُوْا الصّحيفة في جَوْفِ الْكَعْبَة توكيدًا على أنفسهم

44 – في شعبِ أبي طالب رضي الله عنه

English Translation	اردو ترجمہ	اللفظ	
Acacia laeta	ببول کا درخت	سَمُر ج أَسْمُر	1
To cry/scream out of hunger	بھوک سے بلبلانا	تضاغى (تفاعل)	2
To believe in reward	ثواب کی امید کرنا	احتسب (افتعال)	3

فِي شعبِ أبي طالب:

فَلَمَّا فَعَلَتْ ذلك قريش ، انحازَتْ بنو هاشمٍ وبنو المطّلب إلى أبي طالب فدخلُوْا معه في شعبه وذلك في سنة سبعٍ مِنَ النبوّة

وخرج مِنْ بني هاشم أبو لهب بن عبد المطّلب ، وكان مع قريش

وأقام بنُوْ هاشمٍ على ذلك حتّى جُهِدُوْا مِنْ ضِيْقِ الحصار وأكلوا ورق السّمرِ ، وأطفالهم يتضاغَوْنَ من الجوع ، حتّى يسمع بكاؤهم مِنْ بعيدٍ وقريش تحولُ بيْنَهُمْ وبين التّجّار فيزيدُوْنَ عليهم في السّلعَةِ أضْعَافًا ، حتّى لا يشترُوْهَا

وَمَكَثُوْا على ذلك ثلاثَ سنواتٍ ، لا يصل إليهم شيءٌ إلّا سرّا مِمَّنْ أراد صِلَتَهُمْ مِنْ قريش ورسول الله ﷺ على ذلك ، يَدْعُوْ قومَه ليلًا ونهارًا وسِرًّا وجهارا وبنو هاشم صابرون مُحْتَسِبُوْنَ

45 – نقض الصّحيفة وإنهاء المقاطعة

English Translation	اردو ترجمہ	اللفظ	
To end	ختم کرنا	أنهى (إفعال)	1
To sense	مانوس کرنا	أنس (س ك) أَنَسا وأَنَسَة (ض) أَنْسا	2
Manliness	مردانگی	رُجُوْلَة ورُجُوْلِيَّة ورَجُوْلِيَّة ورُجْلِيَّة	3
To excite/inspire	جوش دلانا	استشار (استفعال)	4
Gathering	مجلس	نَادِى ج أَنْدِيَة	5
Perish	فنا ہونے والا	هَالِك ج هَلْكَى	6
To give benefit	فائدہ پہنچانا	أفاد (إفعال)	7
Termite/insects	کیڑا	أَرَضَة ج أَرَض	8
To rip/tear	چیر چیر کرنا	مزّق (تفعيل)	9

نقض الصّحيفة وإنهاء المقاطعة:

وقام نفرٌ من قريش مِنْ أهل المروءة والضّمائر في مقدّمتهم هشام بن عمرو بن ربيعة فكرهُوْا هذا التّعاقد الظالم وعافتْهُ نفوسهم وكان هشامٌ رجلًا واصلًا ، وكان ذا شرفٍ في قومه ، فمشى إلى رجال من قريش ، أنس فيهم الرّقّةَ والرّجُولةَ ، فاستثار حَمِيَّتَهُمْ وإنسانيَّتَهُمْ لِنَقْضِ الصّحيفة والخروج من هذا التّعاقد الظالم وَلَمَّا كانوا خمسة اجْتَمعُوْا وتعاقدُوْا على نقض الصحيفةِ ، فَلَمَّا كانتْ قريشٌ في أنديتها من غدٍ ، قام زُهَيْرُ بن أبي أميّة وكانتْ أمّه عاتكةُ بنتُ عبد المطّلب وأقبل على النّاس

قال: يا أهل مكّة! أنأكل الطّعام ونلبس الثّياب وبنو هاشم هَلْكَى ، لا يُباع ولا يبتاعُ منهم؟

والله ، لا أقعدُ حتّى تُشَقَّ هذه الصّحيفةُ الظّالمة

وتدخّل أبو جهلٍ في الحديث فلم يُفِدْ ، وقام الْمُطْعِمُ ابن عَدِيّ إلى الصحيفة ليشقَّهَا ، فَوَجَدَ الأَرَضَة قد أكلتها إلّا (باسمك اللهمَّ) وكان النبيّ ﷺ قد أخبرَ بذلك أبا طالبٍ ومُزِّقَتِ الصحيفة وبطل ما فيها

وفاة أبي طالب وخديجة:

ومات أبو طالب وخديجة في عام واحدٍ – العام العاشر من النبوّة – وهما مَنْ عرفتم مِنْ حُسْن الصّحبة والوفاء والنّصر والتّأييد ، ولم يُسْلم أبو طالب وتتابَعَتْ على رسول الله ﷺ المصائبُ

47 – وقع القرآن في القلوب السليمة			
	اللفظ	اردو ترجمہ	English Translation
1	شعر (ن) شِعْرا وشَعْرا	شعر کہنا	To say a poem
2	شَاعِر ج شُعَرَاء	شاعر	Poet

3	لَبِيْب ج أَلِبَّاء	عقلمند	Intelligent
4	حشا (ن) حَشْوا	بھرنا	To stuff/pad/fill
5	قُطْن وقُطُن ج أَقْطَان	روئی	Cotton
6	ثكل (س) ثُكْلا وثَكَلا	گم کرنا	To lose
7	ساكن (مفاعلة)	ساتھ رہنا	To reside with

وقع القرآن في القلوب السليمة:

وقدم الطّفيل بنُ عمرو الدّوسيّ مكّة وكان رجلا شريفًا شاعرًا لبيبًا ، فحالتْ قريشٌ بينه وبين رسول الله ﷺ وخوّفُوْه من الدّنوّ إليه وسَمَاعِ كلامه ، وقالوا: إنّا نخشى عليكَ وعلى قومكَ ما قد دخل علينا فلا تكلّمنّه ولا تسمعنّ منه شيئا

يقول الطّفيل رضي الله عنه: والله ما زالوا بي حتّى أجمعْتُ ألّا أسمعَ منه شيئا ولا أكلّمَهُ حتّى حشَوْتُ في أذني قطنا وغدوتُ إلى المسجد ، فإذا رسول الله ﷺ قائمٌ يصلّي عِنْدَ الْكَعْبَةِ ، فَقُمْتُ منه قريبًا ، فأبى اللهُ إلّا أن يُسْمِعَنِيْ بعضَ قولِهِ

قال: فسمعْتُ كلامًا حسنا ، فقلتُ في نفسي: واثكْلَ أمّي ، واللهِ إنّي لرجلٌ لبيبٌ شاعرٌ ، ما يخفى عليّ الحسنُ من القبيحِ ، فما يمنعني أن أسمعَ من هذا الرجلِ ما يقولُ ، فإن كان الّذي يأتي به حسَنًا قبلته وإن كان قبيحًا تركْتُهُ

ودَخَلَ الطّفيلُ رضي الله عنه على رسول الله ﷺ في بيتِهِ وحكى له القصّة ، فعرض عليه رسول الله ﷺ الإسلامَ ، وتلا عليه القرآنَ فَأَسْلَمَ ورجعَ إلى قومِهِ داعِيًا إلى الإسلام وأبى أن يساكنَ أهله حتّى يُسْلِمُوْا ، فَدَخَلُوْا في الإسلام جميعًا ودعا دَوْسًا إلى الإسلام وفَشَا الْإِسْلام فيهم

48 – الخروج إلى الطّائف وما لقي فيها من الأذى

	اللفظ	اردو ترجمہ	English Translation
1	اعترض (افتعال)	رکاوٹ بننا	To oppose
2	نثر (ن ض) نَثْرا ونِثَارا	بکھیرنا	To disperse
3	نَخْل ونَخِيْل (واحدها نَخْلَة ونَخِيْلَة)	کھجور کا درخت	Date tree
4	كرب (ض) كُرُوْبا	تکلیف میں مبتلا کرنا	To cause distress
5	صَفّ ج صُفُوْف	سیدھی قطار	Row/line
6	أدمى (إفعال)	خون نکالنا	To cause to bleed
7	هان (ن) هُوْنا وهَوَانا	حقیر ہونا	To become despicable
8	استعاذ (استفعال)	پناہ لینا	To seek refuge
9	تجهّم (تفعّل)	ترشروئی سے پیش آنا	To scowl/pull a face
10	بالى (مفاعلة)	پرواکرنا	To care
11	عافى (مفاعلة)	صحت دینا	To give good health
12	عَافِيَة ج عَافِيَات	کامل صحت	Good health
13	سخط (س) سَخَطا	غضبناک ہونا	To be angry
14	عُتْبَى	رضامندی	Happiness/acceptance of fault
15	أطبق (إفعال)	ڈھانپنا	To cover
16	صُلْب ج أَصْلَاب وأَصْلُب وصِلَبَة	نسل	Descent/lineage
17	قِطْف ج قِطَاف وقُطُوْف	توڑا ہوا پھل	Picking
18	عِنَب ج أَعْنَاب	انگور	Grapes
19	طَبَق ج أَطْبَاق	طشتری	Plate

الخروج إلى الطّائف وما لقي فيها من الأذى:

ولَمَّا ماتَ أبو طالب نال رسولَ الله ﷺ مِنْ قريش مِنَ الأذى ما لم تكُنْ تطمعُ فيه قريشٌ في حياةِ أبي طالب حتّى اعترضَهُ سفيهٌ من سفهاء قريشٍ ، فنثَرَ على راسِهِ تُرَابًا

ولَمَّا اشتدّ أذى قريش وانصرافهم عن الإسلام وزُهْدُهم فيه ، خرج رسول الله ﷺ إلى الطّائف يلتمسُ النُّصْرَة من ثقيفٍ وأن يدخلوا في الإسلام

فَلَمَّا قدمَ رسول الله ﷺ الطّائفَ ، عمدَ إلى نفرٍ ، منهم سادةُ ثقيفٍ وأشرافهم ، فَجَلَسَ إليهم ودَعَاهُمْ إلى الله ، فكَانَ ردُّهُمْ شرَّ رَدٍّ واستهزؤُوْا به ﷺ وأَغْرَوْا بِهِ سفهاءَهُمْ وعبيدَهُمْ يسبّونه ويصيحُوْنَ بِهِ ويرجُمُوْنَه بالحجارةِ فعمدَ إلى ظلِّ نخلةٍ ، وهو مكروبٌ فجلسَ فيه وكان ما لقي في الطّائفِ أشدَّ ما لقيه مِنَ المشركين وقعدَ له أهلُ الطّائف صفّين على طريقه ، فلَمَّا مرَّ جَعَلُوْا لا يرفعُ رجليه ولا يضعهما إلّا رَمَوْهُمَا بالحِجَارة حتّى أدمَوْهُ وهما تسيلانِ بالدّماءِ وفاضَ قلبُهُ ولسانُهُ بدعاءٍ شكا فيه إلى الله ضَعْف قوّتِهِ وقلّة حيلته وهوانه على النّاس واستعاذ بالله تعالى وبنصْرِهِ وتأييدِهِ ، فقال:

(اللهمّ! إليكَ أشكُوْ ضَعْفَ قُوَّتِيْ وقلّة حيلتي وهَواني على النّاس يا أرحم الرّاحمينَ ، أنْتَ ربّ المستضعفين وأنْتَ ربّي إلى مَنْ تكلُنِيْ؟ إلى بعيدٍ يتجَهَّمُنِيْ؟ أم إلى عدوٍّ ملَّكْتَهُ أمري؟ إن لم يكنْ بكَ غضبٌ عليّ فلا أبالي غير أنَّ عافيتكَ هي أوسعُ لي ، أعوذ بنور وجهكَ الذي أشرقتْ له الظّلمات وصلح عليه أمر الدّنيا والآخرة مِنْ أن تُنْزِلَ بي غضبَكَ أو يَحِلَّ عَلَيَّ سَخَطُكَ لَكَ الْعُتْبَى حَتَّى ترضَى ولا حول ولا قوّة إلّا بالله)

فأرسل اللهُ إليه مَلَكَ الجبال يستأذِنُهُ في أن يُطْبِقُ الجبلينِ اللذين بينهما الطّائف ، فقال له رسول الله ﷺ: بل أرجُوْ أن يخرجَ مِنْ أصلابهم من يعبد الله وحدَهُ لا يشركُ بِهِ شَيْئًا

ولَمَّا رآه عُتْبَةُ بْنُ ربيعة وشَيْبَةُ بنُ ربيعة وما لقي ، تحرّكتْ لهما المروءةُ ، فَدَعَوَا غُلَامًا لهما نصرانيًا ، يقال له: عَدَّاسٌ ، فقالا له: خُذْ قِطْفًا مِنَ الْعِنَب ، فَضَعْهُ في هذا الطَّبَقِ ثمّ اذْهَب به إلى ذلك

الرّجل ، فَقُلْ له يأكل منه فَفَعَلَ عَدَّاسٌ وأسلم بما سمعه من حديثِ رسولِ اللهِ ﷺ ورأى مِنْ أخلاقِهِ

وانصرفَ رسولُ الله ﷺ مِنَ الطّائفِ إلى مكّة وقومُهُ على أشدِّ ما كانوا عليه من خلافٍ وعداءٍ وسُخْرِيَّةٍ واستهْزاءٍ

49 – الإسراء والمعراج وفرض الصلوات			
English Translation	**اردو ترجمہ**	**اللفظ**	
To travel in the night	رات میں چلنا	أسرى (إفعال)	1
Stairs/ascent	سیڑھی	مِعْرَج ومِعْرَاج ج مَعَارِج	2
To restore	درست کرنا	جبر (ن) جَبْرًا	3
Heart	دل	خَاطِر ج خَوَاطِر	4
To give in exchange	بدلہ دینا	عوّض (تفعيل)	5

الإسراء والمعراج وفرض الصلوات

ثمّ أُسْرِيَ برسول الله ﷺ مِنَ المسجد الحرام ، فإلى المسجد الأقصى ، ومنه إلى ما شاء الله من القرب والدنوّ والسّير في السموات ومشاهدة الآياتِ والاجتماعِ بالأنبياء: (مَا زَاغَ الْبَصَرُ وَمَا طَغَىٰ ﴿١٧﴾ لَقَدْ رَأَىٰ مِنْ آيَاتِ رَبِّهِ الْكُبْرَىٰ ﴿١٨﴾)[النجم:17-18]

فكانتْ ضيافةً كريمةً مِنَ اللهِ وتسليةً وَجَبْرًا للخاطر وتعويضًا عَمَّا لقيه في الطّائف من الذّلّة والهوان ، فَلَمَّا أصبح غدا على قريش ، فأخبرَهُمُ الخبر ، فأنكرُوا ذلك ، واستعظَمُوْهُ وَكَذَّبُوْهُ واستهزؤُوْا ، وأمّا أبو بكرٍ ﵁ ، فقال: والله لَئِنْ كان قاله ، لَقَدْ صَدَقَ ، فَمَا يُعْجِبُكُمْ مِنْ ذلك؟ فواللهِ ، إنّه

ليخبرني أنّ الخبرَ ليأتيه مِنَ السَّماءِ إلى الأرضِ في ساعةٍ من ليلٍ أو نهارٍ فأصدّقُهُ فهذا أبعدُ مِمّا تَعْجبُوْنَ منه

وفرضَ اللهُ عليْهِ وعلى أمّته خمسينَ صلاةً في كلّ يومٍ وما زال رسولُ الله ﷺ يسألُهُ التّخفيفَ ، حتّى جَعَلَهَا الله خمسَ صلواتٍ في كلّ يومٍ وليلةٍ ، مَنْ أدَّاهنّ إيمانا واحتسابا كان له أجْرُ خمسين صلاةً

50 – عَرْضُ رسول الله ﷺ نَفْسَهُ على القبائل			
English Translation	اردو ترجمہ	اللفظ	
Rival/match	مثل	نِدّ ج أَنْدَاد	1
To give charity	صدقہ دینا	تصدّق (تفعّل)	2
To strip/abandon	جدا کرنا	سلخ (ف ض) سَلْخا	3
Confederate/ally	حلیف، عہد کرنے والا	حَلِيْف ج حُلَفَاء	4

عَرْضُ رسول الله ﷺ نَفْسَهُ على القبائل:

وبدأ رسول الله ﷺ يعرِضُ نفسه في المواسم على قبائل العربِ ، يدْعُوْهُمْ إلى الإسلام وإلى أن يمنعُوْهُ مِنَ الْأعْدَاءِ ، وَيَقُوْلُ: يا بني فلان! إنّي رسول الله إليكُمْ يأمرُكُمْ أن تعبدُوْا الله ولا تشركُوْا به شيئا وأن تَخْلَعُوْا ما تعبدوْنَ مِنْ دونِهِ من هذِهِ الأنْدَاد وأن تؤمنوا به وتصدّقوا به وتمنعوني حتّى أُبَيِّنُ عن الله ما بعثني به

فإذا فرغ رسول الله ﷺ مِنْ قوله قام أبو لهب ، فقال: يا بني فلان! إنّ هذا إنّما يدعُوْكُمْ أن تسلَخُوْا اللّاتَ والعُزّى مِنْ أعناقكُمْ وحلفائكُمْ مِنَ الجنّ إلى ما جاء بِهِ مِنَ البدعةِ والضّلالة ، فلا تُطِيْعُوْهُ ولا تسمعُوا مِنْهُ

51 – بدء إسلام الأنصار			
English Translation	**اردو ترجمہ**	**اللفظ**	
Neighbour	پڑوسی	جَار ج جِيْرَان	1

بدء إسلام الأنصار:

وخرج رسول الله ﷺ في الموسم ، فبينما هو عِنْدَ الْعَقَبَةِ ، إذ لقي رَهْطًا مِنَ الْخَزْرَجِ من الأنصار ، فدعاهم إلى الله عزّ وجلّ وعرض عليهم الإسلام وتلا عليهم القرآن

وكانوا جيرانَ اليهود في المدينة وكانوا يسمعونهم يخبرون بنبيّ قد أظلّ زمانه

فقال بعضُهُمْ لبعضٍ: يا قوم! تعلموا والله ، إنّه للنبيّ الذي توعّدكم به يهودُ ، فلا تسبقنّكُمْ إليه ، فأجابُوْهُ وَصَدَّقُوْهُ

وقالوا: إنّا قد تركْنَا قَوْمَنا ولا قوم بينهم من العداوةِ والشرّ ما بينهم ، فعسى أن يجمعهم الله بِكَ فنقدم عليهم فندعوهم إلى أمرك ونعرِض عليهم الذي أَجَبْنَاكَ إليه مِنْ هذا الدِّينِ ، فإن يجمعُهُمُ الله عليكَ فلا رجُلَ أعزّ مِنْكَ

وانصرفُوا راجعين إلى بلادهم وآمنوا وصدّقوا ، فَلَمَّا قدمُوا المدينة ذكروا لإخوانهم رسولَ الله ﷺ ودَعَوْهُمْ إلى الإسلام ، حتّى فشا فيهم ، فلم تَبْقَ دارٌ مِنْ دُوَرِ الأنصار إلّا وفيها ذِكْرٌ مِنْ رسول الله ﷺ

52 – بيعة العَقَبَة الأولى			
English Translation	**اردو ترجمہ**	**اللفظ**	
To make a contract	بیعت کرنا	بايع (مفاعلة)	1
To refrain/show moral excellence	حرام سے رکنا، پاکدامند رہنا	تعفّف (تفعّل)	2

To commit adultery	زنا كرنا	زنا (ض) زِنًى وزِنَاء	3
To teach/explain	سكھلانا ، سمجھانا	فقّه (تفعيل)	4

بيعة العَقَبَة الأولى:

حتّى إذا كان العام المقبلُ وافى الموسِمَ مِنَ الْأنصار اثنا عشر رجلا ، فلقوا برسول الله ﷺ وبايعُوْهُ بالعقبة الأولى على التّوحيد والتعفّف من السّرقة والزّنى وقتل الأولاد والطّاعةِ في المعروف فَلَمَّا هَمَّ الْقَوْمُ بالانصرافِ بَعَثَ رسولُ الله ﷺ مَعَهُمْ مُصْعَبَ بْنَ عُمَيْرٍ وأمره أن يقرئهُمْ القرآنَ ويُعَلِّمَهُمُ الإسلامَ ويفقّهَهُمْ في الدّين ، فَكَانَ يُسَمَّى (المقرئ) بالمدينة ونَزَلَ على أسعد بن زُرَارَةَ وكان يصلّي بِهِمْ

انتشارُ الإسلامِ في المدينة:

وَجَعَلَ الْإسْلامُ يفْشُوْ في مَنَازِلِ الْأنْصَارِ – الْأَوْسِ والْخَزْرَجِ – وأسلمَ سعْدُ بن معاذ وأسيد بن حُضَيْر ، وهُمَا سيّدا قَوْمِهِمَا مِنْ بَنِيْ عَبْدِ الْأشْهَلِ مِنَ الْأوسِ بحكمةِ مَنْ أَسْلَمَ قَبْلَهُمَا وتَلَطُّفِهِمْ وبِحُسن دَعْوَةِ مُصْعَب بنِ عُمَيْر ﵁ وأسلم بنو عَبْدِ الْأَشْهَلِ عن آخرهم ولم تبقَ دارٌ مِنْ دُوْرِ الأنصار إلّا وفيها رجَالٌ ونساءٌ مُسْلِمُوْنَ

54 – بيعة العقبة الثانية			
English Translation	**اردو ترجمہ**	**اللفظ**	
Coming	آئندہ	قَابِل ج قَبَلَة	1
Number	شمار	عَدَد ج أَعْدَاد	2
To visit	زيارت كرنا	حجّ (ن) حَجًّا	3

Visitor/pilgrims	زیارت کرنے والا، حج کرنے والا	حَاجّ ج حُجَّاج	4
To promise	وعدہ کرنا	واعد (مفاعلة)	5
To encourage	رغبت دلانا	رغّب (تفعيل)	6
To take a promise	وثیقہ لینا	استوثق (استفعال)	7
Chief/leader	چودھری	نَقِيْب ج نُقَبَاء	8

بيعة العقبة الثانية:

ورجعَ مُصْعَب بنُ عمير إلى مكّةَ في العامِ القابلِ وخرج عَدَدٌ مِنَ المسلمين مِنَ الأنصار مَعَ حجّاج قومِهِمْ مِنْ أهل الشّرك حتّى قدِمُوْا مَكَّةَ فواعَدُوْا رسولَ الله ﷺ الْعَقَبَة ، فَلَمَّا فرغُوْا من الحجّ ومضى ثُلُثُ اللّيلِ ، اجْتَمَعُوْا في الشّعْبِ عِنْدَ الْعَقَبَةِ ، وهُمْ ثلاثةٌ وسبْعُوْنَ رَجُلًا وامرأتان مِنَ النّسَاء وجاء رسول الله ﷺ ومعه عَمُّهُ الْعَبَّاسُ بنُ عبد المطّلب وهو يومئذٍ على دين قومه وتكلّم رسولُ الله ﷺ وتلا القرآن ودعا إلى الله ورغَّب في الإسلام ، ثمّ قال: أبايعُكُمْ على أن تمنعُوْنِي مِمَّا تمنعونَ منه نساءَكُمْ وأبناءَكُمْ فبايعُوْهُ واستَوْثَقُوْا مِنْهُ ألّا يَدَعَهُمْ ويرجِعَ إلى قومِهِ فَوَعَدَ بذلك رسول الله ﷺ ، فقال: أنا مِنْكُمْ وأنتُمْ مِنّيْ ، أحارب مَنْ حاربتم وأسالم مَنْ سالمتم ، واختار رسول الله ﷺ منهم اثني عَشَرَ نقيبًا تسعةً مِنَ الخزرجِ وثلاثةً مِنَ الْأوس

55 – الإذن بالهجرة إلى المدينة			
English Translation	**اردو ترجمہ**	**اللفظ**	
Neighbourhood/ district/group	محلہ، چھوٹا قبیلہ	حَيّ ج أَحْيَاء	1
To cling	لازم ہونا	لحق (س) لُحُوْقا	2
Easy	نرم، آسان	هَيّن وهَيْن ج أَهْوِنَاء وهَيِّنُوْن وهَيْنُوْن	3

Obstacles	مصیبتیں	عَرَاقِيْل	4
Idea/thought	فکر	فِكْرَة ج فِكَر	5
To force	مجبور کرنا	اضطرّ (افتعال)	6
To stay behind	پیچھے رہنا	تخلّف (تفعّل)	7

الإذن بالهجرة إلى المدينة:

وَلَمَّا بايع رسولُ الله ﷺ – هذا الحَيَّ مِنَ الْأنصار على الإسلام والنُّصْرَة له ولمن اتّبعه فَأوَى إليهم عَدَدٌ من المسلمين ، أَمَرَ رسولُ الله ﷺ أصحابَهُ وَمَنْ مَعَهُ بمكّة مِنَ الْمُسْلِمِيْنَ بالخروجِ إلى المدينة والهِجْرَةِ إليها واللُّحُوْقِ بإخوانهم مِنَ الْأنصارِ وقال: إنّ الله عزّ وجلّ قد جعل لَكُمْ إخوانًا ودارًا تأمنون بها ، فخرجُوْا أرسالًا

وأقام رسول الله ﷺ بمكّة ينتظر الإذن مِنَ الله في الخروج مِنْ مكّة والهجرة إلى المدينة ولم تكنْ هجرةُ المسلمينَ مِنْ مكّةَ هيِّنَةً سَهْلَةً ، تسمَعُ بها قريشٌ وتَطِيْبُ بها نفسًا ، بل كانُوا يَضَعُوْنَ الْعَرَاقِيْلَ فِيْ سبيل الانتقال من مكّة إلى المدينة ، ويمتحنون المهاجرين بأنواع مِنَ المِحَن وكان المهاجرون لا يعْدِلُوْنَ عَنْ هَذِهِ الفكرة ولا يُؤْثِرُوْنَ الْبَقَاء في مكّة فَمِنْهُمْ مَنْ كان يضطرّ إلى أن يترُكَ امرأته وابنَهُ في مكّة ويسافِرَ وَحْدَهُ كما فعل أبو سلمة ومنهم مَنْ كانَ يَضْطَرُّ إلى أن يتنازلَ عن كُلِّ ما كسبه في حياته وَجَمَعَهُ مِنْ ماله كما فَعَلَ صُهَيْبٌ

وهاجر عُمَرُ بنُ الخطّاب وطَلْحَةُ وَحَمْزَةُ وَزَيْدُ بْنُ حَارِثَةَ وَعَبْدُ الرّحمن بن عوف والزّبير بن العوّام وأبو حُذَيْفَة وعثمان بن عفّان وآخرون – رضي الله عنهم – وتتابعتِ الهجرةُ ولم يتخلّف مع رسول الله ﷺ بمكّة غيرُ مَنْ حُبِسَ وَفُتِنَ إلّا عليّ بن أبي طالب وأبو بكر بن أبي قحافة – رضي الله عنهما

56 – تآمُرُ قريش على رسول الله ﷺ الأخير وخيبتهم فيما أرادوا

	اللفظ	اردو ترجمہ	English Translation
1	تآمر (تفاعل)	باہم مشورہ کرنا	To counsel
2	نَدْوَة	مجلس	Council
3	هاجم (مفاعلة)	اچانک حملہ کرنا	To attack suddenly
4	تسجّى (تفعّل)	لپیٹ جانا	To cover
5	بُرْد ج أَبْرَاد وبُرُوْد	دھاری دار چادر	Garment
6	خلص (ن) خُلُوْصا وخَلَاصا	پہونچنا	To be delivered
7	حَفْنَة وحُفْنَة ج حُفَن	لپ بھر	Bunch/handful
8	أغشى (إفعال)	پردہ ڈال دینا	To spread a cover
9	خيّب (تفعيل)	محروم کرنا	To thwart
10	تطلّع (تفعّل)	غور سے دیکھنا	To look at

تآمُرُ قريشٍ على رسول الله ﷺ الأخيرُ وخيبتهم فيما أرادوا:

ولَمَّا رأتْ قريشٌ أنَّ رسول الله ﷺ قد صارَ لهُ أصحابٌ وأنصارٌ في المدينة ولا سُلْطَانَ لهم عليها ، تخوَّفُوْا مِنْ خُرُوْجِ رسول الله ﷺ إلى المدينةِ وعرَفُوْا أنّه إذا كان ذلك فلا حيلَةَ لهم فيهِ ولا سبيلَ لهم عليه ، فاجتمعُوْا في (دار النَّدْوَة) وهي دارُ قصيّ بنِ كلاب ، وكانتْ قريشٌ لا تقضِي أمْرًا إلّا فيها ، يتشاورونَ فيها ما يصنَعُوْنَ في أمرِ رسول الله ﷺ واجتمع فيها أشرافُ قريش واجتمعَ رَأْيُهُمْ أخيرا على أن يُؤْخَذَ مِنْ كلّ قبيلةٍ فتىً شابٌّ صاحبُ جلادةٍ ونسب فيهاجمُوْا رسولَ الله ﷺ ويضربُوْا ضربةَ رجُلٍ واحدٍ وبذلك يتفرّق دمُهُ في القبائلِ جميعًا فلم يقدرْ بنو عبدِ مَنَاف على حَرْبِ قومِهِمْ جميعًا وتفرّق القوم على ذلك وهم مُجْمِعُوْنَ لهُ

وأخبرَ اللهُ رسولَهُ ﷺ بهذه المؤامرةِ فأمرَ عليّ بن أبي طالب رضي الله عنه أن ينام على فراشِهِ متسجِّيًا ببردَتِهِ

بعد البعثة

وقال: لَنْ يَخْلَصَ إليكَ شيءٌ تكرهُهُ

واجتمعَ القومُ على بابه وهم متهيّئُوْنَ للوُثُوْبِ وخرجَ رسول الله ﷺ وأخذ حَفْنَةً مِنْ تُرَابٍ في يدهِ

وأخذ الله تعالى على أبصارهِمْ عَنهُ فلا يرونَهُ فجعلَ ينثُرُ ذلكَ التّراب على رؤوسِهِمْ وهو يتلوْ

آيات من سورة (يس) مِنْ أوّلها إلى قوله تعالى: (فَأَغْشَيْنَٰهُمْ فَهُمْ لَا يُبْصِرُونَ)[يس:9]

وأتاهُمْ آتٍ فقال: ما تنتظرُوْنَ هاهنا؟

قالوا: محمّدا

قال: خَيَّبَكُمُ الله ، قد والله خرَجَ وانْطَلَقَ لحاجَتِه

وتطَلَّعُوْا ، فرأوْا نائما على الفراشِ فَلَمْ يشكّوا في أنّه رسول الله ﷺ فَلَمَّا أصبَحُوْا ، قام عليّ –

رضي الله عنه – عن الفراشِ فَخَجِلُوْا وانْقَلَبُوْا خائبينَ

57 – هجرة الرسول ﷺ إلى المدينة			
English Translation	اردو ترجمہ	اللفظ	
To accompany	ساتھی ہونا	صحب (س) صُحْبَة وصَحَابَة	1
Female riding camel	سواری	رَاحِلَة ج رَوَاحِل	2
To prepare	تیار کرنا	أعدّ (إفعال)	3
Deposit	امانت	وَدِيْعَة ج وَدَائِع	4

هجرة الرسول ﷺ إلى المدينة:

وجاء رسول الله ﷺ إلى أبي بكر فقال له: إنّ الله قد أذنَ لي في الخروج والهجرة

فقال أبو بكر: الصحبةَ ، يا رسول الله!

قال: الصحبةَ ، وبكى أبو بكر من الْفَرَحِ

وقدّم أبو بكر راحلتين كان قد أعدّهما لهذا السّفر واستأجَرَ عبد الله بن أُرَيْقِط ليدلّهما على الطّريق وأمرَ رسولُ الله ﷺ عليًا — رَضِيَ اللهُ عَنْهُ — بأن يتخلَّفَ بمكّةَ ، حتّى يؤدّي عن رسول الله ﷺ الودائعَ التي كانتْ عنده ، فليسَ بمكّة أحدٌ عنده شيءٍ يخشى عليه إلّا وضعه عند رسول الله ﷺ لصدقِهِ وأمانتِهِ

58 – في غار ثَوْر			
	اللفظ	اردو ترجمہ	English Translation
1	استخفى (استفعال)	چھپنا	To hide
2	تسمّع (تفعّل)	سننا	To hear
3	عَنْكَبُوْت ج عَنَاكِب	مکڑی	Spider
4	نسج (ن ض) نَسْجا	کپڑا بننا	To weave
5	شَجَر (واحدها شَجَرَة) ج أَشْجَار	درخت	Tree
6	حَمَام (واحدها حَمَامَة) ج حَمَائِم وحَمَامَات	کبوتر	Bird
7	وَحْش (واحدها وَحْشِيّ) وُحُوْش ووُحْشَان	جنگلی جانور	Wild
8	دفّ (ض) دَفًا	پر پھڑ پھڑانا	To flutter the wings
9	اقتفى (افتعال)	اتباع کرنا	To go after

في غار ثَوْر:

وخرج رسول الله ﷺ وأبو بكر مِنْ مَكَّةَ مستخفِيَيْنِ وأمر أبو بكرٍ ابنَهُ عبدَ الله بنَ أبي بكر أن يتسمَّعَ لهما ما يقول النّاسُ فيهما بمكّةَ وأمرَ عامر بن فُهَيْرَةَ مولاه أن يرعى غَنَمَهُ نهارًا ويُرِيْحَها عليهما لَيْلًا وكانتْ أسماء بنتُ أبي بكرٍ تأتيهما بالطّعام

وَعَمَدَا إلى غار من ثَوْر ودخل أبو بكر قَبْلَ رسولِ الله ﷺ فَلَمَسَ الْغَارَ خَوْفًا مِنْ أن يَكُوْنَ فيه

بعد البعثة

ما يؤذي رسول الله ﷺ ثُمَّ دَعَاهُ

وَبَيْنَمَا هُمَا كذلك إذ بَعَثَ اللهُ العنكبُوْتَ فنسَجتْ ما بين الغارِ والشَّجر التي كانتْ على وجهِ

الغارِ وسَتَرَتْ رسولَ الله ﷺ وأبا بكر وأمر اللهُ حَمَامَتَيْنِ وَحْشِيَّتَيْنِ فأقبلتا تَدفّان ، حتّى وقعتا بين

العنكبوت وبين الشجرة (وَلِلَّهِ جُنُودُ السَّمٰوٰتِ وَالْأَرْضِ)[الفتح:4]

واقتفى المشركونَ أثَرَ رسول الله ﷺ فلَمَّا بلغُوْا الجبلَ ، اختلطَ عليهم فصعدُوْا الجبلَ ، فَمَرُّوْا بالغارِ

فَرأوا على بابِهِ نسْجَ الْعَنْكَبُوْتِ

فقالوا: لو دَخَلَ هاهنا أحدٌ لم يَكُنْ نَسْجُ الْعَنْكَبُوْت على بابِهِ

لا تحزن إنّ الله مَعَنا:

وبينما هُمَا في الغارِ ، إذ رأى أبو بكر آثار المشركينَ

فقالَ: يا رسول اللهِ لو أنّ أحدَهُمْ رَفَعَ قَدَمَهُ رآنا

قال: ما ظنُّكَ باثنينِ ، اللهُ ثالثهما! وفي ذلك يقول القرآن: (ثَانِيَ اثْنَيْنِ إِذْ هُمَا فِي الْغَارِ إِذْ يَقُولُ لِصَاحِبِهِ لَا تَحْزَنْ إِنَّ اللَّهَ مَعَنَا)[التوبة:40]

60 – ركوب سراقة في إثر الرسول صلّى الله علي وسلّم وما وقع له

English Translation	اردو ترجمه	اللفظ	
Night	رات	لَيْل ج لَيَالِي (مذكّر ومؤنّث)	1
To stumble	گرنا ، پھسلنا	عثر (ن ض س ك) عَثْرا	2
Smoke	دھواں	دُخَان ج أَدْخِنَة	3
Hurricane/tornado	بگولہ	إِعْصَار ج أَعَاصِيْر	4
Piece of paper	پرچہ	رُقْعَة	5

ركوب سراقة في إثر الرسول صلّى الله علي وسلّم وما وقع له:

وجعَلَتْ قريش في رسول الله ﷺ حِيْنَ فقدُوْهُ مِائَة ناقَةٍ لمن يَرُدُّهُ عليهم ومكثا في الغار ثلاث ليالٍ ، ثمّ انطلقا ومعهما عامر بن فُهَيْرَة ودليل من المشركين ، استأجره رسول الله ﷺ فأخذ بهم على طريق السّواحل

وحمل سراقة بن مالك بن جعشم الطّمع على أن يتبع رسول الله ﷺ ويردّهُ على قريش فيأخذ مائة ناقة منهم ، فركب على أثره يَعْدُوْ وعثر به الفرس فسقط عنه ، فأبى إلّا أن يتبعه فركب في أثره وعثر به الفرس مرّة ثانية فسقط عنه وأبى إلّا أن يتبعه فركب في أثره فلمّا بدا له القوم ورآهم عثر به الفرس مرّة ثالثة وذهَبَتْ يداه في الأرض وسَقَطَ عنه وتبعهما دخانٌ كالإعصار

وعرف سراقة حين رأى ذلك أنّه رسول الله ﷺ في حماية الله تعالى وأنّه ظاهر لا محالة ، فنادى القومَ ، وقال: أنا سراقة بن جعشم ، أنظروني أكلّمكم ، فوالله لا يأتيكم منّي شيء تكرهُوْنَهُ

فقال رسول الله ﷺ لأبي بكر رضي الله عنه: قُلْ لَهُ: وما تبتغي مِنَّا؟

قال سراقة تكتب لي كتابا يكون آية بيني وبينك ، فكتب له عامر بن فهيرة كتابا في عظم أو رقعة

61 – سوار كسرى في يد سراقة			
English Translation	اردو ترجمہ	اللفظ	
Bracelet	کنگن	سِوَار وسُوَار ج سُوْر وأَسْوِرَة وأَسَاوِر	1
Belt	پٹکا	مِنْطَق ومِنْطَقَة	2
Crown	شاہی ٹوپی	تَاج ج تِيْجَان	3
Provisions	توشہ	زَاد ج أَزْوِدَة	4

سوار كسرى في يد سراقة

قال رسول الله ﷺ لسراقة: (كيف بك إذا لَبِسْتَ سوارَيْ كِسْرَى؟)

وكان كذلك ، فَلَمَّا أتي عمرُ - رضي الله عنه - بسوارَيْ كِسْرَى ومنطقته وتاجِهِ ، دعا سراقة بن مالك فألبسه إيّاها

وعرض عليه سراقة الزّاد والمتاعَ ، فَلَمْ يَقْبَلْهُ رسول الله ﷺ ولم يزدْ أن قال: أَخْفِ عَنَّا

62 - رجل مباركٌ			
English Translation	اردوترجمه	اللفظ	
Udder	تھن	ضَرْع ج ضُرُوْع	1
To yield (milk) abundantly	بہت دودھ دینا	درّ (ن ض) دَرًا	2
So and so/such and such	ایسا ایسا	كَيْت وكَيْت (مفتوح التاء أو مكسورها)	3
Suburb/Outskirts	اطراف شہر	ضَاحِيَة ج ضَوَاحٍ	4

رجل مباركٌ:

ومرَّا في مسيرِهما بأمّ معبدٍ الخزاعيّة وكانتْ عندها شاةٌ ، خلّفها الجهدُ عن الغَنَم ، فمسح رسول الله ﷺ بيده ضرعَها وسمّى الله ودعا ، فدرّت فسقاها وسقى أصحابه حتّى روَوْا ثمّ شرب وحلب فيه ثانيًا حتّى ملأ الإناء فلَمَّا رجَعَ أبو معبد ، سأل عن القصّة فقالتْ لا واللهِ إلّا أنّه مرّ بنا رجلٌ مباركٌ ، كان مِنْ حديثِهِ كَيْتَ وَكَيْتَ وَوَصَفَتْهُ وصفًا جميلا

قال: واللهِ إنّي لأراه صاحبَ قريش الذي تطلُبُهُ

ولم يزلْ يسلكُ بهما الدَّلِيْل ، حتّى قدم بهما قباءَ وهي في ضواحي المدينةِ ، وذلك في الثّاني عَشَرَ مِنْ ربيع الأوّل يوم الإثنين فكانَ مبدأ التّاريخ الإسلاميّ

في المدينة

63 – كيف استقبلتِ المدينةُ رسول الله ﷺ

English Translation	اردو ترجمہ	اللفظ	
To be more	کثرت میں غالب آنا	كثر (ن) كَثْرا	1
To fast	روزہ رکھنا	صام (ن) صَوْما وصِيَاما	2
New moon	نیا چاند	هِلَال ج أَهِلَّة وأَهَالِيْل	3
Shade	سایہ	ظِلّ ج ظِلَال	4
Summer	موسم گرما	صَيْف ج أَصْيَاف	5
To be overcrowded	تنگی کرنا ، ہجوم کرنا	ازدحم (افتعال)	6
To separate	علیحدہ کرنا ، جدا کرنا	ماز (ض) مَيْزا	7
To understand	سمجھنا	فطن (ن ك س) فَطْنا وفِطْنا	8
To become apparent	واضح ہونا	انكشف (انفعال)	9
Slave woman	باندی	أَمَة ج إِمَاء	10
To sing	شعر پڑھنا	أنشد (إفعال)	11
To be drunk/delight	نشہ والا ہونا	نشي (س) نَشْوا ونَشْوَة	12
Full moon	مکمل چاند ، چودھیں رات کا چاند	بَدْر ج بُدُوْر	13
Mountain path	گھاٹی کا راستہ	ثَنِيَّة ج ثَنَايَا	14
Valley of wada'	وداع	وَدَاع	15
At all	کبھی	قَطُّ (هو الظرف الزمان لنفي الماضي استغراقا)	16
To shine/illuminate	روشن ہونا	ضاء (ن) ضَوْء وضِيَاء	17

كيف استقبلتِ المدينةُ رسولَ الله ﷺ:

وسَمِعَ الأنصارُ بخروج رسول الله ﷺ مِنْ مَكَّة ، وهم ينتظرونه أكثرَ مِنِ انتظارِ الصّائمين لهلال العيد ، وكانوا يخرُجون كلّ يوم إذا صلّوا الصّبح إلى ظاهر المدينة ، ينتظرون رسول الله ﷺ فما يبرحون حتّى تغلبهمُ الشّمسُ على الظّلال ، فيدخلون بيوتهم وكان الزّمن زمنَ صَيْفٍ وحَرٍّ

وقدم رسول الله ﷺ حينَ دخل النّاسُ البيوتَ وكان اليهودُ يروْنَ ما يصنع الأنصار وكان أوّل مَنْ رآه رجل من اليهود ، فصرخَ بأعلى صوتِهِ وأخبرَ الأنصار بقُدُوْمِ رسول الله ﷺ ، فخَرَجُوْا إلى رسول الله ﷺ وهو في ظلّ نخلة ومعه أبو بكر رضي الله عنه في مثل سِنّه وأكثرهم لم يكنْ رأى رسول الله ﷺ قبل ذلك ، وازدحَمَ النّاسُ ما يميزون بينه وبين أبي بكر ، وفطِنَ لذلك أبو بَكْرٍ ، فقام يُظِلُّهُ بردَائِه ، فانكشفَ للنّاسِ الأمرُ

وكبّر المسلمون فرَحًا بقدومه ، وما فرحُوْا لشيءٍ في حياتهم كفَرَحِهِمْ بقدوم رسول الله ﷺ حتّى كانتِ النّساءُ والصبيانُ والإماءُ يقولون: هذا رسول الله ﷺ قد جاءَ ، هذا رسول الله ﷺ قد جاء ،

وكانت بنات الأنصار ينشدون في سرورٍ ونشوةٍ:

طلع البدر علينا مِنْ ثنيّات الوداع
وجب الشّكر علينا ما دعا لله داع
أيّها المبعوث فينا جئتَ بالأمر المطاع

يقول أنس بن مالك الأنصاريّ وهو غلامٌ يوْمئذٍ: شهدْتُ رسول الله ﷺ يوم دخل المدينةَ فما رأيتُ يوماً قطّ ، كان أحسنَ ولا أضوأ من يومٍ دخل المدينة علينا

64 – مسجد في قباء وأوّل جمعة في المدينة

English Translation	اردو ترجمہ	اللفظ	
First	پہلا	أَوَّل ج أَوَائِل	1
Friday prayer	جمعہ	جُمْعَة وجُمُعَة ج جُمَع	2
To lay a foundation	بنیاد رکھنا	أسّس (تفعيل)	3

first

مسجد في قباء وأوّل جمعة في المدينة: layed the foundations here

stayed

وأقام رسول الله ﷺ بقباء أربعة أيّام وأسّسَ مسجدا هناك

65 – في بيت أبي أيّوب الأنصاريّ رضي الله عنه

English Translation	اردو ترجمہ	اللفظ	
Rein/bridle	لگام	زِمَام ج أَزِمَّة	1
To sit	بیٹھنا	برك (ن) بُرُوْكا وتَبْرَاكا	2
Courtyard	باڑہ	مِرْبَد	3
Uncle	ماموں	خَال ج أَخْوَال	4
To pick up	اٹھانا	احتمل (افتعال)	5
To go far	مبالغہ کرنا	بالغ (مفاعلة)	6
To accommodate	مہمانی کرنا	ضاف (ض) ضِيَافَة	7
To be low	پست ہونا، نیچا ہونا	سفل (ن س ك) سُفُوْلا وسَفَالا	8
Lower part	پستی	سِفل وسُفْل	9
To think of as big	بڑا سمجھا	أعظم (إفعال)	10
To be high	بلند ہونا	علا (ن) عُلُوّا	11
Higher part	بلندی	عَلْو وعُلْو وعِلْو	12

في بيت أبي أيّوب الأنصاريّ ﷺ:

وخرج رسول الله ﷺ إلى المدينة والنّاس يتلقّونه في الطريق أرسالًا ويطلُبُون منه الإقامة عندهم ويمسكون بزمام النّاقة ، فيقول: خلُّوْا سبيلَها فإنّها مأمورة ، ووقع ذلك مِرَارًا حتّى إذا أتى دارَ بَنِيْ مَالِك بن النّجّار بركتْ على مكان فيه بابُ المسجد النّبويّ اليومَ وهو يومئذ مِرْبد لغلامين يتيمين من بني النّجّار وهم أخواله ﷺ

ونزل رسول الله ﷺ عن النّاقة ، فاحتمل أبو أيّوب ﷺ (خالد بن زيد النّجّاريّ الخزرجيّ) رَحْلَه ، فوضعه في بيته ونزل عليه رسولُ الله ﷺ ، فبالغَ أبو أيّوب ﷺ في ضيافته وإكرامه ونزل في السّفل من البيت وكره أبو أيّوب وأعظم أن يكون في العلو ، فقال: يأ أبا أيّوب ، إنّ أرفق بنا وبِمَنْ يغشانا أن نكون في سفل البيتِ

66 – بناء المسجد النّبويّ والمساكن			
English Translation	اردو ترجمہ	اللفظ	
House	گھر	مَسْكِن ومَسْكَن ج مَسَاكِن	1
To haggle	بھاو تاو کرنا	ساوم (مفاعلة)	2
Unbaked Bricks	کچی اینٹیں	لَبِن ولِبِن ولِبْن	3
To appear one after the other and meet up	پیچھے آکر ملنا	تلاحق (تفاعل)	4

بناء المسجد النّبويّ والمساكن:

ودعا رسول الله ﷺ الغلامين ، فساومهما بالْمِرْبَدِ ليتّخذه مسجدا ، فقالا: بل نَهبهُ لكَ يا رسول الله ، فأبى رسول الله ﷺ أن يقبله منهما هبةً حتّى ابتاعه مِنْهُمَا ثمّ بناه مسجدًا

وعمل رسول الله ﷺ في بناء المسجد ، فكان ينقل اللّبن واقتدى به المسلمون وكان رسول الله ﷺ يقول:

(اللهمّ إنّ الأجر أجر الآخرة ، فارحمِ الأنصار والمهاجرة)

وكان المسلمون مسرُوْرين سُعَداءَ ، ينشدون الشّعر ويحمدون الله

وأقام رسول الله ﷺ في بيت أبي أيّوب سبعة أشهر حتّى بُنِيَ له مسجده ومساكنه ، فانتقل إلى مساكنه

وتلاحقَ المهاجرون إلى رسول الله ﷺ فلم يَبْقَ بمكّة منهم أحدٌ إلّا مفتونٌ أو محبوس ، ولم يَبْقَ دار من دور الأنصارِ إلّا أسلمَ أهلُهَا

67 – المؤاخاةُ بين المهاجرين والأنصار

	اللفظ	اردو ترجمہ	English Translation
1	آخى (مفاعلة) إخَاوَة	بھائی بنا	To make brother/friend
2	واسى (مفاعلة)	مدد دینا	To help
3	تسابق (تفاعل)	مقابلہ کرنا	To compete
4	آل (ن) أَوْلا	لوٹنا	To return
5	حكّم (تفعيل)	حاکم بنانا	To appoint a ruler
6	أَثَاث	سامان	Stock
7	كُرَاع ج أَكْرُع وأَكَارِع	گھوڑے ، خچر ، گدھا	Horses/mules/donkeys
8	شَطْر ج أَشْطُر وشُطُور	نصف	Half
9	تعفّف (تفعّل)	سوال سے بچنا	To refrain from asking

المؤاخاة بين المهاجرين والأنصار:

وآخى رسول الله ﷺ بين المهاجرين والأنصار ، آخى بينهم على المُواساةِ ، وكان الأنصار يتسابقون في مؤاخاةِ المهاجرين ، حتّى يؤولَ الأمرُ إلى الاقتِرَاعِ وكانوا يُحَكِّمُوْنَهُمْ في بيوتِهِم وأثاثهم

الهجرة إلى المدينة

would give preference to them over themselves — *in their houses* — *in wealth*

وأموالهم وأرضهم وكُراعِهمْ ويؤثرونهم على أنفسهم

would say — *look* — *½ of my wealth* — *take*

وقد يقول الأنصاريّ للمهاجر: انظرْ شطرَ مالي فخُذْه

guide me 2 the market — *in family & wealth* — *give u blessing*

ويقول المهاجر: بارك الله لك في أهلك ومالك، دُلّني على السّوق

from Ansar — *Either* — *refr*

فكان من الأنصار الإيثار ومن المهاجرين التعفّف وعزّة النفس

treaties of — *agreement*

68 - كتابه ﷺ بين المهاجرين والأنصار وموادَعةَ يَهُودٍ

اللفظ	اردو ترجمہ	English Translation
1	وادع (مفاعلة)	صلح کرنا	To reconcile/make peace
2	شرط (ن ض) شَرْطا	شرط لگانا	To make a condition
3	اشترط (افتعال)	شرط لازم کرنا	To accept a condition

كتابه ﷺ بين المهاجرين والأنصار وموادعة يهود:

reassured them upon Deen & wealth — *in it was peace treaty of* — *wrote a agreement*

وكتبَ رسول الله ﷺ كتابا بين المهاجرين والأنصار، وادَعَ فيه يهودَ وعاهَدَهُمْ وأقرّ على دينهم

وأموالهم وشرط لهم واشترط عليهم

they had rights upon them — *were coru*

beginning

69 - شَرَعَ الأذان

اللفظ	اردو ترجمہ	English Translation
1	شرع (ف) شَرْعا	جاری کرنا، شروع ہونا	To start
2	استحکم (استفعال)	مضبوط ہونا	To be strong
3	مِيقَات ج مَوَاقِيت	وقت	Time
4	اعتاد (افتعال)	عادی ہونا	To be accustomed to

Horn	بگل	بُوْق ج أَبْوَاق	5
Bell	گھنٹہ	نَاقُوْس ج نَوَاقِيْس	6
Leader	پیشوا	إِمَام	7
Resurrection	موت کے بعد اٹھنا	قِيَامَة	8

شرح الأذان:

وَلَمَّا اطمأنّ رسول الله ﷺ بالمدينة ، واستحْكَمَ أمرَ الإسلام وكان النّاس يجتمعون إليه للصّلاة في مواقيتها بغير دَعْوةٍ وكره رسول الله ﷺ طُرُق الإعلان التي اعتادها اليهودُ والنّصارى من بوقٍ وناقوسٍ ونارٍ وأكرمَ اللهُ المسلمين بالأذان فأراه بعضَهُمْ في المنام ، فأقرّه رسول الله ﷺ وشَرَعَهُ للمسلمين ، واخْتِيْرَ بلالُ بن رباح الحبشيّ للأذان ، وكان مُؤَذّنَ رسول الله ﷺ ، فكان إمامَ المؤذّنينَ إلى يوم القيامة

70 – ظهورُ المنافقينَ في المدينة

English Translation	اردو ترجمہ	اللفظ	
Priest	نیک عالم	حِبْر ج أَحْبَار وحُبُوْر	1
Scholar	عالم	عَالِم وعَلِيْم ج عُلَمَاء	2
To crawl	رینگنا	دبّ (ض) دَبًّا ودَبِيْبًا	3
To put on a crown	تاج پہنانا	توّج (تفعيل)	4
To quarrel	جھگڑا کرنا	نازع (مفاعلة)	5
Purpose	مطلوب	غَرَض ج أَغْرَاض	6

ظهور المنافقين في المدينة:

وجعل الإسلام ينتشر في المدينة وأسلم بعضُ أحبار اليهود وعلمائهم كعَبْد الله بن سلام ودَبَّ الحسد إلى اليهودِ وإلى مَنْ كان يحلُمُ بالرئاسةِ وأن يُتوَّجَ ، فيأمرُ وينهى ولا ينازَع في رئاستِهِ كعَبْد الله بن أبيّ ابن سلول ، كان قد تمّ له كلّ ذلك إذ جاءَ الإسلامُ ، وصارَ النّاس يدخلون فيه أفواجًا ، فَحَسَدَهُ وعاداه كلّ مَنْ كان في قلبه مَرَضٌ وفي السّيادةِ طمع أو غرضٌ ، وكان منهم أعداءٌ مجاهرون ومنافقون مسرُّونَ

	71 – تحويل القبلة		
	اللفظ	اردو ترجمہ	English Translation
1	حوّل (تفعيل)	منتقل ہونا	To change
2	قِبْلَة	جہت	Direction
3	عُرْب وعَرَب ج أَعْرُب وعُرُوْب	عرب لوگ	Arabs
4	وَسَط ج أَوْسَاط	معتدل	Moderate

تحويل القبلة:

وكان رسول الله ﷺ والمسلمون يُصَلُّون إلى قبلة بيت المقدس ، ومضى على ذلك ستَّةَ عَشَرَ شهرًا بعدما قَدِمَ المدينة ، وكان رسول الله ﷺ يُحِبّ أن يصرف إلى الكعبة وكان المسلمون العربُ ، وقد رضعوا بلبان حبّ الكعبة وتعظيمها ، وامتزجَ ذلك بلحومهم ودمائهم ، لا يعدلون بالكعبة بيتا ولا بقبلة إبراهيم وإسماعيل قبلةً ، وكانوا يحبّون أن يصرفوا إلى الكعبة ، وكان في جَعْل القبلة إلى بيت المقدس ، مِحْنَةٌ للمسلمين ولكنّهم قالوا: (سَمِعْنَا وَأَطَعْنَا)[البقرة:285] وقالوا: (آمَنَّا

بِهٖ ۙ كُلٌّ مِّنْ عِنْدِ رَبِّنَا)[آل عمران:7] فَلَمْ يكونوا يعرفُوْنَ إلّا الطّاعةَ لرسول الله ﷺ والخضوع لأوامر الله ، وافقتْ هواهُمْ أم لم توافِقْها ، واتّفقتْ مع عاداتهم أو لم تتّفِقْ

فَلَمَّا امتحن الله قلوبهم للتّقوى واستسلامَهُمْ لأمر الله ، صَرَفَ رسولَهُ والمسلمين إلى الكعبة ويقول القرآن: (وَكَذٰلِكَ جَعَلْنٰكُمْ اُمَّةً وَّسَطًا لِّتَكُوْنُوْا شُهَدَآءَ عَلَى النَّاسِ وَيَكُوْنَ الرَّسُوْلُ عَلَيْكُمْ شَهِيْدًا ۭ وَمَا جَعَلْنَا الْقِبْلَةَ الَّتِىْ كُنْتَ عَلَيْهَآ اِلَّا لِنَعْلَمَ مَنْ يَّتَّبِعُ الرَّسُوْلَ مِمَّنْ يَّنْقَلِبُ عَلٰي عَقِبَيْهِ ۭ وَاِنْ كَانَتْ لَكَبِيْرَةً اِلَّا عَلَي الَّذِيْنَ ھَدَى اللّٰهُ)[البقرة:143]

وانصرف المسلمون إلى الكعبة مطيعين لله ولرسوله ﷺ وصارتْ قبلةً للمسلمين إلى يوم القيامة ، أينما كانوا وَلَّوْا وجوهَهم شطرَهَا

72 – تحرّش قريش بالمسلمين بالمدينة			
English Translation	**اردو ترجمہ**	**اللفظ**	
To provoke/stir up	درپے ہونا	تحرّش (تفعّل)	1
To increase	زیادہ ہونا	نما (ن) نُمُوًّا	2
To emit gleams	روشن ہونا	ازدهر (افتعال)	3
To roll up/gather	سمیٹنا	شمّر (تفعيل)	4
To fight	لڑائی کرنا	حارب (مفاعلة)	5
To forgive	درگذر کرنا	عفا (ن) عَفْوا	6
To pardon	روگردانی کرنا	صفح (ف) صَفْحا	7

تحرّش قريش بالمسلمينَ بالمدينة:

فَلَمّا استقرَّ الإسلام بالمدينة وعَرَفَتْ قريش أنّه في نموّ وازدهار وأنّ كلّ يوم يمضي يزيد في قوّته وانتشاره ، هنالك شمّروا للمسلمين عن ساق العداوة والمحاربة ، واللهُ سبحانه يأمرهم بالصّبر والعفو والصّفح ويقول لهم: (كفّوا أيديكم وأقيموا الصّلاة)

73 – الإذن بالقتال			
	اللفظ	**اردو ترجمہ**	**English Translation**
1	شوكة	طاقت	Power
2	جَنَاح ج أَجْنِحَة	بازو	Side
3	قَدِيْر	قدرت والا	Powerful

الإذن بالقتال:

فَلَمّا قَوِيَتِ الشّوكة واشتدّ الجناحُ ، أذن لهم في القتال ولم يفرضْهُ عليهم ، فقال: (أُذِنَ لِلَّذِينَ يُقَٰتَلُونَ بِأَنَّهُمْ ظُلِمُواْ ۚ وَإِنَّ ٱللَّهَ عَلَىٰ نَصْرِهِمْ لَقَدِيرٌ) [الحجّ:39]

74 – سرايا وغزوة أبواء			
	اللفظ	**اردو ترجمہ**	**English Translation**
1	ناوش (مفاعلة)	ضرب لگانا	To hit/scare
2	نَشَاط ج نَشَاطَات	چستی	Activeness
3	تلا (ن) تُلُوّا	پیچھے ہونا	To follow

سَرايا وغزوة أبواء:

وبدأ رسول الله ﷺ يبعثُ سرايا وبُعُوثا إلى بعض القبائل والنّواحي ، ولَمْ تكنْ في غالب الأحيان حَرْبٌ ، وقد تكونُ مُناوشاتٌ وكانتْ تفيد إلقاء الرّعْب في قلوب المشركين وتظهرُ بها شوكةُ المسلمين ونَشَاطُهم

وغزا رسول الله ﷺ بِنَفْسِهِ غزوةَ (الأبواء) وهي أوّلُ غزوةٍ غزاها بنفسِهِ وتلَتْها غزواتٌ وسرايا

فرض صوم رمضان:

وفي السّنة الثانية للهجرة فُرِض الصّوم ، وأنزل اللهُ تعالى: (يَٰٓأَيُّهَا ٱلَّذِينَ ءَامَنُوا۟ كُتِبَ عَلَيْكُمُ ٱلصِّيَامُ كَمَا كُتِبَ عَلَى ٱلَّذِينَ مِن قَبْلِكُمْ لَعَلَّكُمْ تَتَّقُونَ)[البقرة:183]

وقال: (شَهْرُ رَمَضَانَ ٱلَّذِىٓ أُنزِلَ فِيهِ ٱلْقُرْءَانُ هُدًى لِّلنَّاسِ وَبَيِّنَٰتٍ مِّنَ ٱلْهُدَىٰ وَٱلْفُرْقَانِ ۚ فَمَن شَهِدَ مِنكُمُ ٱلشَّهْرَ فَلْيَصُمْهُ)[البقرة:185]

76 – معركة بدر الحاسمة

	اللفظ	اردو ترجمہ	English Translation
1	مَعْرَكَة ومَعْرُكَة ج مَعَارِك	میدان جنگ	Battlefield
2	حسم (ض) حَسْما	جڑ سے کاٹنا، فیصلہ کن ہونا	To cut off
3	كُبْرَى ج كُبْر وكُبْرَيَات	بڑی	Big
4	جَمْع ج جُمُوْع	جماعت	Group
5	عِيْر ج عِيَرَات وعِيْرَات	قافلہ	Caravan
6	أضعف (إفعال)	کمزور کرنا	To weaken
7	كَتِيْبَة ج كَتَائِب	سواروں کا دستہ	Battalion/cavalry

8	مَرْعَى ج مَرَاعٍ	چراگاه	Field
9	ندب (ن) نَدْبا	برانگیختہ کرنا	To encourage
10	احتفل (افتعال)	جمع ہونا	To gather
11	نَفِيْر ج أَنْفَار	فوج	Army
12	استصرخ (استفعال)	چیخنا	To scream
13	جدّ (ض) جِدّا	تیار ہونا، عزم کرنا	To become prepared

معركة بدرٍ الحاسمة

وفي رمضانِ سنة اثنتين من الهجرةِ ، كانتْ غزوةُ بدرٍ الْكُبْرَى ، وقد سمّى الله هذه المعركةَ بيومِ الفرقان فقال: (إِنْ كُنتُمْ ءَامَنتُم بِاللَّهِ وَمَآ أَنزَلْنَا عَلَىٰ عَبْدِنَا يَوْمَ الْفُرْقَانِ يَوْمَ الْتَقَى الْجَمْعَانِ)[الأنفال:41]

وكان مِنْ خَبَرِ هذه الغزوةِ أنّ رسول الله ﷺ سَمِعَ بأبي سفيان بن حربٍ مُقْبِلًا مِنَ الشّام في عِيْرٍ عظيمة لقريشٍ فيها أموالُهُمْ وتجاراتُهم ، وكانتِ الحربُ قائمةً بينَ المسلمين وبين قريشٍ المشركين وكانت تبذُلُ أموالَها وكلَّ ما تَملِكُهُ في محاربةِ الإسلام وإضعافِ شأنِ المسلمين وكانتْ كتائبُهُمْ تَصِلُ إلى حُدُوْدِ المدينةِ وإلى مراعيها

فَلَمَّا سَمِعَ رسولُ الله ﷺ بأبي سفيانَ مُقْبِلًا مِنَ الشّام على رَأسِ هذه الْعِيْرِ وكان مِنْ أشدِّ النّاسِ عداوةً للإسلام ، ندب رسول الله ﷺ النّاسَ للخروج إليها ، ولم يَحتفِلْ لها احتفالًا بليغًا لأنّ الأمر أمر عِيْرٍ لا نفير

وبلغ أبا سفيانَ مَخْرَجُ رسول الله ﷺ وقَصْدُهُ إيّاه فأرسلَ إلى مكّة مستصْرِخًا لقريش ليمنعُوْهُ مِنَ المسلمين وبَلَغَ الصّريخُ أهل مكّة ، فَجَدَّ جَدُّهُمْ ونهضُوْا مُسْرِعِيْنَ ولم يتخلَّفْ مِنْ أشرافِهِمْ أحدٌ سِوَى أبي لهبٍ ، فإنّه عَوَّضَ عَنْهُ رجلًا

Answering of Ansar & sacrificing themselves in obedience

الهجرة إلى المدينة

77 – تجاوُبُ الأنصارِ وتفانِيهم في الطّاعة

English Translation	اردو ترجمہ	اللفظ	
To sacrifice oneself for	ہلاک کرنا، جان قربان کرنا	تفانى (تفاعل)	1
To intend	مراد لینا	عَنَى (ض) عَنْيًا	2
To explore/examine	تعریض کرنا	عرّض (تفعيل)	3
Bark Al-Gimad	برک الغماد	بَرْكُ الْغِمْدَانِ (بَرْكُ الْغِمَاد)	4
To call on	پیش ہونے کو طلب کرنا	استعرض (استفعال)	5
North	شمال	شَمَال وشِمَال ج شَمَالَات	6
To give good news	خوشخبری دینا	أبشر (إفعال)	7

تجاوُب الأنصار وتفانيهم في الطّاعة:

be truly pledged w him that they will protect him in their houses

reached / intended / consulted / leaving
the Ansar / with his companions

ولَمَّا بَلَغَ رسولَ الله ﷺ خروجُ قريشٍ، استشارَ أصحابَهُ، وكان يعني الأنصارَ لأنَّهم بايعُوهُ على

spoke / intended / made firm

أن يمنعُوهُ في ديارِهم، فلَمَّا عَزَمَ على الخروجِ مِنَ المدينةِ أراد أن يعلمَ ما عندهم، فتكلَّم

Ansar understood / said 2nd time / consulted 2nd time / also spoke / good

المهاجرون فأحْسَنُوا، ثمَّ استشارَهم ثانيًا فتكلَّموا أيضًا فأحسنُوا، ثمَّ استشارَهم ثالثًا ففهمتِ

went first / that he meant

الأنصارُ أنَّه يعنيهم، فبادَرَ سعدُ بنُ معاذٍ ﷺ، فقال: يا رسولَ الله! كأنَّك تعرِّضُ بنا، لعلَّك

than Ansar / right upon them / I'm speaking / been on their / that they only assist in their house

تَخشى أن تكونَ الأنصارُ ترى حقًّا عليها أن لا تنصرَكَ إلّا في ديارِهم، إنِّي أقولُ عن الأنصارِ

وأجيبُ عنهم: فاظْعَنْ حيث شِئْتَ وصِلْ حَبْلَ مَنْ شِئْتَ واقْطَعْ حبلَ مَنْ شِئْتَ وخُذْ مِنْ أموالِنا

ما شِئْتَ وأعطِنا ما شِئْتَ وما أخذتَ مِنّا كان أحبَّ إلينا مِمَّا تَرَكْتَ وما أمرْتَ فيه مِنْ أمرٍ،

فأمرُنا تبعٌ لأمرِكَ فواللهِ لئن سِرْتَ حتَّى تبلغَ البركَ مِنْ غَمْدانَ[33] لنسيرنَّ معك واللهِ لئن

---

[33] Bark al-Gimad is approximately 300 kilometres distance from Makkah in the South-west direction (very close to Yemen) and the Red Sea. It is currently within the borders of Saudi Arabia, however, very close to Yemen. Bark al-Gimad is very close to al-Qunfudhah (approximately 130 kilometres); one of the largest cities within the Makkah Province of Saudi Arabia. Also, al-Qunfudhah is a large

استعرَضْتَ بنا هذا البحرَ ، خُضْناه معك

وقال له المقداد: لا نقول لكَ كما قال قومُ موسى لموسى عليه السلام: (فَاذْهَبْ اَنْتَ وَ رَبُّكَ فَقَاتِلَآ اِنَّا هٰهُنَا قٰعِدُوْنَ)[المائدة:24] ولكنّا نقاتل عن يمينكَ وعن شمالك ومِنْ بين يديكَ ومِنْ خلفِكَ

فلمّا سمع رسولُ الله ﷺ أشرقَ وجهُهُ وسُرَّ بما سمع مِن أصحابه وقال: سِيْرُوْا وأبْشِرُوا

78 – تنافس الغلمان في الجهاد والشهادة			
English Translation	**اردو ترجمہ**	**اللفظ**	
To compete	مقابلہ کرنا، رغبت کرنا	تنافس (تفاعل)	1
To hide	چھپنا	توارى (تفاعل)	2
To permit	اجازت دینا	أجاز (إفعال)	3
To be soft	نرم ہونا	رقّ (ض) رِقًا	4

تنافس الغلمان في الجهاد والشهادة:

ولَمَّا توجّه المسلمون إلى بدرٍ ، خرج غلامٌ اسمهُ عمير بن أبي وقّاص وهو في السادسةِ عشرةَ مِنْ سنّه وكان يخافُ أن لا يقبلَه النبيّ ﷺ لأنّه صغير فكان يجتهد أن لا يراه أحدٌ وكان يتوارى وسأله أخوه الأكبر سعدُ بن أبي وقّاص رضي الله عنه عن ذلك ، فقال: أخافُ أن يردّني رسول الله ﷺ وأنا أحبّ الخروجَ ، لعلَّ اللهَ يرزقني الشهادةَ ، وكان كذلك ، فأراد رسول الله ﷺ أن يردّه لأنّه لم يبلغ

sea port on the Red Sea for Saudi Arabia. Both, Bark al-Gimad and al-Qunfudhah occur in the Tihamah region. Tihamah refers to a strip of land on the western front of Saudi Arabia and Yemen. Bark al-Gimad and al-Qunfudhah located within the Saudi Arabian part of Tihamah.

مبلغَ الرّجال ، فبكى عُمَيْر ﵁ ورقّ له قلْبُ رسولِ الله ﷺ فأجازَه وقُتِلَ شهيدًا في الغزوة

79 – التفاوتُ بين المسلمينَ والكفّارِ في الْعَدَدِ والْعُدَدِ

English Translation	اردو ترجمہ	اللفظ	
To be different	متفاوت ہونا	تفاوت (تفاعل)	1
Preparation	تیاری	عُدَّة ج عُدَد	2
To take turns	باری باری لینا	اعتقب (افتعال)	3
To separate	جدا کرنا	فرق (ن ض) فَرْقا وفُرْقَانا	4
Flag	جھنڈا	رَايَة ج رَايَات رَاي	5
To move to the side	جکنا	خفض (ض) خَفْضا	6
Caravan	قافلہ	عِيْر ج عِيَرَات وعِيْرَات	7
To safeguard	حفاظت کرنا	حرز (ن) حَرْزا	8
Leader	سردار	صِنْدِيْد ج صَنَادِيْد	9
Horseman	گھوڑاسوار	فَارِس ج فُرْسَان وفَوَارِس	10
Liver	کلیجہ	فِلْذ ج أَفْلَاذ	11
Half/part	جزء، نصف	شَطْر ج أشْطُر وشُطُوْر	12
To be generous	سخاوتی کرنا	سمح (ف) سَمْحا	13
Pond/pool	پانی جمع ہونے کی جگہ	حَوْض ج أَحْوَاض وحِيَاض	14
Downpour/heavy rain	تیز بارش	وَبْل ووَابِل	15
To flatten	پیر سے روندنا	وطّأ (تفعيل)	16
To make hard	سخت کرنا	صلّب (تفعيل)	17
Foot	پاوں	قَدَم ج أَقْدَام	18

19	أذهب (إفعال)	لے جانا	To take away
20	رُجْز ورِجْز	گندگی	Dirt/filth

التفاوتُ بين المسلمين والكفّار في الْعَدَدِ والْعُدَدِ:

وخرج رسول الله ﷺ مُسْرِعًا في ثلاثمائة وثلاثةَ عشرَ رجلًا ، لم يكن مَعَهُمْ مِنَ الخيل إلّا فرسان وسبعون بعيرًا ، يَعْتَقِبُ الرجلانِ والثلاثةُ على البعير الواحد ، لا فَرْقَ في ذلك بين جُنْدِيّ وقائدٍ وتابعٍ ومتبوعٍ ، فكان مِنْهُمْ رسول الله ﷺ وأبو بكر وعمر وكبارُ الصّحابة رضي الله عنهم

ودفع اللّواءَ إلى مصعب بن عمير ورَايَةَ المهاجرين إلى عليّ بن أبي طالب وراية الأنصار إلى سَعْد بنِ معاذ

ولَمَّا سمع أبو سفيان خروجَ المسلمين ، خَفَضَ ولحقَ بساحلِ البحر ، ولَمَّا رأى أنّه قد نجا وسلمتْ العيرُ ، كَتَبَ إلى قريش أن ارجعُوْا ، فإنّكُمْ إنّما خرَجْتم لتحرزوا عِيرَكم وهمُّوا بالرّجوع ، فأبى أبو جهلٍ إلّا القتالَ وكانتْ قريش بين ألفٍ وزيادة ، منهم صناديدُ قريش وسادتها وفرسانُها وأبطالُها ، فقال رسول الله ﷺ: هذه مكّةُ قد ألقتْ إليكم أفلاذَ كبدِهَا

وسبق رسول الله ﷺ وأصحابه إلى الماء شطرَ الليلِ ، وصنَعُوا الحياضَ وسَمَحَ رسول الله ﷺ لِمَنْ وردها مِنَ الكفّار بالشّرب

وأنزل الله عزّ وجلّ في تلك الليلة مطرًا ، كان على المشركين وابِلًا شديدًا ، منعَهُمْ من التقدّم ، وكان على المسلمين رحمَةً وطَّأَ الأرض وصلّب الرّملَ وثبّتَ الأقدامَ وربَطَ على قلوبهم وهو قوله تعالى: ﴿وَيُنَزِّلُ عَلَيْكُم مِّنَ السَّمَآءِ مَآءً لِّيُطَهِّرَكُم بِهِۦ وَيُذْهِبَ عَنكُمْ رِجْزَ الشَّيْطَٰنِ وَلِيَرْبِطَ عَلَىٰ قُلُوبِكُمْ وَيُثَبِّتَ بِهِ الْأَقْدَامَ﴾ [الأنفال: 11]

80 – استعداد للمعركة			
English Translation	اردو ترجمہ	اللفظ	
To be prepared	تیار ہونا	استعدّ (استفعال)	1
Bower/tent	جھونپڑی	عَرِيْش ج عُرُش	2
Hillock	چھوٹا ٹیلہ	تَلّ ج تِلَال وتُلُوْل	3
To overlook	بلند ہونا	أشرف (إفعال)	4
Battlefield	میدان جنگ	مَعْرَكَة ومَعْرُكَة ج مَعَارِك	5
To throw down	پچھاڑ دینا	صرع (ف) صَرْعا وصِرْعا ومَصْرَعا	6
Place of killing	پچھاڑنے کی جگہ	مَصْرَع ج مَصَارِع	7
To overstep/exceed	تجاوز کرنا	تعدّى (تفعّل)	8
To see each other	ایک دوسرے کو دیکھنا	تراءى (تفاعل)	9
Group	جماعت	جَمْع ج جُمُوْع	10
Pride	فخر	خُيَلَاء	11
To position/arrange in a line	صفوں میں کھڑا ہونا	اصطفّ (افتعال)	12

استعداد للمعركة:

وبُنِيَ لرسول الله ﷺ عَرِيْشٌ ، يكون فيها على تَلٍّ مُشْرِف على المعركة ، ومَشَى في موضع المعركةِ وجعَلَ يشير بيدِهِ: هذا مصرع فلان ، هذا مصرع فلان ، هذا مصرع فلان إن شاء الله ، فما تعدّى أحد منهم مَوْضع إشارتِهِ

وَلَمَّا طلع المشركون وتراءى الجمعانِ ، قال رسول الله ﷺ: (اللهمّ هذه قريشٌ جاءتْ بخيلائها وفَخْرِها ، جاءتْ تحاربُك وتكذّبُ رسولَكَ) وكانتْ ليلة الجمعة ، السابعَ عشرَ من رمضان ، فَلَمَّا أصبحوا ، أقبلتْ قريشٌ في كتائِبها واصطَفَّ الفريقان

81 – دعاء وتضرّع

English Translation	اردو ترجمه	اللفظ	
To straighten	سیدھا کرنا	عدّل (تفعيل)	1
To supplicate/beseech	گڑگڑا کر دعا کرنا	ابتهل (افتعال)	2
To put an end to/terminate	خلاف فیصلہ کرنا	عقّب (تفعيل)	3
Group	جماعت	عِصَابَة ج عَصَائِب	4
To call	بلانا	هتف (ض) هَتْفا	5
To fulfil	پورا کرنا	أنجز (إفعال)	6
To console	تسلی دینا	سلّى (تفعيل)	7
To have mercy	مہربانی کرنا	أشفق (إفعال)	8

دعاء وتضرّع:

وعدّل رسول الله ﷺ الصّفوف ورجع إلى العريش ، فدخله ومعه أبو بكر رضي الله عنه ورسول الله ﷺ يُكْثِر الابتهال والتضرّع والدّعاء واستغاثَ باللهِ الذي لا مُعقِّبَ لحُكْمِهِ ولا رادّ لقضائِهِ **(وَمَا النَّصْرُ إِلَّا مِنْ عِندِ اللهِ)**[آل عمران:126] ، فقال: (اللهمّ إن تَهلكْ هذه العِصابة ، لا تُعْبَدُ بَعْدَهَا في الأرض) وَجَعَلَ يهتفُ بِرَبِّهِ عزّ وجلّ ويقولُ: (اللهمّ أنجزْ لي ما وعدْتَنِي ، اللهمّ نصرَكَ) ويرفعُ يديه إلى السّماء ، حتّى سقطَ الرّداءُ عن مَنْكبيه وجَعَلَ أبو بكر رضي الله عنه يسلّيه ويُشْفِقُ عليه من كثرةِ الابتهال

الهجرة إلى المدينة

82 – هذان خصمان اختصموا في ربّهم

English Translation	اردو ترجمہ	اللفظ	
Adversary/opponent	مقابل	خَصْم ج خُصُوْم وخِصَام	1
To provoke	برانگیختہ کرنا	حرّض (تفعیل)	2
To sit in the middle	بیچ میں بیٹھنا	توسّط (تفعّل)	3
To fight/combat	مقابلہ پر نکلنا	بارز (مفاعلة)	4
Equal	مماثل، برابر	كُفْء ج أَكْفَاء وكِفَاء	5
To grow old	بوڑھا ہونا	أسنّ (إفعال)	6
To dispute	اختلاف کرنا	اختلف (افتعال)	7
To turn to	لوٹنا، مڑنا	كرّ (ن) كُرُوْرا	8
To finish off/deliver the deathblow to	مار ڈالنا	أجهز (إفعال)	9
To carry	اٹھانا	احتمل (افتعال)	10

هذانِ خصمانِ اختصموا في ربّهم:

ثمّ خرج رسولُ الله ﷺ إلى النّاس، فحرّضَهُمْ على القتال وخرج عتبةُ بن ربيعة وأخوه شيبة وابنُه الوليد،

فلمّا توسّطُوا بين الصّفّين، طلبوا المبارزةَ، فخرجَ إليهم ثلاثةُ فتيةٍ من الأنصار

فقالوا: مَنْ أنتم!

قالوا: رَهْط من الأنصار

قالوا: أكفاءٌ كرامٌ، ولكنْ أَخْرِجوا إلينا من بني عَمّنا

قال النبيّ ﷺ:

- قُمْ يا عبيدةُ بن الحارث (ابن المطّلب بن عبد مناف)

- وقُمْ يا حمزةُ

108

- وقُمْ يا عليُّ

قالوا: نَعَمْ ، أكفاء كرام

وبارز عبيدةُ — وكان أسنّ القوم — عُتْبة

وبارز حمزة شيبة

وبارز عليّ الوليد بن عتبة

فأمّا حمزة وعليّ فلم يُمْهِلا خَصْمَيْهِمَا أن قتلاهما ، واختلف عبيدةُ وعتبةُ بينهما ضربتين كِلاهما أثبتَتْ صاحبَهُ وكرّ حمزة وعليّ بأسيافهما على عتبة فأجهزا عليه واحتملا عُبَيْدة ﷺ وهو جريحٌ ومات شهيدًا

83 – التحامُ الفريقين ونشوبُ الحرب			
English Translation	اردو ترجمہ	اللفظ	
To fight/fuse	لڑنا، جڑ جانا	التحم (افتعال)	1
To be entangled in	چمٹنا	نشب (س) نَشَبا ونُشُوْبا ونُشْبَة	2
To come closer to each other	بعض کا بعض کی طرف جانا	تزاحف (تفاعل)	3
Width	وسعت	عَرْض ج عُرُوْض وأَعْرَاض	4
Heavens	آسمان	سَمَاء ج سَمَاوَات	5

التحامُ الفريقين ونشوبُ الحرب:

وتزاحفَ النّاسُ ودنا بعضُهُمْ من بعضٍ ودنا المشركون فقال رسول الله ﷺ: (قُوْمُوْا إلى جنّة عرضُهَا السّموات والأرض)

84 - أوّل قتيل			
	اللفظ	اردو ترجمہ	English Translation
1	قَتِيْل ج قَتْلَى وقُتَلَاء	مقتول	Killed
2	بَخ (هو اسم الفعل) يستعمل لإظهار الفرح	خوشنودی کے اظہار کے لئے	Expression at the time of happiness
3	تَمْر ج تُمُوْر (تَمْرَة ج تَمَرَات)	خشک کھجور	Dry dates
4	قَرْن ج قُرُوْن وقِرَان	غلاف،برتن	Cover/pot
5	صافّ (مفاعلة)	صف میں کھڑا ہونا	To stand in a row

أوّل قتيل:

وقام عُمير بن الحمام الأنصاريّ ، فقال: يا رسول الله! جَنَّة عرضها السموات والأرض؟

قال: نعم

قال: بخٍ بَخٍ يا رسول الله!

قال: ما يحملكَ على قولك: بَخٍ بَخٍ؟

قال: لا والله يا رسول اللهِ إلّا رجاءَ أن أكونَ مِنْ أهلها

قال: فإنّك مِنْ أهلها ، فأخرجَ تمراتٍ من قرنِهِ ، فجعَلَ يأكل منهنّ

ثمّ قال: لئن حَيِيْتُ حتّى آكل من تمراتي هذه ، إنّها لحياة طويلة

فَرَمَى بما كانَ مَعَهُ مِنَ التّمر ، ثمّ قاتلَ حتّى قُتِلَ ، فكانَ أوّل قتيلٍ

والنّاسُ على مصافّهم ، صابرون ذاكرون اللهَ كثيرًا ، وقاتل رسولُ الله ﷺ قتالًا شديدًا وكان أقربَ النّاس مِنَ العدوّ وكان مِنْ أشدّ النّاس يومئذٍ بأسًا ونزل الملائكةُ بالرّحمة والنصر وقاتلوا المشركين

85 – مسابقة الإخوة الأشقّاء في قتل أعداء الله ورسوله

English Translation	اردو ترجمہ	اللفظ	
To compete	مقابلہ کرنا	سابق (مفاعلة)	1
Full brother	سگا بھائی	شَقِيْق ج أَشِقَّاء	2
To run	دوڑنا	شدّ (ض) شِدَّة	3
Falcon/hawk	شکرا، شکاری پرندہ	صَقْر ج صُقُوْر	4

مسابقةُ الإخوةِ الأشقّاءِ في قتلِ أعداءِ الله ورسولِه ﷺ:

وتسابق الشّبابُ في الشهادةِ ونيل السّعادةِ وكانتْ مسابقةٌ بينَ أخلّاء وأصدقاءِ وإخوةٍ أشقّاء

يقول عبدُ الرحمن بن عوف: (إنّي لفي الصّفّ يومَ بدرٍ ، إذ التفتُّ فإذا عن يميني وعن يساري

فتيان حديثا السّنّ ، فكأنّي لم آمنْ بمكانهما ، إذ قال لي أحدُهُما سِرًّا من صاحبِه: يا عَمّ أرني أبا

جهل ، فَقُلْتُ: يا ابنَ أخي ما تصنعُ به؟

قال: عاهدْتُ الله إن رأيتُهُ أن أقتله أو أموت دونه

وقال لي الآخر: سِرًّا من صاحبه مثله ، قال: (فما سرَّني أنّي بين رَجلينِ مكانهما ، فأشرْتُ لهما

إليه ، فشدَّا عليه مِثْلَ الصَّقْرَيْن حتّى ضرباه

ولَمَّا قُتِلَ أبو جهل قال رسول الله ﷺ: (هذا أبو جَهْلٍ فرعونُ هذه الأمّة)

86 – الفتح المبينُ

English Translation	اردو ترجمہ	اللفظ	
To become apparent	کھلنا، لڑائی کا سخت ہونا	أسفر (إفعال)	1
To overpower	غالب ہونا	انتصر (افتعال)	2
To be defeated	شکستی کھانا	هزم (ض) هَزِيْمَة	3

To be low	ذلیل ہونا	ذلّ (ض) ذُلّا وذِلّة وذَلَالَة (الصفة: ذَلِيْل ج أذِلّاء وأذِلّة)	4
Killed	مقتول	قَتِيْل ج قَتْلَى وقُتَلاء	5
Well	کنواں	قَلِيْب ج قُلْب وقُلُب وأقْلِبَة	6
Leader	سردار	سَرَاة ج سَرَوَات	7
Captive	قیدی	أسِيْر ج أَسْرَى وأُسَرَاء وأُسَارَى وأَسَارَى	8
Accept advice (regarding)	وصیت کو قبول کرنا	استوصى (استفعال)	9

الفتح المبينُ:

ولَمَّا أسفرَتِ الحربُ عن انتصار المسلمينَ وهَزِيمةِ المشركين

قال رسول الله ﷺ: الله أكبرُ ، الحمد للهِ الذي صَدَقَ وَعْدَهُ ونصرَ عبدَهُ وهزمَ الأحزاب وحده

وصدق الله العظيم: (وَ لَقَدۡ نَصَرَكُمُ اللّٰهُ بِبَدۡرٍ وَّ اَنۡتُمۡ اَذِلَّةٌ ۚ فَاتَّقُوا اللّٰهَ لَعَلَّكُمۡ تَشۡكُرُوۡنَ)[آل عمران:123]

وأمرَ بالْقَتْلَى أن يُطرَحُوْا في القليب ، فطُرِحُوْا فيه ووَقَفَ عليهم ، فقال: (يا أهل القليب! هل وجدْتُمْ ما وعد ربُّكُمْ حقّا؟ فإنّي قد وجدتُ ما وعدني ربّي حقّا)

وقُتِلَ من سَرَاةِ الكفّار يومَ بدر سبعون وأُسِرَ سبعون ، ومن المسلمين من قريش ستّةٌ ومن الأنصار ثمانية

وفرّق رسول الله ﷺ الأسارى بين أصحابِه وقال: اسْتَوصُوا بهم خيرا

87 – وقع معركة بدر

English Translation	اردو ترجمہ	اللفظ	
To make triumph over	کامیاب کرانا	ظفّر (تفعيل)	1
To lament/mourn	مردہ پر واویلا کرنا	ناح (ن) نَوْحا ونيَاحا ونِيَاحَة	2

وقع معرَكة بدر:

وتوجّه رسول الله ﷺ إلى المدينة مُؤَيَّدًا مُظَفَّرًا وقد خافَهُ كلّ عَدُوٍّ له بالمدينةِ وَحَوْلَها وأسلم بَشَرٌ كثيرٌ من أهل المدينة

ووقعتِ النياحةُ في بيوتِ المشركينَ بِمَكَّةَ وكثُر البكاء على القتلى ودخل الرّعب في قلوب الأعداء

88 – تعليم غلمان المسلمين فداء الأسرى

English Translation	اردو ترجمہ	اللفظ	
To release	چھوڑنا	سرّح (تفعيل)	1
Release (with ease)	آسانی	سَرَاح	2
To besiege	محاصرہ کرنا	حاصر (مفاعلة)	3
Ally	حلیف	حَلِيْف ج حُلَفَاء	4
Goldsmith	سنار	صَائِغ ج صَاغَة وصُوَّاغ	5

تعليم غلمانِ المسلمين فداءَ الأسرى:

وعفا رسول الله ﷺ عن الأسرى وقَبِلَ منهم الفِدَاءَ وكان مَنْ لا شيءَ له مَنَّ عليه رسولُ الله ﷺ فأطلقه وبَعَثَتْ قريشٌ في فداءِ الأسارى فأُطْلِقَ سراحُهُمْ

الهجرة إلى المدينة

وكان من الأسرى مَنْ لم يكنْ لهم فداءٌ، فجعل رسول الله ﷺ فداءهم أن يعلّموا أولاد الأنصار الكتابةَ، فيُعلِّمُ كلُّ واحدٍ عشرةً من المسلمين الكتابةَ وكان زيدُ بن ثابتٍ ممَّن تعلم هذا الطَّريق

وكان بنو قينقاعٍ أوّلَ يهودٍ نقضُوا ما بينهم وبين رسول الله ﷺ وحاربُوه وآذوا المسلمين فحاصرَهُم رسول الله ﷺ خمسَ عشرةَ ليلةً حتَّى نزلوا على حُكمِهِ وشفَعَ فيهم حليفُهُم عبد الله بن أُبيِّ رأسُ المنافقين فأطلقهم له رسولُ الله ﷺ وكانوا سَبعمائةِ مقاتلٍ وكانوا صاغةً وتُجَّاراً

(Handwritten annotations: teaches children of / their ransom / made / those who had no ransom / from those who learnt / reading / each one of them would teach 10 to read & write / write / broke between / so he surrounded / fought him / first jews / interceded for them / until they surrendered to his rulings / 14 nts / leader / they were goldsmiths & businessmen / 700 fighters / released them for)

غزوة أحد

English Translation	اردو ترجمہ	اللفظ	
		89 - الحميّة الجاهليّة وأخذ الثأر	
Blood revenge	خون کا بدلہ	ثَأْر ج أَثْآر وثَآئِر	1
Group	جماعت	فَلّ ج فُلُول وفِلَال	2
To be jealous of	غیرت کھانا	غار (س) غَيْرَة وغَيْرا (الصفة: غَيْران وغَيُور ومِغْيَار المؤنث: غَيُور وغَيْرى ج غَيَارى)	3
To be midway	آدھے تک پہنچنا	انتصف (افتعال)	4
Shawwal	شوال، قمری سال کا دسواں مہینہ	شَوَّال ج شَوَّالَات ج شَوَاوِيل	5
To arrive/face	سامنے ہونا	قابل (مفاعلة)	6
To pass by/miss	گذرنا، وقت جاتا رہنا	فات (ن) فَوْتا وفَوَاتا	7
To be a coward	بزدل ہونا	جبن (ن) جُبْنا	8
Aegis/armour	زرہ	لَأْمَة ج لَأْم ولُؤَم	9
To choose	اختیار کرنا	اقترح (افتعال)	10
To force	مجبور کرنا	استكره (استفعال)	11

Round	چکّر	شَوْط ج أَشْوَاط	12
To cut off/stop	رک جانا	انخزل (انفعال)	13

غزوة أحد

الحميّة الجاهليّة وأخذ الثأر:

لَمَّا أُصِيْبَ صناديد قريش يومَ بدرٍ ورجع فَلُّهُمْ إلى مكّة عَظُمَ المصاب عليهم ومشى رجال أصيب آباؤهم وأبناؤهم وإخوانهم فكلّموا أبا سفيان ومَنْ كانت له في تلك العير تجارة فاستعانوا بهذا المال على حَرْبِ المسلمين فَفَعَلُوْا واجتمعَتْ قريشٌ لحربِ رسول الله ﷺ وحرَّض الشعراء النّاسَ بشِعْرهم وأثارُوا فيهم الْغَيْرَةَ والحميّة

وخرجَتْ قريشٌ في مُنْتَصف شوّال سنة ثلاثٍ للهجرة بأبنائها ومَنْ تابعها من القبائل وخرجَ سادَةُ قريش بأزواجهم وأقبلُوْا حتّى نزلوا مُقابلَ المدينةِ

وكان مِنْ رأي رسول الله ﷺ أن يقيمَ المسلمون بالمدينة ويَدَعُوْهُمْ ، فإن دخلوا عليهم قاتَلُوْهُمْ فيها ، وكان رسول الله ﷺ يكره الخروجَ ، وكان رأي عبد الله بن أبيّ ما رأى رسولُ الله ﷺ

فقال رجال من المسلمين مِمَّنْ كان فاتَهُ بدر: يا رسول الله ﷺ ، اخرُجْ بنا إلى أعدائنا لا يرونا أنّا جبُنّا عنهم وضَعُفْنَا ، فلم يزالوا برسول الله ﷺ حتّى دخل رسول الله ﷺ بيْتَهُ ، فَلَبِسَ لأمَتَهُ ونَدِمَ الَّذِيْنَ اقترحُوْا الخروجَ

فقالوا: استكرهناكَ يا رسول الله! ولم يكن ذلك لنا ، فإن شئتَ فاقعُدْ صلّى الله عليك

فقال رسول الله ﷺ: ما ينبغي لنبيّ إذا لبس لأمته أن يضعَهَا حتّى يقاتِلَ

وخرج رسول الله ﷺ في ألف مِنْ أصحابه ، فَلَمَّا كانُوا بالشّوط بين المدينة وأُحُدٍ ، انخَزَلَ عنه عبد الله بن أبيّ بثلث النّاس ، وقال: أطاعهُمْ وعَصَانِيْ

90 – في ميدان أُحُدٍ			
English Translation	**اردو ترجمہ**	**اللفظ**	
Kilo (metre)	کیلو میٹر	كِيْلُوْ	1
Back	پیٹھ	ظَهْر ج أَظْهُر وظُهُوْر وظُهْرَان	2
Army	لشکر	عَسْكَر ج عَسَاكِر	3
To be ready	تیار ہونا	تعبّأ (تفعّل)	4
Thrower	پھینکنے والا	رَامِيْ ج رُمَاة ورَامُوْنَ	5
Arrow/dart	تیر	نَبْل ج نِبَال وأَنْبَال ونُبْلَان	6
To grab	چھین لینا	تخطّف (تفعّل)	7

في ميدان أُحُدٍ:

ومضى رسول الله ﷺ حتّى نزل الشّعب مِنْ أُحُد ، وهو جبلٌ على نَحْوِ (3) كيلو من المدينة وجعل ظَهْرَهُ وعسكرَهُ إلى أُحُد ، وقال: لا يقاتلَنَّ أحد منكم حتّى نأمرَهُ بالقتال وتعبَّأ رسول الله ﷺ للقتال وهو في سبعمائة رجلٍ وأمّر على الرّماةِ عبدَ الله بن جُبَيْرٍ رضي الله عنه وهم خمسُوْنَ رَجُلًا ، فقال: ادْفَعِ الخيلَ عَنّا بالنّبلِ ، لا يأتُوْنا مِنْ خَلْفِنَا إن كانت لنا أو علَيْنَا وأمرهم بأن يلزمُوْا مَرْكَزَهُمْ وأن لا يفارقُوْه ولو رأوا الطّير تتخطّفُ الْعَسْكَرَ ولَبِسَ دِرْعًا فوق دِرْعٍ ودفعَ اللّواءَ إلى مصعب بن عمير رضي الله عنه

91 – مسابقة بين أتراب			
English Translation	**اردو ترجمہ**	**اللفظ**	
Companion/comrade	ہم عمر	تِرْب ج أَتْرَاب	1
To battle	لڑائی کرنا	صارع (مفاعلة)	2

مسابقة بين أتراب:

وردّ رسول الله ﷺ جَماعَةً مِنَ الْغِلْمَان يوم أُحُدٍ لِصِغَرِهِمْ وردّ رسول الله ﷺ سَمُرَة بن جُنْدُب ورافع بن خَدِيْج رضي الله عنهما وهما ابنا خمس عشرة سنة ، وشفع أبو رافع لابنه ، وقال: يا رسول الله! إنّ ابني رافعا رامٍ فأجازه النبيّ ﷺ

وعُرِضَ على رسول الله ﷺ سمرة بن جُنْدُب وهو في سنّ رافعٍ وردّه رسول الله ﷺ لصغره ، فقال سَمُرَة: لَقَدْ أجزْتَ رافعا ورَدَدْتَنِيْ ولو صارعْتُهُ لصرعْتُهُ ، ووَقَعَتِ المصارعة بينهما فصرع سمرة رافعا فأُجِيْز وخرج وقاتلَ يوم أُحُد

	اللفظ	اردو ترجمہ	English Translation
	92 – المعركة		
1	دُفّ ج دُفُوْف	دف ، ایک قسم کے باجہ کا نام	Tambourine
2	أمعن (إفعال)	گس جانا	To force into
3	حَرْبَة ج حِرَاب	چھوٹا نیزہ	Bayonet
4	أبلى (إفعال)	شجاعت ظاہر کرنا، عذر پیش کرنا	To show bravery
5	حسن (ك ن) حَسْنًا (الصفة: حَسَن ج حِسَان) (المؤنث: حَسَنَة وحَسْنَاء ج حِسَان وحَسَنَات)	خوبصورت ہونا	To be handsome

المعركة:

والتقى النّاس ودنا بعضُهُمْ من بعضٍ وقامتْ هند بنت عتبة في النّسوة وأخَذْنَ الدّفُوْفَ يَضْرِبْنَ بها خَلْفَ الرّجال يحرّضْنَهُمْ واقتتَلَ النّاسُ حتّى حميَتِ الحربُ وقاتلَ أبو دُجانَةَ الّذِيْ أخَذَ السَّيْفَ مِنْ رسول الله ﷺ ووَعَدَهُ بأنّه يأخذه بحَقّهِ حتّى أمعنَ في النّاسِ وجَعَلَ لا يلقى أحَدًا إلّا قَتَلَهُ

وقاتلَ حمزةُ بنُ عبد المطّلب ؓ قِتَالًا شديدًا وقتلَ عَدَدًا من الأبطالِ لا يقفُ أمامه شيءٌ ، وكان وحشيٌّ غلامُ جُبَيْرِ بْنِ مُطْعِم له بالمرصادِ ، وكان يقذف بحربةٍ له ، قَلَّمَا يُخطئُ لها شيئا وَوَعَدَهُ جُبَيْرٌ بالْعتْق إنْ قَتَلَ حمزة وقد قتلَ عَمَّهُ طُعَيْمَةَ يَوْمَ بَدْرٍ ، وكانتْ هندُ زوج أبي سفيان تُحَرِّضُهُ كذلك على قَتْلِ حمزَةَ وشفَاءِ نفسِهَا ، وحَمَلَ وَحْشِيٌّ على حمزَةَ بِحَرْبَتِهِ ، فَدَفَعَهَا عَلَيْهِ حتّى خرجَتْ مِنْ بَيْنِ رِجْلَيْهِ فَوَقَعَ شَهِيْدًا

وقاتلَ مُصْعَبُ بْنُ عُمَيْرٍ ؓ دُوْنَ رسول الله ﷺ حتّى قُتِلَ وأبلى المسلمونَ بلاءً حسنًا

93 – غلبة المسلمين			
English Translation	اردو ترجمہ	اللفظ	
To gather	جمع کرنا	شمّر (تفعيل)	1
To flee	بھاگنا	هَارِب	2

غلبة المسلمين:

وأنزل الله تعالى نَصْرَهُ عليهم وصَدَقَهُمْ وَعْدَهُ حتّى كَشَفُوْا المشركين عن الْعَسْكَرِ وكانتِ الهزيمةُ لا شكَّ فيهَا وَوَلَّتِ النِّسَاء مشمِّرَاتٍ هواربَ

94 – كيف دارتِ الدّائرة على المسلمين			
English Translation	اردو ترجمہ	اللفظ	
To turn	گھومنا ، پلٹنا	دار (ن) دَوْرا ودَوَرَانا	1
Circle/calamity	مصیبت	دَائِرَة	2
To lose	شکست کھانا	انهزم (انفعال)	3

Victory	مدد	فَتْح ج فُتُوْح	4
Spoil	مال غنیمت	غَنِيْمَة ج غَنَائِم	5
Border/port/mountain	سرحد، پہاڑ	ثَغْر ج ثُغُوْر	6
To return	لوٹنا	تراجع (تفاعل)	7
To return	لوٹنا	كرّ (ن) كُرُوْرا	8
To seize the opportunity	غنیمت جاننا	انتهز (افتعال)	9
To test	آزمائش کرنا	محّص (تفعيل)	10
To become clear	خالص ہونا	خلص (ن) خُلُوْصا	11
Side	جانب	شِقّ	12
(Lateral) incisor	سامنے کے چار دانتوں	رَبَاعِيَة ج رَبَاعِيَات	13
To injure	زخمی کرنا	جرح (ف) جَرْحا	14
Lip	ہونٹ	شَفَة وشِفَة ج شِفَاه	15
To wipe	پونچھنا	مسح (ف) مَسْحا	16
To dye	رنگین کرنا	خضب (ض) خَضْبا	17
To suck	چوسنا	مصّ (س ن) مَصّا	18
To swallow	نگلنا	ابتلع (افتعال)	19
To roam	چکر لگانا	جال (ن) جَوْلا وجَوْلَانا	20
To re-start	از سر نو کرنا	استأنف (استفعال)	21
To breakdown/get defeated	ذلیل ہونا	نكس (ن) نَكْسا	22
To slip	پھسل کر گرنا	زلّ (ض س) زَلّا وزَلَلا	23
Second	لمحہ	لَحْظَة ج لَحَظَات	24
To empty/leave	خالی کرنا	أخلى (إفعال)	25

26	جَبْهَة ج جِباه وجَبَهَات	پیشانی	Front
27	عيّن (تفعيل)	خاص کرنا	To appoint
28	حسّ (ن) حَسّا	قتل کرنا ، جڑ سے اکھیڑنا	To kill/destroy
92	فشل (س) فَشَلا	کمزور ہونا، بزدل ہونا	To become unsuccessful/ become fearful
30	تنازع (تفاعل)	جھگڑا کرنا	To dispute

كيف دارتِ الدّائرة على المسلمين:

وبينما هُمْ كذلك إذِ انهزمَ المشركونَ وولَّوْا مُدْبِرِيْنَ حتّى انتهَوْا إلى نسائِهِمْ ، فَلَمَّا رأى الرماة ذلك مالُوْا إلى العسكر وهُمْ مُوْقِنُوْن بالفتح ، وقالُوا: يا قومُ! الغنيمةَ الغنيمةَ ، فذكَّرَهُمْ أميرُهُمْ عهدَ رسول الله ﷺ فَلَمْ يسمَعُوْا وظنُّوا أن ليس للمشركين رجعةٌ فأخْلوا الثغْرَ وخلَّوْا ظهورَ المسلمين إلى الخيل وأصِيب أصحابُ لواءِ المشركين حتّى ما يدنُو منهُ أحدٌ من القومِ فأتاهم المشركونَ مِنْ خلفهم وصرخ صارخٌ: (ألا! إنّ محمّدا قد قُتِلَ) فتراجعَ المسلمونَ وكرَّ المشرِكُوْنَ كرَّةً وانتهزوا الفرصةَ وكان يوم بلاء وتمحيصٍ وخلَصَ العدوّ إلى رسول الله ﷺ وأصابته الحجارة حتّى وقع لشقّه وأصيبت رباعيته وشُجّ في وجهه وجُرِحَتْ شَفَتُهُ ﷺ وجعل الدّمُ يسيل على وجهِهِ فيمسحُهُ ويقولُ: كيف يُفْلِحُ قوم خضبُوا وَجْهَ نبيِّهِمْ وهو يدعُوهم إلى ربّهم!

ولا يعلم المسلمون بمكانه فأخذ عليّ بن أبي طالب رضي الله عنه بيد رسول الله ﷺ ورفعه طلحةُ بنُ عبيد الله رضي الله عنه حتّى استوى قائمًا ومَصَّ مالكُ بن سِنَانٍ الدّمَ عَنْ وجهِهِ ﷺ وابتلعَهُ

ولم تكن فرّة ، إنّما كانتْ جولةً يضْطرّ إليها الجيش ثمّ يستأنف كرّة

وما أصاب المسلمينَ من نكسةٍ ومحنةٍ وما أصيبُوا به من خسارةٍ في النّفوس وشهادة من كان قوّة للإسلام والمسلمين وناصرًا لرسول الله ﷺ وللدّين ، إنّما كان نتيجةَ زلّةٍ للرّماةِ وعدمِ تمسّكِهِمْ بتعاليم الرسول ﷺ وأمْرِهِ إلى اللّحظة الأخيرة وإخلائهم للجبهة التي عيّنهم رسول الله ﷺ عليها

الهجرة إلى المدينة

(handwritten annotations above Arabic text:)
- until u became weak
- when u kill them w his perm
- indeed Allah has fulfilled his promise upon you
- that is when Allah s/a

وهو قوله تعالى: (وَلَقَدْ صَدَقَكُمُ اللَّهُ وَعْدَهُ إِذْ تَحُسُّونَهُم بِإِذْنِهِ ۖ حَتَّىٰ إِذَا فَشِلْتُمْ وَ

from some of those that wanted — And u disobeyed what he loved — and u disputed in the matter

تَنَازَعْتُمْ فِي الْأَمْرِ وَعَصَيْتُم مِّن بَعْدِ مَا أَرَاكُم مَّا تُحِبُّونَ ۚ مِنكُم مَّن يُرِيدُ الدُّنْيَا وَ

indeed he has overlooked your mistakes — then he turned u away from them

مِنكُم مَّن يُرِيدُ الْآخِرَةَ ۚ ثُمَّ صَرَفَكُمْ عَنْهُمْ لِيَبْتَلِيَكُمْ ۖ وَلَقَدْ عَفَا عَنكُمْ ۗ وَاللَّهُ ذُو

Allah is virtuous upon the believers

فَضْلٍ عَلَى الْمُؤْمِنِينَ) [آل عمران:152]

95 – روائع من الحبّ والفداء

English Translation	اردو ترجمہ	اللفظ	
Dazzling/admirable	تعجب میں ڈالنا	رَائِع ج رَائِعُونَ ورُوَّع (المؤنث: رَائِعَة ج رَوَائِع ورُوَّع)	1
(Central) incisor	سامنے کے دو دو دانت	ثَنِيَّة ج ثَنَايَا	2
To provide a shield	ڈھال پہنانا	ترّس (تفعیل)	3
To turn	مڑنا	انحنی (انفعال)	4
To give	دینا	ناول (مفاعلة)	5
Cheek	رخسارہ	وَجْنَة ووِجْنَة ووُجْنَة ج وَجَنَات	6
To sharpen	تیز کرنا	حدّ (ن ض) حدّا	7
To fight	مارنا	جالد (مفاعلة)	8
To become paralysed	لنجا ہونا	شلّ (س) شَلًّا وشَلَلًا	9
Injury/surgery	زخم	جِرَاحَة ج جِرَاح وجِرَاحَات	10
To come close	وقت کا قریب آنا	حان (ض) حَيْنًا وحَيْنُونَة	11
Praising of something	چیز کی خوبی	وَاهٍ ووَاهَ ووَاهًا	12

Sister	بہن	أُخْت ج أَخَوَات	13
Fingertips	پورے	بَنَان	14
To make a cushion	کسی کو تکیہ دینا	وسّد (تفعیل)	15
Cheek	رخسارہ	خَدّ ج خُدُود	16
To limp/hobble	لنگڑا ہونا	عرج (ف س) عَرَجا (الصفة: أَعْرَج ج عُرْج وعُرْجان وهي عَرْجاء)	17
License/leave	تخفیف، آسانی	رُخْصَة ورُخُصَة	18
To kill	قتل کرنا	استشهد (استفعال)	19
To leave	چھوڑنا	ودع (ف) وَدْعا	20
Breath	سانس	رَمَق ج أَرْمَاق	21
Shaft/spear	نیزہ	رُمْح ج رِمَاح وأَرْمَاح	22
To blink	آنکھ کا پلکنا	طرف (ض) طَرْفا	23
To swear by	حلف اٹھانا، قسم کھانا	أقسم (إفعال)	24
To slit open	پھاڑنا	بقر (ف) بَقْرا	25
To amputate/Cut off	کاٹنا	جدع (ف) جَدْعا	26

admirable works of love & sacrifice

روائعُ من الحبّ والفداء:

One of his front tooth fell out — one of the links from face — removed

نزع أبو عبيدة بنُ الجراح إحدى الحلقتين من وجه رسول الله ﷺ فسقطتْ ثنيّتُهُ ونزعَ الأخرى

he was bending over him — arrows went into his back — in front of — made himself a shield

فسقطتْ ثنيّتُهُ الأخرى فكانَ ساقطَ الثنيّتين وترّسَ أبو دجانة بنفسِه دُونَ رسول الله ﷺ يقع النبل في ظهره وهو مُنْحَنٍ عليه حتى كثُر فيه

may my parents be sacrificed upon you — handed the arrows to him — on side of — النّبلُ — Shot arrows

ورمى سعدُ بن أبي وقّاصٍ دُونَ رسول الله ﷺ ويناوِلُهُ رسولُ الله ﷺ النبلَ ويقول: ارمِ فداك أبي

وأمّي

وأصيبَتْ عَيْنُ قتادَةَ بن النّعمان حتّى وقعَتْ على وجْنَتِهِ فَرَدَّها رسول الله ﷺ بِيَدِهِ فَكَانَتْ أحسنَهُمَا وأحَدَّهُمَا

وقصده المشركون يريدون ما يأباه اللهُ فَحَالَ دُوْنَهُ نفرٌ نحو عشرةٍ حتّى قُتِلُوْا عن آخرهم وجالَدَهُمْ طلحةُ بن عُبَيْد الله ، ترّسَ عليه بيَدِهِ يقي بها رسول الله ﷺ فأصيبتْ أناملُهُ وشُلَّتْ يده

وأراد رسول الله ﷺ أن يعلوَ صخرةً هنالك ، فلم يستطعْ لما به مِنَ الجراح والضّعف فجلس طلحةُ تحته ، حتّى صَعِدَهَا وحانتِ الصّلاة فصلّى بهم جالسًا

ولَمَّا انهزم النّاسُ لم ينهزمْ أنس بنُ النّضر – عمّ أنس بن مالك خادم رسول الله ﷺ – وتقدّم فلقيه سعدُ بن معاذ فقال: أينَ يا أبا عمر! فقال أنسٌ: واهًا لريحِ الجنّة ، يا سعدُ إنّي أجدُهَا دُوْنَ أُحُد

وانتهى أنس بن النّضر إلى رجال من المهاجرين والأنصار وقد ألقوا بأيديهم ، فقال: ما يُجْلِسُكُمْ؟

قالوا: قُتِل رسول الله ﷺ

فقال: فماذا تَصْنَعُوْنَ بالحياة بَعْدَه؟ قُوْمُوْا فَمُوْتُوْا على ما مات عليه رسول الله ﷺ ، ثمّ استقبل القومَ فَقَاتَلَ حتّى قُتِلَ

يقولُ أنس رضي الله عنه: لقد وَجَدْنَا بِهِ يومئذٍ سبعين ضَرْبَةً ، فمَا عرَفَهُ إلّا أُخْتُهُ ، عرَفَتْهُ ببنانه

وقاتل زياد بن السّكن في خمسةٍ مِنَ الأنصارِ دُوْنَ رسول الله ﷺ يقتلون دُوْنَهُ رجلًا ثمّ رجلًا ، فقاتل زيادُ حتّى أثبتته الجراحةُ ، فقال رسول الله ﷺ: أَدْنُوْهُ مِنّي ، فأدْنَوْهُ منه فوسَّدَهُ قَدَمه فمات وَخَدُّهُ على قَدَم رسول الله ﷺ

وكان عمرو بن الجموح أعرج شديد العرج وكان له أربعة أبناءٍ شباب يغزونَ مع رسول الله ﷺ فَلَمَّا توجّه إلى أُحُد ، أراد أن يخرجَ مَعَهُ ، فقال له بَنُوْهُ: إنّ اللهَ قد جَعَل لك رُخْصَةً ، فلو قعدْتَ ونحن نكفيك وقد وضع الله عنك الجهاد

فأتى عمرو رسولَ الله ﷺ فقال: إنّ بنيّ هؤلاء يمنعونني أن أجاهدَ معكَ ووالله إنّي لأرجُو أن أستشهد فأطأ بعرجتي هذه في الجنّة فقال له رسول الله ﷺ: أمّا أنْتَ فقد وضع الله عنكَ الجهادَ وقال لبنيه: وما عليكُمْ أن تدعوْهُ ، لعلّ الله يرزقُهُ الشّهادةَ ، فخرج مع رسول الله ﷺ فقُتِل يومَ أُحُدٍ شهيدًا

يقولُ زيد بن ثابتٍ رضي الله عنه بعثني رسول الله ﷺ يومَ أحدٍ أطلبُ سعد بن الرّبيع فقال لي: إنْ رأيته فأقرئْهُ مِنّيْ السَّلام وقُلْ لَهُ: يقول لك رسولُ الله ﷺ كيف تَجِدُكَ؟ قال: فجعلتُ أطوفُ بين القتلى فأتيتُهُ وهو بآخر رمَقٍ وفيه سبعون ضربةً ما بين طعنةٍ برمحٍ وضربة بسيفٍ ورمية بسهم ، فقُلْتُ: يا سعدُ! إنّ رسول الله ﷺ يقرأ عليكَ السّلامَ ويقولُ لكَ: أخبرني كيف تجِدُكَ؟ فقال: وعلى رسولِ الله السّلامُ وقُلْ لَهُ: يا رسول الله ، أجد ريح الجنّة وقُلْ لقومي الأنصار: لا عُذْرَ لَكُمْ عِنْدَ الله ، إن خُلِصَ إلى رسول الله ﷺ وفيْكُمْ عَيْنٌ تطرفُ وفاضَتْ نفسُهُ مِنْ وَقْتِهِ

وقال عبد الله بن جَحْشٍ في ذلك الْيَوْمِ: اللهمّ إِنِّيْ أُقْسِمُ عليْكَ أن ألقى العدوَّ غدًا فيقتلوني ، ثمّ يبقرُوْا بطني ويجدعُوْا أنفي وأذني ثمّ تسألُني فيمَ ذاكَ؟ فأقول: فِيْكَ

96 – عودة المسلمين إلى مركزهم

English Translation	اردو ترجمہ	اللفظ	
To tumble/Roll over	پلٹنا، تصرف کرنا	تقلّب (تفعّل)	1
Leather shield	چمڑے کی بنی ہوئی ڈھال	دَرَقَة ج دَرَق	2
To wash	میل دور کرنا	غسل (ض) غَسْلا وغُسْلا	3
To pour	بہانا ، گرانا	سكب (ن) سَكْبا وتَسْكَابا	4
Shield	ڈھال	مِجَنّ ومِجَنَّة ج مَجَانّ	5
(Straw) mat	چٹائی	حَصِيْر	6

To stick together	چپکانا	ألصق (إفعال)	7
To hold onto	چمٹنا	استمسك (استفعال)	8
Skin/bottle	مشک	قِرْبَة ج قِرَب وقِرْبَات	9
Back/body	پیٹھ، ظاہری حصہ	مَتْن ج مِتَان ومُتُوْن	10
To empty/discharge	خالی کرنا	أفرغ (إفعال)	11
Mouth	منہ	فَم وفُم وفِم ج أَفْوَاه	12
To carry/bring	اٹھانا، کھینچنا	زفر (ض) زَفْرا وزَفِيْرا	13
To mutilate	مثلہ کرنا	مثّل (تفعيل)	14
To mutilate/cut off	کاٹنا	جدّع (تفعيل)	15
To chew	چبانا	مضغ (ف ن) مَضْغا	16
To utter	پھینکنا	لفظ (ض س) لَفْظا	17
Bucket/contest/fight	بڑا ڈول، لڑائی	سَجْل ج سِجَال وسُجُوْل	18

عودة المسلمين إلى مركزهم:

ولَمَّا عرف المسلمون رسول الله ﷺ نهضُوْا بِهِ ونَهَضَ معهُمْ نَحْوَ الشِّعْبِ وأدركَهُ أُبَيّ بنُ خلَف وهو يقول: أي محمّد! لا نَجَوْتُ إن نجوتَ

وقال رسول الله ﷺ: دَعُوْهُ ، فلَمَّا دَنَا تناول رسولُ الله ﷺ الحربةَ مِنْ أَحَد أصحابِهِ ثمّ استقبله وطَعَنَهُ في عُنُقِهِ طعنةً تقلَّبَ بها عن فرسِهِ مرارًا

وخرج عليّ بنُ أبي طالب فملأ دَرَقَتَهُ ماء وغسل عن وجهه الدَّمَ وكَانَتْ فاطِمَةُ بنتُ الرّسول تغسلُهُ وعليّ يسكبُ الماءَ بالمِجَنِّ فَلَمَّا رأتْ فاطمةُ أنَّ الماءَ لا يزيد الدَّم إلّا كثرةً أخذتْ قطعةً مِنْ حصير فأحرقتها وألصقتها فاستمسكَ الدَّمُ

وكانت عائشةُ بنتُ أبي بكر وأمُّ سُلَيْم تنقلان القِرَبَ على مُتُوْنِهِما تُفْرِغانه في أفواه القوم ثمّ

تَرْجعان فتَمْلَأَان ثمّ تجيئان فتُفْرِغَانِهِ في أفواهِ القوم وكانتْ أمُّ سُلَيْطٍ تَزْفِرُ لهما القرب ووقعتْ هندُ بنتُ عتبةَ والنّسوة اللائي معها يمثّلْنَ بالقتْلَى مِنَ المسلمين ، يُجَدِّعْنَ الآذانَ والآنفَ وبقرتْ عن كبدِ حمزة فمضغَتْهَا ، فَلَمْ تَسْتَطِعْ أن تَسِيْغَهَا فلَفَظَتْهَا

وَلَمَّا أراد أبو سفيان الانصراف أشرفَ على الجبل ، ثمّ صَرَخَ بأعلى صوته: إنّ الحربَ سجالٌ ، يومٌ بيومٍ ، اعلُ هُبَلُ ، فقال النبيّ ﷺ: قُمْ يا عمرُ ، فأجبه ، فقُلْ: الله أعلى وأجلّ ، لا سواءَ ، فقتلانا في الجنّة وقتْلَاكُمْ في النّار ، قال أبو سفيان: لَنا العُزَّى ولا عُزَّى لَكُمْ ، قال النبيّ ﷺ: أجِيْبُوْهُ! قالوا: ما نقولُ؟ قال: قُوْلُوْا: الله مولانا ولا مَوْلى لَكُمْ

ولَمَّا انصرفَ ، وانصرَفَ المسلمون ، نادى: (إنّ موعدكُمْ بَدْرٌ للعام القابِلِ) فقال رسول الله ﷺ لرجلٍ مِنْ أصحابِهِ: (قُلْ: نَعَمْ ، هو بيننا وبينَكُمْ مَوْعِدٌ)

وفرغَ النّاسُ لقتْلَاهُمْ وحزنَ رسول الله ﷺ على حَمْزَةَ وكان عَمَّهُ وأخاهُ مِنَ الرَّضَاعَةِ والمقاتِلَ دُوْنَهُ

97 – صبر امرأةٍ مؤمنة

English Translation	اردوترجمہ	اللفظ	
To make someone return	لوٹانا	أرجع (إفعال)	1
To say 'Indeed we belong to Allah, and indeed to Allah we will return'.	إِنَّا لِلّٰهِ وَإِنَّا إِلَيْهِ رَاجِعُوْنَ کہنا	استرجع (استفعال)	2

صبر امرأة مؤمنة:

وأقبلتْ صفيّةُ بنتُ عبد المطّلب لتنظرَ إليْهِ وكان أخاهَا لأبيها وأمّها ، فقال رسول الله ﷺ لابنها الزّبير بن العوّام: اِلْقَهَا ، فأرْجِعْهَا ، لا ترى ما بأَخِيْهَا ، فقال لها: يا أمّه! إنّ رسول الله ﷺ يأمرك أن ترجعي ، قالتْ: وَلِمَ؟ وقد بلغني أن قد مُثِّلَ بأخي ، وذلك في اللهِ لأحتسِبَنَّ ولأَصْبِرَنَّ إن شاء

that he was buried ... *his istaghfar*, *said inna lillah*, *made dua 4 him*, *she gave* ... *commanded* ... *looked @ him*

الله وَأَتَتْهُ ، فنظرتْ إليه وصلَّتْ عليه واسترْجَعَتْ واستغْفَرَتْ له ، ثُمَّ أمر به رسول الله ﷺ فَدُفِنَ

98 – كيف دُفِنَ مُصْعَبُ بنُ عمير وشهداءُ أُحُد

اللفظ	اردو ترجمہ	English Translation
1	كفَّن (تفعيل)	كفن دينا	To bury
2	بُرْد (الواحد: بُرْدَة) ج بُرُد	كالا كمبل	Garment
3	غطَّى (تفعيل)	ڈھانپنا	To cover
4	بدا (ن) بُدُوًّا وبِدَاية	ظاہر ہونا	To become clear
5	رِجل ج أرْجُل	پاوں	Foot
6	إذْخِر ج أذَاخِر	سبز گھاس	Grass
7	لَحْد ولُحْد ج ألْحاد ولُحُود	بغلی قبر	Sepulchre/grave
8	غسَّل (تفعيل)	دھونے میں مبالغہ کرنا	To wash thoroughly

كيف دُفِنَ مُصْعَبُ بنُ عمير وشهداء أُحُد:

وقُتِل مُصْعَب بنُ عمير ، صاحبُ لواء رسول الله ﷺ ومِن أنْعَم فتيانِ قريشٍ قبل الإسلام ، فَكُفِّنَ في بُرْدةٍ ، إن غُطِّيَ رأسُهُ بَدَتْ رِجلاه وإن غُطِّيَ رِجلاه بَدَتْ رأسُه ، فقال النبيُّ ﷺ: غَطُّوا بها رأسَه واجعلوا على رِجْلِه الإذخر

وكان رسول الله ﷺ يجمعُ بين الرَّجلين مِن قَتْلَى أُحُدٍ في ثوبٍ واحدٍ ، ثمَّ يقول: أيُّهُمْ أكثرُ أخْذًا للقرآن ، فإذا أُشِيْرَ له إلى أحدٍ ، قدَّمَه في اللَّحْد ، وقال: أنا شهيدٌ على هؤلاء يوم القيامة وأمر بِدَفْنِهِمْ بدمائِهِم ولم يُصَلِّ عليهم ولم يُغَسِّلُوا

99 - إيثار النساء لرسول الله ﷺ

English Translation	اردو ترجمہ	اللفظ	
To inform of/announce death of	موت کی اطلاع دینا	نعى (ف) نَعْيا ونَعِيّا ونُعْيَانا	1
To show	دکھانا	أرى (إفعال)	2
Small	آسان، چھوٹا	جَلَل	3

إيثار النساء لرسول الله ﷺ:

عاد المسلمون إلى المدينة، فمرّوا بامرأة من بني دينار وقد أُصيب زوجُها وأخوها وأبوها مَعَ رسول الله ﷺ فَلَمَّا نُعُوا لها، قالتْ: فما فَعَلَ رسولُ الله ﷺ؟ قالوا: خَيْرًا يا أمَّ فلانٍ! هو بحمدِ الله كما تُحِبِّينَ، قالتْ: أرونيه حتّى أنظرَ إليه قالتْ: فأُشِيرَ لها إليه حتى إذا رأتْهُ، قالتْ: كلُّ مصيبةٍ بعدك جَلَلٌ.

100 - خروج الرسول ﷺ والمسلمين في أثر العدوّ واستماتتهم في نصرة الرسول ﷺ

English Translation	اردو ترجمہ	اللفظ	
To desire death	موت چاہنا	استمات (استفعال)	1
To curse	ملامت کرنا	تلاوم (تفاعل)	2
Limit/boundary	کنارہ، دھار، تیزی	حَدّ	3
To cut off	کاٹنا	بتر (ن) بَتْرا	4
To weaken/wound	سخت خونریزی کرنا	أثخن (إفعال)	5
To injure	زخمی کرنا	جرح (ف) جَرْحا	6
To kill	قتل کرنا	استشهد (استفعال)	7

خروج الرسول ﷺ والمسلمين في أثر العدوّ واستماتتهم في نصرة الرسول ﷺ:

وتلاومَ المشركون ، وقال بعضُهُمْ لبعضٍ: لم تَصْنَعُوْا شيئا ، أصبْتُمْ بشَوْكَةِ القوم وحدِّهم ثمّ تركْتُمُوْهُمْ ولم تبترُوْهُمْ فأمر رسول الله ﷺ بطلبِ العدوّ

هذا ، والمسلمون مُثْخَنُوْن بالجِراح ، فَلَمَّا كان الغدُ من يوم الأحد ، أَذَّنَ مؤذِّنُ رسول الله ﷺ في النّاسِ بالخروج في طلب العدوّ وأَذَّنَ أن لا يَخْرُجَنَّ مَعَنا أحدٌ إلّا أحد حَضَرَ يومَنَا بالأمسِ ، وما من المسلمين إلّا جريحٌ ثقيْلٌ ، فخرجُوْا مع رسول الله ﷺ لم يتخلَّفْ مِنْهُمْ أحدٌ وانتَهَوْا إلى حمراء الأسدِ ، وهي مِنَ المدينة على ثمانية أميال ، فأقام بها رسول الله ﷺ والمسلمون الاثنين والثلاثاء والأربعاء ، ثمّ رجَعُوْا إلى المدينة

وقد استُشْهِدَ من المسلمين يوم أحدٍ سبعون ، أكثرُهُمْ مِنَ الْأنصار رضي الله عنهم وقُتِلَ مِنَ الْمُشْرِكِيْنَ اثنان وعشرون رَجُلًا

English Translation	اردو ترجمه	اللفظ	
		101 – أحبّ إلى النفس من النفس	
To betray	خیانت کرنا ،عہد توڑنا	غدر (ن ض س) غَدْرا وغَدَرَانا	1
To increase/lengthen	زیادہ کرنا	استكثر (استفعال)	2
Poem	منظوم کلام	بَيْت ج أَبْيَات	3
Bodily part/limb	ہر عضو عضو علیحدہ	وُصْل ووِصْل ج أوْصَال	4
Limb/body	عضو	شِلْو ج أشْلَاء	5
To shred/tear up	متفرق کرنا	مزّع (تفعيل)	6

أحبّ إلى النفس من النفس:

وفي سنةِ ثلاثٍ للهجرةِ طلبتْ عَضَلٌ والْقارَّةُ نفرًا مِنَ المسلمين ليُعَلِّمُوْهُمْ ، فبعثَ مَعَهُمْ رسولُ اللهِ ﷺ ستّةً مِنْ أصحابِهِ ، مَعَهُمْ عَاصِمُ بْنُ ثابِتٍ وخُبَيْبُ بن عَدِيٍّ وزَيْدُ بنُ الدَّثِنَةِ فغدرُوْا بالجماعةِ وقُتِلَ أكثرُهُمْ

وأخرجُوْا زيْدًا مِنَ الْحَرَمِ ليقْتُلُوْهُ واجتمعَ رَهْطٌ مِنْ قريشٍ ، فيْهِمْ أبو سفيانَ بنُ حربٍ ، فقال له أبو سفيان: أَنْشُدُكَ اللهَ يا زيدُ! أتحبُّ أنّ محمّدًا ﷺ عندَنا الآنَ في مكانِكَ وأنَّكَ في أهلِكَ ، قال: واللهِ ما أحبُّ أنّ محمّدًا الآنَ في مكانه الّذي هو فيه تُصِيْبُهُ شوكَةٌ تؤْذِيْهِ وأنّي جالِسٌ في أهلي

قال أبو سفيان: ما رأيتُ مِنَ النّاسِ أحدًا يحبُّ أحَدًا كحُبّ أصحابِ محمَّدٍ محمَّدًا ، ثمّ قُتِلَ

وأمّا خبيب ، فلَمَّا جاؤوا به ليصْلِبُوْه ، قال لهم: إنْ رأيتُمْ أن تَدَعُوْنِيْ حَتَّى أركعَ ركعتين فافعلُوْا ، قالوا: دُوْنَكَ فاركَعْ فرَكَعَ ركعتين ، أتمَّهُمَا وأحسنَهُمَا ، ثُمَّ أقبلَ على القوم فقال: أما واللهِ لَوْلَا أن تظنُّوْا أنّيْ إنّما طوَّلْتُ جزَعًا مِنَ الْقتلِ لاستكثرْتُ مِنَ الصّلاة وأنشد بيتين:

فلسْتُ أبالِيْ حينَ أُقْتَلُ مُسْلِمًا   على أيِّ شِقٍّ كان في اللهِ مَصْرَعي

وذلك في ذاتِ الإله وإنْ يشأ   يبارِكْ على أوصالِ شلوٍ مُمَزَّعِ

بئر مَعُوْنَة:

بعث رسول الله ﷺ نفَرًا مِنْ أصحابه على طلبِ من عامرِ بن مالك ليدعوهم إلى الإسلام ، وكانوا سبعين رجلا من خيار المسلمين ، فسارُوا حتّى نزَلُوْا بئر معونةَ ، واجْتمعَ عليهم قبائلُ مِنْ بني سُلَيْم: عُصَيَّة ، ورعل ، وذكوان ، فغشوا القومَ وأحاطُوْا بهم في رحالهم ، فَلَمَّا رأوهم أخذُوا سُيُوْفهم ثمّ قاتلُوا حتّى قُتِلُوْا عَنْ آخرِهِمْ إلّا كعب بن زيد ، عاشَ حتّى قُتِلَ يوم الْخَنْدَق شهيدًا

103 – كلمة قتيل كانتْ سبَبًا لإسلام القاتل			
English Translation	**اردو ترجمہ**	**اللفظ**	
Shoulder	کندھا	كَتِف ج أَكْتَاف	1
Arrowhead	نیزے کا پھل	سِنَان ج أَسِنَّة	2
To testify/become martyr	گواہی دینا ، شہید ہونا	شهد (س ك) شَهَادَة (الصفة: شَاهِد ج شُهُوْد وأَشْهَاد)	3

كلمة قتيل كانتْ سببًا لإسلام القاتل:

وفي هذه السريّة قُتِلَ حَرَامُ بنُ ملحان ، قَتَلَهُ جبار بن سلمى ، وكان سبب إسلامه كلمةٌ قالهَا حرامٌ ، وهو يجُوْدُ بنفسه

يقول جبار ﷺ: إنّ ممّا دَعَاني إلى الإسلام أنّي طعنْتُ رجلًا منهم يومئذٍ برمح بين كتفيه ، فنظرْتُ إلى سنان الرّمح حين خرج مِنْ صدره فسمعْته يقول: فُزْتُ وربِّ الْكَعْبة! فقُلْتُ في نفسي: ما فاز! ألَسْتُ قد قَتَلْتُ الرَّجُل؟ حتّى سألت بعد ذلك عن قوله ، فقالوا: للشّهادة ، فقُلْتُ: فاز لَعَمْرُ الله ، فكان سببًا لإسلامه

104 – إجلاء بني النّضير			
English Translation	**اردو ترجمہ**	**اللفظ**	
To deport/expel	نکالنا	أجلى (إفعال)	1
To pay blood money	خون بہا دینا	ودى (ض) وَدْيا ودِيَة	2
Blood money	خون بہا	دِيَة ج دِيَات	3
To make an agreement	معاہدہ کرنا	عقد (ض) عَقْدا	4
To conceal	پوشیدہ کرنا	أضمر (إفعال)	5

To assassinate (for money of political reasons)	ہلاک کرنا	اغتال (افتعال)	6
Weapon/Arm	ہتھیار	سِلَاح ج أَسْلِحَة وسُلُح وسُلْحَان	7
To carry	اٹھانا	استقلّ (استفعال)	8
To distribute	تقسیم کرنا	قسّم (تفعیل)	9

إجلاء بني النّضير:

خرج رسول الله ﷺ إلى بني النّضير وهُمْ قبيلةٌ عظيمة من اليهود يَسْتَعِيْنُهُمْ في دية قتيليْنِ من بني عامر ، وكان بينَ بني النَّضير وبني عامر عقدٌ وحِلْفٌ ، فَرَقُّوْا في الكلام وَوَعَدُوْا بخيرٍ ولكنَّهُمْ أضمَرُوْا الْغدرَ والاغتيالَ ، وكان رسول الله ﷺ قاعدًا إلى جنب جدار مِنْ بيوتهم ، فقال بعضهم لبعض: إنّكُمْ لن تجِدُوْا الرجلَ على مثلِ حالِهِ هذه ، فَمَنْ رجلٌ يعلو على هذا البيت فَيُلْقِيْ عليه صخرة فيُرِيْحنا منه؟ وكان رسول الله ﷺ في نَفَرٍ مِنْ أصحابِهِ ، فيهم أبو بكر وعمر وعليّ

وأتى رسولَ الله ﷺ الْخَبَرُ مِنَ السَّماء بما أراد القومُ ، فقام وخرج راجعًا إلى المدينة وأمر رسول الله ﷺ بالتهيّؤ لحربهم والسّير إليهم ، ثمّ سار بالنّاس حتّى نزل بِهِمْ وذلك في شَهْر ربيع الأوّل سنةَ أربعٍ ، فحاصرهُمْ ستَّ ليالٍ وقذفَ الله في قلوبهم الرّعبَ وسألُوا رسول الله ﷺ أن يُجْلِيَهُمْ ويكفّ عن دمائهم على أنّ لهم ما حملتِ الإبل من أموالهم إلّا السِّلاح ، فقبل واحتملُوا مِنْ أموالهم ما استقلّتْ بها الإبلُ

وقسَّم رسول الله ﷺ أموالهم على المهاجرين الأوّلين

105 – غزواتُ ذاتِ الرّقاع			
English Translation	**اردو ترجمہ**	**اللفظ**	
Tag/patch/piece of material placed over a damaged place	کپڑے کا پیوند	رُقْعَة ج رُقَع ورِقَاع	1

To rip/cut	پھٹنا	نقب (س) نَقَبا	2
Nail/fingernail	ناخن	ظِفْر وظُفْر وظُفُر ج أَظْفَار ج أَظَافِيْر	3
To wrap	لپیٹنا	لفّ (ن) لَفّا	4
Tag/patch/piece of material placed over a damaged place	کپڑے کا ایک ٹکڑا	خِرْقَة ج خِرَق	5
To be close to each other	قریب ہونا	تقارب (تفاعل)	6

غزواتُ ذاتِ الرِّقاع:

وفي سنةِ أربعَ غزَا رسولُ الله ﷺ نَجْدًا ، فسارَ حتّى نزلَ نَخْلًا ، وقد خَرَجُوْا مع النبيِّ ﷺ وكانوا ستّة بينهم بعيرٌ ، فنقبتْ أقدامُهم وسقطتْ أظفارُهَا ، فكانوا يلُفُّوْنَ على أرجلِهِمْ الخِرَقَ ، فسُمِّيَتْ (غزوةَ ذاتَ الرِّقاع)

وتقاربَ النّاسُ ولم يكنْ بينهمْ حربٌ ، وقد خافَ النّاسُ بعضَهُمْ بعضا ، حتّى صلّى رسول الله ﷺ بالنّاس صلاةَ الخَوف

106 – غزوة الخندق أو غزوة الأحزاب			
English Translation	**اردو ترجمہ**	**اللفظ**	
Trench/ditch	کھائی	خَنْدَق ج خَنَادِق	1
Throat/larynx	گلا، سانس کی نالی	حَنْجَرَة ج حَنَاجِر	2
To test	آزمانا	جرّب (تفعيل)	3
To be hurt/burnt	داغ لگنا	اكتوى (افتعال)	4
To be afraid	خوف کرنا	تهيّب (تفعّل)	5
To be happy	چست ہونا، خوش ہونا	نشط (س) نَشْطا	6
To uproot	جڑسے اکھیرنا	استأصل (استفعال)	7

To promise (each other)	وعدہ کرنا	اتّعد (افتعال)	8
Condition	شرط	شَرْط ج شُرُوْط	9
To rest on	ٹیک لگانا	أسند (إفعال)	10

غزوة الخندقِ أو غزوةُ الأحزاب

وفي شوّالِ سنةَ خَمْسٍ كانتْ غَزْوةُ الخندقِ أو غزوةُ الأحزابِ وكانتْ معركةً حاسمةً ومِحْنةً ابتُلِي فيها المسلمون ابتلاءً لم يُبْتَلوا بمثْلِه ، وفيها يقول الله تعالى: (إِذْ جَآءُوكُم مِّن فَوْقِكُمْ وَمِنْ أَسْفَلَ مِنكُمْ وَإِذْ زَاغَتِ الْأَبْصَارُ وَبَلَغَتِ الْقُلُوبُ الْحَنَاجِرَ وَتَظُنُّونَ بِاللَّهِ الظُّنُونَا ﴿١٠﴾ هُنَالِكَ ابْتُلِيَ الْمُؤْمِنُونَ وَزُلْزِلُوا زِلْزَالًا شَدِيدًا ﴿١١﴾)[الأحزاب:10-11]

وكان سببَها اليهودُ ، فقدْ خَرجَ نفر من بني النّضير ، ونفر من بني وائل ، فَقَدِمُوْا على قريش مكّة فَدعوهُمْ إلى حرب رسول الله ﷺ وكانُوا قد جرَّبُوْها ، واكْتَووا بنارها ، فصارُوا يتهيّبُونها ويزهَدُوْن فيها ، فزيّنَها لهم الوفدُ اليهوديّ وهوّن أمرَهَا ، وقالوا: إنّا سنكونُ معكُمْ حتّى نستأصِلَهُ ، فسرّ ذلك قريشًا ونشِطُوْا لما دعَوْهم إليه واجتمعُوْا لذلك واتَّعدوا له ، ثمّ خرج الوفدُ ، فجاء غَطفانَ ، فدعاها إلى ذلك وطافَ في القبائلِ وعرَضَ عليها مشرُوعَ غزوِ المدينة وموافقة قريش عليه واتّفقُوْا على شروطٍ وحشَدَتْ قريشٌ أربعةَ آلاف مقاتلٍ وغطفانُ ستّةَ آلاف مقاتلٍ ، فكانُوا عشرة آلاف وأسندتْ قيادةُ الجيش إلى أبي سفيان بن حربٍ

107 – الحكمة ضالّة المؤمن

English Translation	اردو ترجمہ	اللفظ	
To strengthen/ fortify oneself	اپنے لئے قلعہ بنانا	تحصّن (تفعّل)	1

To defend	حمایت کرنا، مدد کرنا	دافع (مفاعلة)	2
To dig (a ditch)	گڑھا کھودنا	حفر (ض) حَفْرا	3
To break in/rush into	بے سوچے سمجھ گھس پڑنا	اقتحم (افتعال)	4

الحكمة ضالّة المؤمن:

وقرّر المسلمونَ التحصُّنَ في المدينة والدّفاعَ عنها وكان جيشُ المسلمين لا يزيدُ عن ثلاثةِ آلافِ مقاتلٍ

هنالك أشار سلمانُ الفارسيُّ بِضَرْبِ الخندق على المدينة ، قال سلمانُ: يا رسول الله إنّا كُنّا بأرض فارسَ إذا تخوّفْنا الخيلَ ، خَنْدَقْنَا علينا ، وقبل رسولُ الله ﷺ رأيَهُ فأمر بِحَفْرِ الخندقِ في الجانب المكشوفِ الّذي يخافُ منه اقتحام الْعَدُوِّ

وقسّم رسول الله ﷺ الخندقَ بين أصحابه لكلّ عشرة مِنْهُمْ أربعين ذراعًا

108 – روح المساواة والمواساةِ بين المسلمين			
English Translation	**اردو ترجمہ**	**اللفظ**	
Cold	سردی	بَرْد	1
To recite poem	رجز پڑھنا	ارتجز (افتعال)	2
Morning	صبح	غَدَاة ج غَدَوَات	3
Pickaxe	کدال	مِعْوَل ج مَعَاوِل	4
Third	تہائی	ثُلْث وثُلُث ج أَثْلَاث	5
Red	سرخ	حُمْر	6

روحُ المساواةِ والمواساةِ بين المسلمين:

وعَمِلَ رسول الله ﷺ في حَفْر الْخَندقِ ترغيبًا للمسلمين في الأجر وعَمِلَ معه المسلمون فيه ، فَدَأَبَ فيه وَدَأَبُوْا ، وكان البردُ شديدًا ولا يجدُوْنَ مِنَ القوتِ إلّا ما يسدّ الرّمق ، وقد لا يجدونه

يقول أبو طلحة: شكَوْنا إلى رسول الله ﷺ الجوْعَ ورفَعْنَا عن بطوننا عن حجَر ، فرفع رسول الله ﷺ عَنْ بَطْنِهِ عن حَجَرَيْنِ!

وكانوا مسرورين يحمدون الله ويرتجزون ولا يشْكُوْنَ ولا يتعبون

يقول أنس ﷺ: خرج رسول الله ﷺ إلى الخندق ، فإذا المهاجرون والأنصار يحفرونَ في غداةٍ باردةٍ ، فلم يكنْ لهم عبيدٌ يعملون ذلك لهم ، فَلَمَّا رأى ما بهم مِنَ النَّصب والجوع ، قال: (اللهمّ ، إنّ العيش عيشُ الآخرة ، فاغفر للأنصار والمهاجرة) ، فقالوا: مجيبين له: (نحن الّذين بايعُوا محمّدا على الجهاد ما بقيْنَا أبدًا)

وعَرَضَ للمسلمين في بعض الخندق صَخْرَةٌ عظيمَةٌ شديدةٌ ، لا تأخذُ فيها المعاولُ ، فَشَكَوْا ذلك إلى رسول الله ﷺ ، فَلَمَّا رآها أخذ الْمعولَ

وقال: باسم الله وضربَ ضربَةً ، فكسر ثُلُثها ، وقال: اللهُ أكبرُ ، أُعْطِيتُ مفاتيحَ الشّام ، واللهِ إنّي لأُبْصِرُ قصورَها الْحُمْر إن شاء الله

ثمّ ضرب الثّانية فقطعَ ثُلُثًا آخر ، فقال: الله أكبر ، أُعطيت مفاتيح فارسَ ، واللهِ إنّي لأبصرُ قصر المدائن الأبيض

ثمّ ضرب الثالثة ، فقال: باسم الله ، فقطع بقيّة الحجر ، فقال: الله أكبرُ ، أُعطيت مفاتيح اليمن ، واللهِ إنّي لأبصر أبوابَ صَنْعَاء من مكاني السَّاعة

109 – المعجزات النبويّة في الغزوة			
English Translation	**اردو ترجمہ**	**اللفظ**	
Prophet	پیغمبر	نَبِيّ ج أَنْبِيَاء (المنسوب: نَبَوِيّ)	1
Military expedition	غزوہ	غَزْوَة ج غَزَوَات	2
Strong earth/strong rock	سخت ٹھوس زمین بڑی سخت چٹان	كُدْيَة ج كُدًى	3
To spit	تھوکنا	تفل (ن) تَفْلًا	4
To sprinkle	چھڑکنا	نضح (ف ض) نَضْحا	5
To throw soil	مٹی ڈالا جانا	انهال (انفعال)	6
Sand-hill/dune	ریت کا ٹیلہ	كَثِيْب ج كُثُب	7

المعجزاتُ النبويّة في الغزوة:

وظهرتِ المعجزاتُ على يد رسول الله ﷺ ، فإذا اشتدّتْ على المسلمين في بَعْضِ الْخَنْدق كُدْيَة ، دعا بإناءٍ من ماء ، فَتَفَلَ فيه ، ثمّ دعا بما شاء الله أن يدعو به ، ونَضَحَ ذلك الماء على تلك الْكُدْيَة ، فانهالتْ وعادتْ كالكَثِيْبِ

وظهرتِ البركةُ في طعام قليل ، فشبعَ به عَدَدٌ كبيرٌ ، وكفى الجيش كُلَّهُ

110 – إذ جاؤوكُمْ مِنْ فوقكُمْ ومن أسفل مِنْكُمْ			
English Translation	**اردو ترجمہ**	**اللفظ**	
To be low	پست ہونا	سفل (ن س ك) سُفُوْلا وسَفَالا (الصفة: سَافِل ج سَافِلُوْن وسَفَلَة)	1
To follow	پیچھے چلنا	تبع (س) تَبَعا وتَبَاعا (الصفة: تَبَع ج أَتْبَاع) (الصفة: تَابِع ج تَبَع وتَبَعَة)	2

To appear	ظاہر ہونا	نجم (ن) نُجُوْم	3
Reconciliation	سلامتی	صُلْح	4
Part	حصہ	نَصِيْب ج أَنْصِبَة وأَنْصِبَاء	5
To turn away from	واپس ہونا ، رجوع کرنا	عدل (ض) عَدْلا وعَدُوْلا	6
Steadfastness	ثابت قدمی	صُمُوْد	7
Dates/dried dates	خرما	تَمْر ج تَمَرَات وتُمُوْر	8
To honour/make stronger	عزیز بنانا	أعزّ (إفعال)	9

إذ جاؤوكُمْ مِنْ فوقكُمْ ومن أسفل مِنْكُمْ:

وأقبلتْ قريش وغَطْفَانُ بتوابعهم ، فَنَزَلُوْا أمام المدينة وكانوا عشرةَ آلافٍ ، وخرجَ رسول الله ﷺ والمسلمون في ثلاثة آلافٍ ، وبينه وبين قومِهِ الخندقُ

وكان بين المسلمين وبين بني قُرَيْظَة عقدٌ وعَهْدٌ ، فحملهم حُيَيُّ بنُ أَخْطب[34] – سيّد بني النّضير – على نقْض العَهْدِ ، وقد فَعَلَ ذلك بَعْدَ امتناع وتردُّدٍ ، وتحقّقه رسول الله ﷺ فعظمَ عند ذلك البلاء ، واشتدّ الخوف ونَجَمَ النّفاقُ من بعضِ المنافقين ، وهَمَّ رسول الله ﷺ بِعَقْدِ الصّلح بينه وبين غطفان على أن يعطيهم ثُلُث ثمار المدينة ، رِفْقًا بالأنصار وتَخْفِيْفًا عَنْهُمْ ، فَقَدِ استقلُّوْا بأكبر نَصِيْبٍ مِنْ أعباء الحَرْبِ

[34] Prophet Muhammad and his Companions put a lot of effort in making Madinah a peaceful place for the Muslims to reside, they had broken up with their enemies and Madinah, albeit for a short period, had become free from major raids. The Muslims economic state also improved as they had become the owners of the many lands and crops that were left behind by Banu Qaynuqa'a and Banu Nadhir. However, the tribes that had been expelled from Madinah, especially Banu Nadhir were constantly spreading hatred regarding Muslims. Their chiefs went to Makkah and instigated Quraish against the Muslims. The visited other close tribes, including Banu Gatfa'an and instigated them collectively against the rapidly growing Islam. Leading individuals that visited various tribes included: Salam bin Abi al-Haqeeq, Huayy bin Akhtab and Kinanah bin al-Rabi.

ثمّ عَدَلَ عَنْ ذلك بَعْدَمَا رأى مِنْ سَعْد بن مُعَاذ وسَعْد بن عُبادة الثَّبَاتَ والاستقامةَ والصُّمُوْدَ أمامَ العَدُوِّ والإباءَ ، فقال: يا رسولَ الله! قد كُنَّا نحن وهؤلاء على الشِّرْكِ بالله وعبادة الأوثان ، لا نعبد الله ولا نعرفه ، وهم لا يطمعون منها تمرةً إلّا قِرى أو بَيْعًا ، أَفَحِيْنَ أكرمَنَا الله بالإسلام وهدانا له وأعزّنا بِكَ وَبِهِ ، نعطيهم أموالنا؟ واللهِ ما لَنَا بهذا من حاجة ، واللهِ لا نعطيهم إلّا السَّيْف حتّى يحكُمَ اللهُ بينَنَا وبينَهُمْ ، قال رسول الله ﷺ: فَأَنْتَ وَذَاكَ

111 – بين فارس الإسلام وفارس الجاهليّة			
English Translation	**اردو ترجمہ**	**اللفظ**	
Ignorance period/ pre-Islamic era	زمانہ جاہلیت	جَاهِلِيّة	1
Scheme/plot	مکر	مَكِيْدَة ج مَكَائِد	2
To intend	قصد کرنا	تيمّم (تفعّل)	3
To jump into	گھسنا	اقتحم (افتعال)	4
To value/straighten	سیدھا کرنا، قیمت لگانا	قوّم (تفعيل)	5
To appear	میدان کی طرف نکلنا، ظاہر ہونا	برز (ن س) بَرَزا	6
Manner/habit	عادت	خَلَّة ج خِلَال وخَلَل	7
To injure	زخمی کرنا، ذبح کرنا	عقر (ض) عَقْرا	8
To roam (in contest)	مقابلہ میں چکر لگانا	تجاول (تفاعل)	9

بين فارس الإسلام وفارس الجاهليّة:

وأقام رسول الله ﷺ والمسلمون وعدُوُّهُمْ مُحَاصِرُهُمْ ولم يكن بينهم قتالٌ إلّا أنَّ فوارسَ من قريش أقبلُوْا تُسْرِعُ بهم خَيْلُهُمْ حتّى وَقَفُوْا على الخندقِ ، فَلَمَّا رأوه قالوا: واللهِ ، إنّ هذه لمكيدةٌ ما كانتِ العرب

تكيدها!

ثمّ تيمَّمُوْا مكانًا ضَيِّقًا مِنَ الْخَنْدق ، فضَرَبُوْا خيلهم ، فاقتحمتْ منه ، فجالتْ بهم في أرض المدينة ، ومنهم الفارس المشهورُ: عمرو بن عبد وُدٍّ[35] ، الّذي كان يقوّم بألف فارس ، فَلَمَّا وَقَفَ قال: مَنْ يَبَارِزُ؟ فبرزَ له عليّ بن أبي طالب ﷺ ، فقال: يا عمرو! إنَّكَ كُنْتَ عاهدتَ اللهَ لا يَدْعُوْكَ رجلٌ من قريشٍ إلى إحدى خلّتين إلّا أخذْتَهَا مِنْهُ

قال: أجَلْ

قال له عليٌّ: فإنِّيْ أدعُوْكَ إلى اللهِ وإلى رسولِهِ وإلى الإسلامِ

قال: لا حاجةَ لي بذلكَ

قال: فإنّي أدعُوْكَ إلى النِّزَالِ

فقال له: لِمَ يا ابن أخي! فواللهِ ما أحبّ أن أقتلك

قال له عليّ ﷺ: لَكِنِّيْ واللهِ أُحِبُّ أن أقتلك

فَحَمِيَ عمرو عند ذلك ، فاقتحم عن فرسه ، فَعَقَرَهُ وضرب وجهَهُ ، ثمّ أقبل على عليٍّ ، فتنازلا وتجاولا ، فقتله عليّ ﷺ

112 – أمّ تحرّض ابنًا على القتال والشهادة			
English Translation	اردو ترجمہ	اللفظ	
To encourage	برانگیختہ کرنا	حرّض (تفعيل)	1
Fort/castle	قلعہ	حِصْن ج حُصُوْن	2
Veil	پردہ	حِجَاب ج حُجُب	3
Small	چھوٹا	قَصِيْر ج قِصَار وقُصَرَاء	4

[35] Amre bin Abd Wudd al-'Amiri was a famous warrior and horseman within the Arabs, a great opponent of Islam. During the battle of the trench, he challenged the Muslims for a one-to-one battle; the fourth Caliph Ali accepted the challenge and fought him until Amre was killed.

To be accomplished/long	پورا ہونا، لمبا ہونا	سبغ (ن) سُبُوْغا	5
Main blood vessel (Aorta/Vena Cava)	بازو کی ایک رگ کا نام	أَكْحَل	6

أمّ تحرّض ابنًا على القتال والشهادة:

تقول عائشة أمّ المؤمنين ﵂ وكانتْ مع نسوةٍ مسلمات في حصن بني حارثة ، وذلك قبل أن يضرب عليهنّ الْحِجَابُ ، مرّ سعد بن معاذ وعليه دِرْعٌ قصيرة قد خرجتْ منها ذراعُهُ كلُّها وهو يَرْتَجِزُ ، فقالتْ له أمّه: الْحَقْ ابني! فقد والله تأخّرْتَ ، قالتْ عائشة ﵂: فقُلْتُ لها: يا أمّ سعد! واللهِ لوددتُ أنّ دِرْعَ سعدٍ كانتْ أسبغ مِمَّا هي ، وكان ما تخوّفْته عائشةُ ﵂ ، فَرُمِيَ سَعْدُ بْنُ معاذ بِسَهْمٍ ، فقطَعَ مِنْهُ الأكحَل ومات شَهِيْدًا في غزوة بني قريظة

113 – ولله جنود السموات والأرض			
English Translation	اردو ترجمہ	اللفظ	
Close/approximately	نزدیک	قَرِيْب ج أَقْرِبَاء	1
To become apparent	ظاہر ہونا	تجهّر (تفعّل)	2
Open/exposed	خالی	عَوْرَة ج عَوْرَات وعَوَرَات	3
To abandon/walk out on	مدد چھوڑنے پر اکسانا	خذّل (تفعيل)	4
Deception	لوگوں کو دھوکا دینے والا	خُدْعَة	5
Station	ٹھہرنے کی جگہ	مَوْقِف ومَوْقِفَة	6
Allegiance/loyalty	دوستی	وَلَاء	7
House	گھر، مکان	دَار ج دُوْر ودِيَار (اللفظ مؤنّث وقد يستعمل مذكّرا)	8

Deposit	گروی	رَهْن ج رِهَان ورُهُوْن ورَهِيْن ورُهُن	9
To fume	غصہ سے بھڑک اٹھنا	توغّر (تفعّل)	10
Separation	جدائی	فُرْقَة وفِرَاق	11
To be fearful	خوف زدہ ہونا	توجّس (تفعّل)	12
To be lazy /Sluggish	کاہل ہونا	تكاسل (تفاعل)	13
To narrate	روایت کرنا	حدّث (تفعيل)	14
To rip	پھٹنا	تمزّق (تفعّل)	15
Union/unity	امر مجتمع	شَمْل	16
To be cold	سردی پڑنا	شتا (ن) شَتْوا	17
To change/twist	پلٹ دینا	قلب (ض) قَلْبا	18
Cooking pot	ہانڈی	قِدْر ج قُدُوْر	19
Building	عمارت	بِناء ج أَبْنِيَة	20
Foot	قدم	خُفّ ج أَخْفَاف وخِفَاف	21
To break a promise	وعدہ خلاف کرنا	أخلف (إفعال)	22
To depart	کوچ کرنا	ارتحل (افتعال)	23
Camel	اونٹ	جَمَل ج جِمَال وأَجْمَال	24
To fasten	باندھنا	عقل (ن ض) عَقْلا	25
Rope	رسی	عِقَال	26
To sprint	تیز چلنا	انشمر (انفعال)	27
Burden	بوجھ	وِزْر ج أَوْزَار	28
To estimate	اندازہ کرنا	قدّر (تفعيل)	29

ولله جنود السموات والأرض:

أحاطَ المشركونَ بالمسلمين حتّى جعلُوهم في مثل الحِصْنِ مِنْ كتَائِبِهِمْ ، فحاصرُوهم قريْبًا مِنْ شهر وأخذوا بكلّ ناحيةٍ واشتدّ البلاء وتجهّر النّفاقُ واستأذنَ بعضُ النّاس رسولَ الله ﷺ في الذّهابِ إلى المدينة ، وقالوا: ﴿إِنَّ بُيُوتَنَا عَوْرَةٌ ۛ وَمَا هِيَ بِعَوْرَةٍ ۖ إِن يُرِيدُونَ إِلَّا فِرَارًا﴾ [الأحزاب:13]

وبينما رسول الله ﷺ وأصحابُهُ فيما وَصَفَ الله من الخوفِ والشدّة ، إذ جاءه نُعَيْم بن مَسْعُوْدٍ الغطفانيّ ، فقال: يا رسول الله! إنِّيْ قد أسلمْتُ وإنّ قومي لم يعلمُوْا بإسلامي ، فَمُرْنِيْ بِمَا شِئْتَ ، فقال رسول الله ﷺ: إنّما أَنْتَ فينا رجل واحدٌ ، فَخَذِّلْ عَنَّا إن استَطَعْتَ ، فإنّ الحرب خَدْعَةٌ فخرج نعيم بن مسعود ، فأتى بني قُرَيْظة وتكلّم مَعَهُمْ بكلامٍ ، جَعَلَهُمْ يشكُّوْنَ في صحّة موقفهم وولائهم لقريشٍ وغطفان الَّذِيْنَ ليسُوْا مِنْ أهل البلدِ وعَدائِهِمْ للمهاجرين والأنصار الَّذِيْنَ هُمْ أهلُ الدّار وجيرانهم الدّائمُوْنَ وأشار عليهم بألّا يُقَاتِلُوْا مَعَ قريش وغطفان حتّى يأخُذُوْا مِنْهُمْ رُهُنًا مِنْ أشرافهم ، يكونُوْا بأيديهم ثِقَةً لهم ، فقالوا له: لقدْ أَشَرْتَ بالرَّأي

ثمّ خرج حتّى أتى قريشًا فأظهر لهم إخلاصَهُ ونصيحَتَهُ وأخبرهم بأنّ اليهودَ قد نَدِمُوْا على ما فَعَلُوْا وسيَطْلُبُوْنَ منهم رجالًا من أشرافهم تأمينًا للْعَهْدِ وسيُسْلِمُوْنَهُمْ إلى النبيّ ﷺ وأصحابه ، فيضربون أعناقهم ، ثمّ خرج إلى غطفانَ وقال لهم مثلَ ما قال لقريشٍ ، فكانَ كِلَا الفريقين على حَذَرٍ ، وتوغّرَتْ صدورهم على اليهود ودَبَّتِ الْفُرْقَةُ بين الأحزاب وتوجَّسَ كُلٌّ مِنْهُمْ خِيْفَةً مِنْ صاحِبِهِ ولَمَّا طَلَبَ أبو سفيان ورُؤُوْس غطفانَ معركةً حاسمةً بينهم وبين المسلمين ، تكاسل اليهود وطلبُوْا منهم رُهُنًا مِنْ رجالهم ، فتحقّق لقريش وغطفان صِدْقُ ما حَدَّثَهُمْ به نُعيم بن مسعود[36] وامتنعُوْا

[36] Nuaym bin Masood al-Gitfa'ani was a Companion with great intelligence. He accepted Islam secretly in the battle of the trench. He came to the Prophet during the battle of the trench and mentioned that I have accepted Islam, however my people are not aware of my Islam, hence use me in disturbing the unity of the different groups that have collectively come to attack the Muslims, hence, the Prophet used him for this purpose. He passed away during the Caliphate of Uthman.

عن تحقيق طلبهم وتحقّق لليهود صدقُ حديثِهِ كذلك ، وهكذا تَخَاذَلَ بعضهم عن بعض ، وتمزّق الشَّمْلِ وتفرَّقتِ الكلمة

وكان مِنْ صنع الله لنبيّه أن بعث الله على الأحزاب الرّيح في ليالٍ شاتيةٍ باردةٍ شديدةِ البرد ، فجعلتْ تقلِبُ قدورهم وتطرحُ أبنيتَهُمْ ، وقام أبو سفيانَ ، فقال: يا معشر قريش! إنّكُمْ واللهِ ما أَصْبَحْتُمْ بدارِ مقامٍ ، لَقَدْ هلك الْكُراعُ والخفّ وأخلَفَتْنا بنو قريظة وبلغَنا عنهم الذي نَكْرَهُ ولقيْنا مِنْ شدّة الرّيح ما تَرَوْنَ وما تطمئنّ لنا قِدْرٌ ولا تقوم لنا نار ولا يستمسكُ لنا بناءٌ ، فارتَحِلُوا ، فإنِّي مُرْتَحِلٌ

وقام أبو سفيانَ إلى جَمَلِهِ وهو معقول ، فجلس عليه ثمّ ضربه ، فما أطلق عقاله إلّا وهو قائم وسمعتْ غطفان بما فَعَلَتْ قريش ، فانشمرُوْا راجعين إلى بلادهم ، ورسول الله ﷺ قائمٌ يصلّي وأخبره حذيفةُ بْنُ اليمانِ[37] الذي أرسله رسول الله ﷺ عَيْنًا إلى الأحزابِ ، ينظُرُ له ما فَعَلَ القومُ ، ثمّ يَرْجِعُ فأخبرهُ بما رأى ، فَلَمَّا أصبحَ انصرفَ عَنِ الْخَنْدَقِ راجعًا إلى المدينةِ وانصرفَ المسلمون ووضَعُوْا السِّلَاحَ وصَدَقَ اللهُ العظيمُ: **(يَاأَيُّهَا الَّذِينَ آمَنُوا اذْكُرُوا نِعْمَةَ اللَّهِ عَلَيْكُمْ إِذْ جَاءَتْكُمْ جُنُودٌ فَأَرْسَلْنَا عَلَيْهِمْ رِيحًا وَجُنُودًا لَمْ تَرَوْهَا ۚ وَكَانَ اللَّهُ بِمَا تَعْمَلُونَ بَصِيرًا)** [الأحزاب:9]

وصدق تبارك وتعالى: **(وَرَدَّ اللَّهُ الَّذِينَ كَفَرُوا بِغَيْظِهِمْ لَمْ يَنَالُوا خَيْرًا ۚ وَكَفَى اللَّهُ الْمُؤْمِنِينَ الْقِتَالَ ۚ وَكَانَ اللَّهُ قَوِيًّا عَزِيزًا)** [الأحزاب:25]

---

[37] Huzaifah bin Yaman and his father were on their way to Madinah when the Quraish captured them prior to the battle of Badr, they were released on the condition that they would not help the Muslims in the battle of Badr, hence Huzaifah did not participate in the battle of Badr. He participated in the battles which followed after the battle of Badr.

وقد وَضَعَتِ الحربُ أوزارها ، فَلَمْ تَرْجِعْ قريشٌ بعدها إلى حرب المسلمين وقال رسول الله ﷺ: (لن تغزُوْكُمْ قريشٌ بعدَ عامِكُمْ هذا ولَكِنَّكُمْ تَغْزُوْنَهُمْ)

واستُشْهِدَ من المسلمين يوم الخندق سبعة على أكثر تقديرٍ وقُتِلَ مِنَ المشركين أربعةٌ

غزوة بني قريظة

114 – نقض بني قريظة العهد			
English Translation	اردو ترجمہ	اللفظ	
Good/trust	صلاحیت، سچائی	بِرّ	1
To sin	گناہ کرنا	أثم (س) إِثْمًا وأَثَمًا وآثَاما ومَأْثَمًا	2
To raid	اچانک آپڑنا	دهم (ف س) دَهْمًا	3
To side with	موافقت کرنا ، مدد کرنا	مالى (مفاعلة)	4
To slander	گالی دینا	نال (ض ف) نَيْلا ونَالا ونَالَة	5
To spring upon/attack	اچانک آنا	هجم (ن) هُجُوْما	6
To conquer/crush	زخمی کرکے غالب آنا	نكى (ض) نِكَايَة	7
Unveiled	روشن ہونا ،واضح ہونا	سفر (ن) سُفُوْرا	8

غزوة بني قريظة – نقض بني قريظة[38] العهد:

[38] Banu Qurayzah was a Jewish tribe that lived In Yathrib (Madinah) until the 7th century. There were many other famous Jewish tribes that used to live in Yathrib as well before the Muslims settled in Yathrib, these tribes include; Banu Qaynuqa'a, Banu Ghifar and Banu Nadhir. After the battle of the Trench, their conflict and breaking of the treaty lead to a 25-day siege of Banu Qurayzah by the Muslims. Eventually the Banu Qurayzah surrendered and many of their men were killed, children and women taken as prisoners.

كان رسول الله ﷺ لَمَّا قَدِمَ المدينة ، كَتَبَ كِتَابًا بين المهاجرين والأنصار وادعَ فيه يهودَ وعاهَدَهُمْ وأقرَّهُمْ على دِينهم وأموالهم وشرط لهم واشترط عليهم وجاء فيه: (أَنَّ بينهم النَّصْر على مَنْ حارب أهل هذه الصّحيفة وأنّ بينهم النُّصْح والنّصيحة والبِرَّ دُوْنَ الإثم وأنّ بينهم النّصر على مَنْ دَهَمَ يثرب)

ولكنّ حُيَيَّ بن أخطب اليهوديّ – سيّد بني النّضير – نَجَحَ في حَمْلِ بني قريظة على نقض العَهْدِ وممالأة قريش بَعْدَمَا قال سيّدهم كَعْبُ بْنُ أسدِ القرظيّ: لَمْ أر مِنْ محمّدٍ إلّا صدقا ووفاءً ونقضَ كعبُ بن أسدٍ عَهْدَهُ وبرئ مِمَّا كان بينه وبين رسول الله ﷺ ولَمَّا انتهى إلى رسول الله ﷺ خَبَرُ نقْضِهِمْ للعهْدِ ، بَعَثَ سعدَ بن معاذٍ رضي الله عنه سيّدَ الأوسِ وهُمْ حُلَفَاء بني قريظة وسَعْد بن عُبادة سيّد الخزرج في رجالٍ مِنَ الأنصار ليتحقّقوا الخبرَ ، فَوَجَدُوْهُمْ على شرٍّ مِمَّا بَلَغَهُمْ عنهم ونالُوا مِنْ رسول الله ﷺ وقالوا: مَنْ رسولُ الله؟ لا عَهْدَ بيننَا وبينَ محمّدٍ ولا عَقْدَ

وبدؤُوْا في الاستعداد للهجوم على المسلمين ، وهكذا حاوَلُوا طَعْنَ جيشِ المسلمينَ من الخَلْفِ ، وكان ذلك أشدَّ وأنكى من الهجوم السّافر والحربِ في الميدانِ ، وذلك قوله تعالى: (إِذْ جَآءُوكُم مِّن فَوْقِكُمْ وَمِنْ أَسْفَلَ مِنكُمْ)[الأحزاب:10] واشتدّ ذلك على المسلمين

115 – المسيرُ إلى بني قريظة			
English Translation	**اردو ترجمه**	**اللفظ**	
To frustrate/exhaust	امتحان کرنا، تھکانا	جهد (ف) جَهْدا	1

المسيرُ إلى بني قريظة:

فَلَمَّا انصرف رسول الله ﷺ والمسلمون مِنَ الخَنْدَقِ راجعين إلى المدينةِ ووضعُوا السّلاحَ ، أتى

جبريلُ ، وقال: أوقد وضعْتَ السّلاح يا رسولَ الله!

قال: نَعَمْ

فقال جبرئيل عليه السلام: فَمَا وَضَعَتِ الملائكة السّلاح بعْدُ ، إنّ الله عزّ وجلّ يأمرُكَ بالمسير إلى بني قريظة ، فإنّي عامدٌ إليهم ، فَمُزَلْزِلٌ بِهِمْ ، فأمر رسول الله ﷺ مُؤَذِّنًا فأذّنَ في النّاس: أَنَّ مَنْ كان سامعا مُطِيْعًا فلا يصلّيَنَّ العصر إلّا في بني قريظة

ونزل رسول الله ﷺ ببني قريظة فحاصرَهُمْ خَمْسًا وعشرين ليلةً حتّى جهدهم الحصار وقذف الله في قلوبهم الرّعب

116 – أتى لسعد أن لا تأخذه في الله لومةُ لائم

English Translation	اردو ترجمہ	اللفظ	
Group	جماعت	مَعْشَر ج مَعَاشِر	1
To distribute	متفرق کرنا	قسم (ض) قَسْما	2
To capture	قید کرنا	سبى (ض) سَبْيًا وسِبَاء	3
Progeny	اوالاد ، نسل	ذرِّيَّة (بتثليث الذال) ج ذَرَارِيّ وذُرِّيَّات	4
To stab	نیزہ مارنا ، چبھونا	طعن (ف ن) طَعْنا	5
To spread	پھیلانا	نشر (ض ن) نَشْرا	6
Chaos/mix-up	لا قانونیت، انتشار	فَوْضَى	7
Inside	اندرونی	دَاخِل	8
To gather (groups)	پارٹی پارٹی کر کے جمع کرنا	حزّب (تفعيل)	9
To move	ہلنا	حرك (ك) حَرَكا وحَرَكَة	10

أتى لسعد أن لا تأخذه في الله لومةُ لائم:

ونزل بنو قريظة على حُكْمِ رسول الله ﷺ فَشَفَعَتْ لهم الأوس وكانوا مواليهم دون الخزرج

فقال رسول الله ﷺ: ألا تَرْضَوْنَ يا معشر الأوس أن يحكُمَ فيهم رجلٌ مِنْكُمْ؟

قالوا: بلى

قال رسول الله ﷺ: فذاكَ إلى سعد بن مُعَاذ ، فأرسل إليه ، فَلَمَّا جاء إليه قال له بنو قبيلته: يا أبا عمرو! أحْسِنْ في مواليك ، فإنَّ رسول الله ﷺ إنّما ولّاكَ ذلكَ لِتُحْسِنَ فيهم ، فَلَمَّا أكثروا عليه

قال: لقد أتى لسعدٍ أن لا تأخذه في الله لومة لائمٍ

قال سعدٌ: فإنّي أحْكُمُ فيهم أن تُقْتل الرّجال وتُقْسَم الأموال وتُسْبَى الذّراري والنّساء

قال رسول الله ﷺ: لقد حَكَمْتَ فيهم بِحُكْمِ الله

وقد وافقَ ذلك قانونَ الحرب في شريعة بني إسرائيل ووافق ما جاءَ في التوّراة ونُفِّذَ في بني قريظة حكمُ سعد بن معاذ ، وأَمِنَ المسلمون مِنَ الطَّعْنِ من الْخَلْفِ ومِنْ نَشْرِ الْفَوْضَى في الدَّاخِلِ

وقَتَلَتِ الْخَزْرَجُ سلامَ بنَ أبي الحقيق وكان مِمَّنْ حَزَّبَ الأحزاب ، وكانتِ الأوس قد قتلَتْ مِنْ قبْلُ كعبَ بن الأشرفِ وكان مُقَدَّمًا في عداوته لرسول الله ﷺ والتّحريضِ عليه ، فنجا المسلمون مِنَ الرّؤوس التي كانتْ تكيدُ ضِدَّ الإسلام والمسلمين وتقودُ الحركات ضِدَّهُمْ واستراح المسلمون

117 – العفو عَمَّنْ ظلم وعطاء من حَرِم			
	اللفظ	**اردو ترجمه**	**English Translation**
1	حرم (ض س) حَرْما	منع کرنا ، روکنا	To deny
2	قِبَل	طرف	Towards
3	سَارِيَة ج سَوَارٍ	ستون	Column/pole

To hate	دشمنی کرنا ، نفرت کرنا	بغض (ن ك س) بَغَاضَة	4
Umrah	عمره	عُمْرَة وعُمَر وعُمَرَات	5
To visit/do Umrah	زیارت کرنا، عمره کرنا	اعتمر (افتعال)	6
To aspire/to incline	بچپنے کی طرف مائل ہونا	صبا (ن) صَبْوا وصُبُوّا وصِبَاء وصَبَاء	7
To defect/ renounce	مذہب تبدیل کرنا	صبأ (ف ك) صَبْأ وصُبُوْءا	8
Wheat	گیہوں	حِنْطَة ج حِنَط	9
Countryside	سبزه زار	رِيْف ج أَرْيَاف ورُيُوْف	10

العفوُ عَمَّنْ ظلمَ وعطاء من حرَم:

بعث رسول الله ﷺ خيلا قِبَلَ نَجْدٍ ، فجاءتْ بثمامة بن أثال سيّد بني حنيفة ، فَرُبِطَ إلى سارية من سوارى المسجد

ومرَّ به رسول الله ﷺ وقال: ما عِنْدَكَ يا ثمامة؟

قال: يا محمّد! إن تقتُل تقتُلْ ذا دَمٍ وإن تُنْعِمْ تُنْعِمْ على شاكر وإن كُنْتَ تريد المال فاسأل تُعْطَ مِنْهُ ما شئْتَ ، فتركَهُ

ثمّ مرّ به مرّة أخرى وقال له مثل ذلك فردّ عليه كما ردّ عليه أوّلًا

ثمّ مرّ به مرّة ثالثة فقال: أطْلِقُوْا ثُمامة فأطلقوْهُ

وذهب ثمامة إلى نخلٍ قريبٍ من المسجد فاغتسل ، ثمّ جاءه فأسلم وقال: واللهِ ما كان على وجه الأرض وجهٌ أبغضَ إليّ مِنْ وجهِكَ ، فقد أصبح وجهُكَ أحبّ الوجوه إليّ ، واللهِ ما كان على وجه الأرض دِيْنٌ أبغض إليّ مِنْ دينك ، فقد أصبح دِيْنُكَ أحبّ الأديان إليّ وإنّ خيلَكَ أخذَتْنِيْ وأنا أريد الْعُمْرَة ، فبشّره رسول الله ﷺ وأمره أن يعتمرَ

فَلَمَّا قدم ثُمامة على قريش ، قالوا: صَبَوْتَ يا ثمامة!

قال: لَا واللهِ ولكنِّيْ أسلمْتُ مع محمّد ﷺ ، لَا واللهِ ما يأتيكُمْ مِنَ اليمامة حَبَّةُ حِنْطَةٍ حَتَّى ياذن فيها رسول الله ﷺ وكانتِ اليمامةُ ريفَ مَكَّة

فانصرف إلى بلاده ومَنَعَ الْحَمْلَ إلى مكّة حتّى جُهِدَتْ قريشٌ وكتبُوْا إلى رسول الله ﷺ يسألونه بأرحامِهِمْ أن يكتُبَ إلى ثمامة يُخْلِيْ إليهم حَمْلَ الطّعامِ فَفَعَلَ رسولُ الله ﷺ

صلح الحديبيّة

118 – رؤيا رسول الله ﷺ وتهيّؤ المسلمين لدخول مكّة

	اللفظ	اردو ترجمہ	English Translation
1	تهيّأ (تفعّل)	تیار ہونا	To be ready/ prepared
2	استبشر (استفعال)	خوش ہونا	To be happy at
3	تاق (ن) تَوْقا وتَوَقَانا	شائق ہونا	To desire

رؤيا رسول الله ﷺ وتهيّؤ المسلمين لدخول مكّة:

كان رسول الله ﷺ قد رأى في المنام أنّه دخل مكّة وطاف بالبيتِ فأخْبَرَ أصحابه بذلك وهو بالمدينة فاستبشَرُوْا به وفَرِحُوْا فَرَحًا عظيمًا وقد طال عَهْدُهُمْ بمكّة والكعبةِ وتاقَتْ نفوسهم إلى الطّواف حولَهَا

وكان المهاجرون أشدّهم حنينًا إلى مكّة ، فقد وُلِدُوْا ونشَؤُوْا فيها وأحبُّوْها حُبًّا شَدِيْدًا ، وقد حِيْلَ بينهم وبينها ، فلمَّا أخبرهم رسول الله ﷺ بذلك تهيَّؤُوْا للخروج مع رسول الله ﷺ لم يتخلّف منهم إلّا نادرٌ

119 – إلى مكّة بعد عهد طويل

	اللفظ	اردو ترجمہ	English Translation
1	هَدْي	قربانی کا جانور	Animal for sacrifice
2	أحرم (إفعال)	احرام باندھنا	To wear Ihram
3	عَيْن ج أَعْيُن وعُيُوْن	جاسوس	Spy
4	صادّ (مفاعلة)	مدافعت کرنا	To fend off/drive back
5	شكا (ن) شَكْوَى وشِكَايَة	شکایت کرنا	To complain
6	صدر (ن ض) صَدْرا ومَصْدَرا	واپس ہونا	To return
7	عَامِر ج عُمَّار	عمرہ کرنے والے	Umrah performer

إلى مكّة بعد عهد طويل:

خرج رسول الله ﷺ من المدينة في ذِيْ الْقَعْدَة سنة ستٍّ مُعْتَمِرًا لا يريد حَرْبًا إلى الحديبية ، ومَعَهُ ألفٌ وخمسمائة ، وساق معه الهديَ وأحرمَ بالعمرة ليعلمَ النّاسُ أنّه إنّما خرج زائرًا للبيت معظّما له وبعث بين يديه عَيْنًا له يُخْبِرُهُ عن قريش حتّى إذا كان قريبا من (عسفانَ[39]) أتاه عَيْنُهُ ، فقال: إنّي تركْتُ كعبَ بن لؤيّ قد جَمَعُوْا لك جموعا وهم مقاتلوكَ وصادُّوكَ عن البيت ، وسار النبيّ ﷺ

[39] Prophet Muhammad saw a vision (dream) in which he saw himself, and the companions entering Makkah and performing Umrah. Eventually, the Prophet and the companions set off to fulfil this dream on Monday, 1st of Dhul Qa'dah in the year 6 A.H. The group wore their *Ihram* in Dhul Hulaifah, thereafter continued their journey. Prophet Muhammad sent a scout ahead, making sure the pathway was clear for travel and no harms were about to come upon them. When the Muslims reached Usfan, the scout returned with the news that the Quraish were encamped at Dhul Tawa with the intention of stopping the Muslims from performing Umrah, even if this would result in another war. Ka'b bin Luwayy took a leading role in trying to stop the Muslims, they even sent Khalid bin Waleed, who at that time was not a Muslim, hence fighting in the non-Muslim ranks, to Qura Al-Ghamim near Usfan in order to block the advance of the Muslims to Makkah. Hence, the Prophet changed the direction slightly from Makkah to Hudaybiyah.

حتّى نزل بأقصى الحديبية على ماء قليل وشَكَوْا إلى رسول الله ﷺ العطشَ ، فانتزَعَ سَهْمًا من كنانتِهِ ، ثم أمرهم أن يجعلوه فيه ، فما زال يَجِيْش لهم بالريّ حتّى صَدَرُوْا عنه

وفَزِعَتْ قريشٌ لنزول رسول الله ﷺ عليهم فأحبَّ أن يبعث إليهم رجُلا مِنْ أصحابه ، فدَعَا رسول الله ﷺ عُثمان بن عَفّان رضي الله عنه فأرسله إلى قريش وقال: أَخْبِرْهُمْ أنَّا لم نَأْتِ لقتالٍ وإنّما جِئْنا عُمَّارًا وادْعُهُمْ إلى الإسلام وأمرَهُ أن يأتي رجالًا بمكّة مؤمنين ونساء مؤمنات ، فيدخل عليهم ويبشّرهم بالفتح ويخبرهم أنّ الله عزّ وجلّ مظهرٌ دينه بمكّة حتّى لا يستخفى فيها بالإيمان

وانطلق عثمان رضي الله عنه حتّى جاء مكّة وأتى أبا سفيان وعظماء قريش وبلّغهم عن رسول الله ﷺ ما أرسلَهُ بِهِ

قالوا لعثمان رضي الله عنه حين فرغَ مِنْ رسالة رسول الله ﷺ إليهم: إنْ شِئْتَ أن تطوف بالبيت فَطُفْ ، فقال: ما كنتُ لأَفْعَلَ حتّى يطوف به رسول الله ﷺ

	120 – بيعة الرّضوان		
	اللفظ	**اردو ترجمہ**	**English Translation**
1	بَيْعَة	عہد	Oath of allegiance
2	سَمُر ج أَسْمُر (الواحد: سَمُرَة)	ببول کا درخت	Acacia laeta
3	عاند (مفاعلة)	مقابلہ کرنا	To resist/oppose

بيعة الرّضوان[40]:

[40] The pledge of Ridhwan (happiness) occurred when Uthman bin Affan entered Makkah whilst the Muslims were waiting for the negotiations in Hudaybiyah. Uthman bin Affan entered Makkah under the protection of Abban bin Sayeed Umwi. Quraish looked after Uthman, however, delayed in sending him back. Rumours spread that Uthman had been killed; the Prophet gathered companions under a tree in Hudaybiyah and asked them to take an oath that they will take revenge for the killing

بلغ رسول الله ﷺ أنَّ عثمان قد قُتِلَ ، فَدَعَا إلى البيعة ، فثار المسلمون إلى رسول الله ﷺ وهو تَحْتَ الشّجرة ، فبايَعُوْه أن لا يفرُّوْا وأخذ رسول الله ﷺ بيدِ نفسه وقال: هذه من عُثْمَان ، فكانَتْ بيعةُ الرّضوان تحت شجرة سمرة في الحديبية التي أنزل اللهُ عَنْهَا: ﴿لَّقَدْ رَضِيَ اللَّهُ عَنِ الْمُؤْمِنِينَ إِذْ يُبَايِعُونَكَ تَحْتَ الشَّجَرَةِ﴾[الفتح:18]

واختلفتْ أربعة رُسُل بين قريش وبين رسول الله ﷺ ، ورسول الله ﷺ يقول لكلّ واحدٍ: إنّا لم نَجِئْ لقتال أَحَدٍ ولكِنَّا جِئْنَا معتمرين وقريش على عنادها وإبائِهَا

ومِنْ هؤلاء الرّسل عروة بن مسعود الثقفيّ رضي الله عنه ورجَعَ إلى أصحابه وقال: أي قوم! واللهِ لقَدْ وفدْتُ على الملوك: على كسرى وقَيْصر والنّجاشيّ ، واللهِ ما رأيتُ مَلِكًا يعظّمه أصحابه ما يُعَظِّمُ أصحابُ محمّدٍ محمَّدًا ووصف لهم ما رآه

121 – معاهدة وصُلح وحكمة وحلم

English Translation	اردو ترجمہ	اللفظ	
Writer/scribe	محرر	كَاتِب ج كَاتِبُوْن وكَتَبَة	1
To agree upon	صلح کرنا	قاضى (مفاعلة)	2
To force/pressure	تنگی کرنا	ضغط (ف) ضَغْطا	3
Force/pressure	تنگی، قہر	ضَغْطَة	4
To be shackled	پاؤں بندھے ہوئے کی طرح چلنا	رسف (ن ض) رَسْفا ورَسِيْفا	5
Tie/bond chain	رسی	قَيْد ج قُيُوْد وأَقْيَاد	6

of Uthman and they will remain in the battlefield until their last breathe. Just then, Uthman himself returned, hence the Muslims were spared from taking up arms and fighting with Quraish. However, as this pledge showed the sincerity of the companions, Almighty Allah revealed verses indicating to the happiness of Allah for these companions.

To agree upon	رضا مند ہونا	اصطلح (افتعال)	7
To make an agreement/contract	معاہدہ کرنا	عقد (ض) عَقْدا	8

معاهدة وصُلح وحكمة وحلم:

ثمّ بعثَتْ قريش سهيل بنَ عمرو

فَلَمَّا رآه رسول الله ﷺ مُقْبِلًا ، قال: أراد القومُ الصّلحَ حينَ بَعَثُوْا هذا الرَّجُلَ

وقال: اكْتُبْ بينَنا وبينَكُمْ كِتَابًا

فدعا الكاتبَ وهو عليّ بن أبي طالب رضي الله عنه ، فقال: اكْتُبْ: (بِسْمِ اللهِ الرَّحْمٰنِ الرَّحِيْمِ) فقال سهيلٌ: أَمَّا الرحمن فواللهِ ما ندري ما هو ولكنْ اكْتُبْ (باسمك اللهم) كَمَا كُنْتَ تكتُبُ

فقال المسلمون: واللهِ لا نكتبها إلّا (بِسْمِ اللهِ الرَّحْمٰنِ الرَّحِيْمِ)

فقال النبيّ ﷺ: اكْتُبْ: (باسمك اللهمّ!)

ثمّ قال: اكْتُبْ (هذا ما قاضَى عليه محمّدٌ رسولُ اللهِ)

فقال سهيل: واللهِ لو كُنَّا نعلم أنَّكَ رسول الله ما صَدَدْنَاكَ عَنِ البيت ولا قاتَلْنَاكَ ، ولَكِنْ اكْتُبْ:

محمّد بن عبد الله

فقال النبيّ ﷺ: إنّي رسول الله وإن كَذَّبْتُمُوْنِيْ ، اكْتُبْ: (محمّد بن عبد الله) فأمر عليّا أن يَمْحُوَهَا ، فقال عليّ: لا واللهِ لا أمحوها ، فقال رسول الله ﷺ أَرِنِيْ مَكَانَهَا ، فأراه مَكَانَهَا ، فَمَحَاهَا

فقال النبيّ ﷺ: هذا ما قاضى عليه رسول الله على أن تخلوا بيننا وبين البيت فنطوفَ بِهِ

فقال سهيل: واللهِ لا تتحدّثُ العربُ أنّا أُخِذْنَا ضغْطَةً ولكنْ ذلك مِنَ العامِ المقبل ، فَكَتَبَ

قال سهيلٌ: على أن لا يأتيك مِنّا رجلٌ ، وإن كانَ على دينك رَدَدْتَهُ إلينا

فقال المسلمون: سبحان الله! كيف يُرَدُّ إلى المشركين وقد جاء مُسْلِمًا!

وبينا هُمْ كذلك إذ جاء أبو جَنْدل بن سُهَيْل ، يرسف في قيوده ، قد خرج مِنْ أسفل مَكَّة ، حتّى رمى بنفسه بين ظهور المسلمين

قال سهيل: هذا يا محمّد أوّل ما أقاضيكَ عليه على أن تردَّهُ

قال النبيّ ﷺ: إنّا لم نَقْضِ الكتابَ بَعْدُ

قال: فوالله إذًا لا أقاضيْكَ على شيء أبدًا

قال النبيّ ﷺ: فأجِزْهُ لي

قال: ما أنا بمجيزه لكَ

قال: بلى ، فافْعَلْ

قال: ما أنا بفاعلٍ

قال أبو جندلٍ: يا معشر المسلمين! أُرَدُّ إلى المشركين وقد جِئْتُ مُسْلِمًا! ألا تَرَوْنَ ما لقِيْتُ وكان عُذّبَ في الله عذابًا شديدًا وردَّه رسول الله ﷺ

وقد اصطلح الفريقان على وضع الحربِ عن النّاس عَشْرَ سنين ، يأمَنُ فيهنّ النّاسُ ويكفّ بعضهم عن بعضٍ وعلى أنّه مَنْ أتى محمّدًا ﷺ مِنْ قريش بغير إذن وليّهِ رَدَّهُ عليهم ، ومن جاءَ قريشًا مِمَّنْ مع محمّدٍ ﷺ لم يردَّه عليه وأنّه مَنْ أحبَّ أن يدخُلَ في عقدِ محمّد ﷺ وعَهْدِهِ دَخَلَ فيه ، ومَنْ أحبّ أن يدخل في عقد قريش وعَهْدِهِمْ دخل فيه

122 – بلاء المسلمين في الصّلح والعودة إلى مكّة

English Translation	اردو ترجمہ	اللفظ	
To shave	مونڈنا	حلق (ض) حَلْقًا	1
To leap/jump	کودنا	تواثب (تفاعل)	2

بلاء المسلمين في الصّلح والعودة إلى مكّة:

فَلَمَّا رأى المسلمون ما رأَوْهُ مِنَ الصُّلْح والرّجوع وما تحمّل عليه رسول الله ﷺ في نفسِهِ ، دَخَلَ على النّاس من ذلك أمرٌ عظيْمٌ حتّى كادُوْا يهلكون ووَقَعَ ذلك من نفوسهم كُلَّ موقعٍ حتّى جاء عمر بن الخطّاب إلى أبي بكر رضي الله عنه ، فقال: أَلَمْ يكُنْ رسول الله ﷺ يُحَدِّثُنا أنّا سنأتي البيتَ ونطوفُ بِهِ؟

قال: بلى ، فأخبرَكَ أنّكَ تأتيه العامَ؟

قال: لا

قال: فإنّكَ آتيه ومطوّفٌ بِهِ

فَلَمَّا فرِغ رسول الله ﷺ مِنَ الصّلح ، قام إلى هَدْيِهِ ، فنَحَرَه ثمّ جلَسَ فحلق رأسه وعظُم ذلك على المسلمين لأنّهم خرَجُوْا وَهُمْ لا يشكُّوْنَ في دخولِ مكّة والعمرة ، ولكنْ لَمَّا رأوا رسول الله ﷺ قد نَحَرَ وَحلَقَ تواثبُوا يَنْحَرُوْنَ وَيَحْلِقُوْنَ

123 – صلح مهين أو فَتْح مبين			
English Translation	اردو ترجمہ	اللفظ	
(place of) return	لوٹنے کی جگہ، لوٹنا	مَرْجِع	1
To triumph	فتح کرنا	فتح (ف) فَتْحا	2

صلح مهين أو فَتْح مبين:

ثمّ رجع إلى المدينة وفي مَرْجِعِهِ أنزل الله تعالى: ﴿إِنَّا فَتَحْنَا لَكَ فَتْحًا مُّبِينًا ﴿١﴾ لِّيَغْفِرَ لَكَ اللَّهُ مَا تَقَدَّمَ مِن ذَنبِكَ وَمَا تَأَخَّرَ وَيُتِمَّ نِعْمَتَهُ عَلَيْكَ وَيَهْدِيَكَ صِرَاطًا مُّسْتَقِيمًا ﴿٢﴾ وَ

الهجرة إلى المدينة

Allah will assist you

يَنْصُرَكَ اللهُ نَصْرًا عَزِيزًا ۞)[الفتح: 1-3]

قال عمر ﷺ: أَوَ فتح هو يا رسول الله!

قال: نعم

Maybe you dislike something and it's better for you

124 – عسى أن تكرهوا شيئا وهو خير لكم

English Translation	اردو ترجمہ	اللفظ	
Coast	سمندر کا کنارہ	سَيْف وسِيْف ج أَسْيَاف	1
To escape	چھوٹنا، رہا ہونا	تفلّت (تفعّل)	2
To plead with/appeal to	قسم کھلانا	ناشد (مفاعلة)	3
Afterwards	پچھلا	آخِر ج آخِرُون	4
Profit/earning	کمائی	مَكْسَب ومَكْسِب ومَكْسِبَة	5
To obey/follow	فرمان بردار ہونا	أطاع (إفعال) وطَاعَة	6
Roman/Bexantinian/Russian Empire	شاہانِ روم کا نام	قَيْصَر ج قَيَاصِرَة	7
Persian Empire	شاہانِ فارس کا نام	كِسْرَى وكَسْرَى ج أَكَاسِرَة (المنسوب: كِسْرَوِيّ وكَسْرَوِيّ)	8
Egyptian Empire	شاہانِ مصر کا نام	مُقَوْقِس	9

عسى أن تكرهوا شيئا وهو خير لكم:

وَلَمَّا رجع إلى المدينة جاءه رجل من قريش، اسمُهُ أبو بصير عتبةُ بن أسيد، فأرسلوا في طلبه رجُلَيْن

he handed him over 2 the 2 men

وقالوا: العهدُ الذي جَعَلْتَ لنا، فدفعه إلى الرجلين فخرجا به، فَخَرَجَ هاربًا منهم حتّى أتى

سِيْفَ البحر وتفلّتَ منهم أبو جندل بن سُهيل ، فلحق بأبي بصير ، فلا يَخرجُ من قريش رجل قد أسلم إلّا لَحِقَ بأبي بصير حتّى اجتمعتْ منهم عصابة لا يسمعون بِعِيْرٍ لقريش خرجتْ إلى الشّام إلّا اعترضُوا لها ، فقَتَلُوهم وأخذوا أموالهم فأرسلتْ قريشٌ إلى النبيّ ﷺ تُنَاشِدُهُ اللهَ والرَّحِمَ لما أرسل إليهم ، فَمَنْ أتاه مِنْهُمْ فَهُوَ آمِنٌ

ودَلّتِ الحوادث الأخيرة على أنّ صلح الحديبية[41] الذي تنازل فيه رسول الله ﷺ لقبول كُلِّ ما أَلَحَّتْ عليه قريش ورأوا فيه انتصارا لهم ومَكْسبا وتحمَّلَه المسلمون في قوّة إيمانهم وشدّة طاعتهم للرسول ﷺ كان فَتْحَ بابٍ جديد لانتصار الإسلام وانتشاره في جزيرة العرب بسرعة لم تُسْبق ، وكان بابًا إلى فتح مَكَّة ودَعْوَة ملوك العالم كقيصر[42] وكسرى[43] ومُقَوْقِس[44] وأمراء العرب ، وصدق الله العظيم: (وَعَسَىٰٓ أَن تُحِبُّوا۟ شَيْـًٔا وَهُوَ شَرٌّ لَّكُمْ ۗ وَٱللَّهُ يَعْلَمُ وَأَنتُمْ لَا تَعْلَمُونَ)[البقرة:216]

---

[41] The Treaty of Hudaybiyah occurred in the month of Dhul Qa'dah 6 A.H. (March 628 C.E.). It was a treaty that was signed by the Muslims, when they were stopped from performing Umrah in the year 6 A.H. The Quraish, who were ruling Makkah at that time, and the Muslims agreed upon the following points in the treaty:

- Muslims will not do Umrah this year, instead they will be allowed to return next year and be given permission to do the Umrah.
- For 10 years a peace treaty will occur between the Quraish and the Muslims, they will not fight each other.
- If a Qurayshite joins the Muslims without permission, then he must be returned to the Quraish.
- If one of the people who were with Muhammad joins with the Quraish in Makkah, then they do not need to be returned.
- Whoever in Arabia wishes to enter into a covenant with Muhammad is free to do so.
- Whoever in Arabia wishes to enter into a covenant with the Quraish is free to do so.

[42] Caesar is the title of the Roman dictator.

[43] Khosrow, Chosroes is the title given to many of the Persian rulers.

[44] Al-Muqawqis was the title given to the ruler of Egypt during the era of Prophet Muhammad. He is often identified with Cyrus, Patriarch of Alexandria, who administered Egypt on behalf of the Byzantine Empire.

125 – إسلام خالد بن الوليد وعمرو بن العاص			
English Translation	**اردوترجمہ**	**اللفظ**	
Leader/director	سپہ سالار، کمانڈر	قَائِد ج قَادَة وقُوَّاد	1
To prepare	تیار کرنا	أتاح (إفعال)	2

إسلام خالد بن الوليد وعمرو بن العاص رضي الله عنهما:

وكان صلح الحديبية فَتْحًا للقلوب فدَخَلَ في الإسلام خالدُ بن الوليد الذي كان قائِدَ الفرسان لقريش وبطل مَعَارك عظيمة وقد سمّاه رسول الله ﷺ سَيْفَ الله[45] وهو الذي أبلى في الله بلاءً حسنًا وفُتِحَ على يده الشّام ودخل عمرو بن العاص أحد كِبَار القادةِ والأمراءِ وفاتح مِصْرَ من بعدُ ، وقد قَدِمَا المدينةَ بعد صُلْح الحديبية ، فأسْلَمَا وحَسُنَ إسلامُهُمَا

وأتاح هذا الصّلح فرصةَ الاختلاطِ بين المسلمين والمشركين فاطّلعَ المشركون على محاسِنِ الإسلام وعلى أخلاق المسلمين فَلَمْ يَمْضِ على هذا الصّلح عامٌ كاملٌ حتّى دَخَلَ في الإسلام خلقٌ كَثِيْرٌ

126 – دعوة الملوك والأمراء إلى الإسلام – دعوة وحكمة			
English Translation	**اردوترجمہ**	**اللفظ**	
Stamp/seal	مہر	خَاتَم وخَاتِم ج خَوَاتِيْم وخُتُم	1
To form/mould	پگھلانا	صاغ (ن) صِيْغَة وصِيَاغَة	2
Silver	چاندی	فِضَّة وفَضَّة	3

[45] Khalid bin Walid was given the name 'Sayf Allah' by Prophet Muhammad. He was known for his horsemanship, and was one of the leaders of Quraish during the era of *Jahiliyyah*.

دعوة الملوك والأُمَراء إلى الإسلام – دعوة وحكمة:

ولَمَّا تمَّ الصّلحُ وهدأتِ الأحوالُ كتبَ[46] رسولُ الله ﷺ كُتُبًا إلى ملوكِ العالمِ وأمراءِ العربِ

---

[46] Prophet Muhammad started to send letters to leaders once Islam gained a stronghold in Madinah. From amongst these letters are the following:

- The Letter to Hercules, the Roman emperor who was in Jerusalem at that time. The Prophet sent this letter with Dihyah Al-Kalbi. Hercules was considering accepting Islam until he was worried that his throne may be overpowered, hence historians have commented that he failed to embrace Islam despite knowing Muhammad as the true Prophet.

- The Letter to Pervez, Chosores of Persia who was in Al-Madain at that time. The Prophet sent this letter with Abdullah bin Hudhaifah al-Sahmi. Pervez disrespected the letter and tore the letter, when the Prophet learned of this, the Prophet mentioned 'Allah shall destroy his kingdom!'

- The letter to The Negus, Ashama ibn-Abjar who was in Abyssinia. The Prophet sent this letter with Amr bin Umayyah al-Damri. In the letter Prophet Muhammad sent two letters, one letter calling The Negus to Islam and the other letter in which prophet made a marriage proposal to Umm Habeebah, the daughter of Abu Sufyan bin Harb, in this letter the Prophet also requested the return of the Muslims that took refuge in Abyssinia. Umm Habeebah was married with Ubaydullah bin Jahsh, both had accepted Islam and were bearing the torture in Makkah. Hence they migrated to Abyssinia along with the other Muslims. However, Ubaydullah later converted to Christianity and passed away, Umm Habeebah remained in the state of Islam. The Negus married her to the Prophet and even paid 400 dinars in dowry on behalf of the Prophet, he sent Umm Habeebah to the Prophet under the escort of Shurahbeel bin Hasnah; the Prophet married her on his return from Khaybar, in 7 A.H. Umm Habeebah passed away in 42 A.H. or 44 A.H. The rest of the Muslims that took refuge in Abyssinia also returned to Madinah whilst the Prophet was away in Khaybar. The Negus, Ashama ibn-Abjar passed away in 9 A.H. and the Prophet prayed his funeral prayer in absentia.

- The letter to Al-Muqawqis, the ruler of Egypt who was in Alexandria at that time. The Prophet sent this letter with Hatib bin Abi Balta'h. Al-Muqawqis wrote a letter back to the Prophet showing respect, etc; he also indicated that he believed that a new Prophet was soon to appear, however, he indicated that he thought that this Prophet was going to be from Syria. Despite not embracing Islam clearly, he sent many gifts back for the Prophet, including; two maidens, namely Mariyah and Seereen, he sent some cloth and a donkey as a gift for the Prophet. The Prophet kept Mariyah for himself, and gave Seereen to Hassan bin Thabit as a gift.

- The letter to Hawdhah bin Ali in Yamamah. This letter was sent with Sulait bin Amr A'miri. Hawdhah respected the letter, however, failed to embrace Islam unless he was given a share of

يدعوهم فيها إلى الإسلام وإلى سبيل ربّه بالحكمة والموعظة الحسنة واهتمّ اهتمامًا كبيرًا ، فاختار لكلّ واحد منهم رسولًا يليقُ به ، وقيل له: إنّهم لا يقبَلُون كتابًا إلّا بخاتم ، فصاغ رسول الله ﷺ خاتمًا حلقتُه فِضّة ونقش فيه: (محمّدٌ رسولُ الله)

127 – تسليم هرقل للإسلام وامتناعه عنه

English Translation	اردو ترجمہ	اللفظ	
Hercules	رومیوں کا ایک بادشاہ	هِرَقْل وهِرْقِل	1
Empire	امبراطور	إِمْبِرَاطُوْر ج أَبَاطِرَة	2
Roman	رومی لوگ	رُوْمِيّ	3
Parvez		أبرويز	4
Negus	شاہ حبشہ کا لقب	نَجَاشِيْ ونِجَاشِي ونَجَاشِيّ ونِجَاشِيّ	5
Abyssinian/Ethiopian	ملک حبش کا باشندہ	حَبَش وحَبَشَة ج حُبْشَان	6

---

the Muslim lands. He passed away while the Muslims were still engaged in the conquest of Makkah.

- The letter to al-Mundhir bin Sawa in Bahrain. This letter was sent with al-Ala' bin al'Hadrami. Mundhir accepted Islam and was allowed to continue ruling Bahrain for as long as he stayed on the correct path. Mundhir asked the Prophet whether he should let the Jews and the Zoroastrians remain in Bahrain, the Prophet replied in the positive, however, instructed Mundhir to take *jizyah* (tax) from them.
- The letter to al-Harith bin Abi Shamr al-Gassani in Damascus. This letter was sent with Shuja' bin Wahb. Al-Harith was angered at this letter and promised to wage war against the Muslims. However, when Harith asked his overlord, Heraclius for permission of war, Heraclius never granted the permission. As a result Harith was forced to send Shuja' bin Wahb back graciously with clothes and riches.
- The letter to Jayfar and 'Abd, the sons of Al-Julandi in Oman, these two brothers were the joint leaders of Oman. This letter was sent with Amr bin al-'As after the conquest of Makkah. Both the brothers, after consultation, accepted Islam.

Note: Please refer to the maps for a visual outline of the 'letters sent.'

To verify	جلدی نہ کرنا	تثبّت (تفعّل)	7
To ask for news	خبر دریافت کرنا	استخبر (استفعال)	8
Gaza	غزہ	غَزَّة	9
To be made present	حاضر کرنا	أحضر (إفعال)	10
To inquire	تفسیر طلب کرنا	استفسر (استفعال)	11
Well-informed (about)	واقف	خَبِيْر ج خُبَرَاء	12
Speciality	خصوصیت	خَاصِيَّة ج خَاصِّيَّات وخَصَائِص	13
Shame	شرم	حَيَاء	14
Place	رکھنے کی جگہ	مَوْضَع ومَوْضِع ج مَوَاضِع	15
To bear/suffer	مشقت برداشت کرنا	تجشّم (تفعّل)	16
To close	بند کرنا	غلّق (تفعيل)	17
To turn away	ناپسند کرنا ، اعراض کرنا	نفر (ض) نَفْرا	18
To despair	نا امید ہونا	أيس (س) إِيَاسا	19

تسليم هِرَقْل للإسلام وامْتِنَاعه عنه:

ومن هؤلاء الملوك الإمْبَرَاطور الرّوميّ (هرقل) وإمبراطور فارس كِسْرَى أبرويز والنّجاشيّ ملك الحبشة والمُقَوْقِس ملك مصر

فأمّا هرقل والنّجاشيّ والمقوقس فتأدّبوا ورقّوا في جوابهم وقد أراد هِرَقْل أن يَتَثَبَّتَ في أمر النبيّ ﷺ وبحث عَمَّنْ يستخبره في شأنه وصادف ذلك وجود أبي سفيان في غزّة[47] فأحضر إليه وقد جاء في تجارة وكانتِ استفساراته استفساراتِ عاقلٍ مجرّب خبير بتأريخ الدّيانات وخصائص الأنبياء

[47] Ghazzah or Gaza City is one of the main cities in Palestine in biblical times. It has a larger population than any other city within the State of Palestine.

وسيرهم وشأن الأمم معهم وسنّة الله في أمرهم وصدقه أبو سفيان شأن العرب الأوّلين حياءً من أن يُؤْثِر النّاس عليه كذبًا

فَلَمَّا سمع هرقل كلّ ذلك ، أيقن أنّه نبيّ الله وقال: إن كان ما تقول حقًّا فسيملك موضع قدميّ هاتين وقد كنْتُ أعلم أنّه خارج ولم أكن أظنّ أنّه منكم ، فلو أنّي أعلم أنّي أخلص إليه لتجشّمْتُ لقاءه ولو كنت عنده لغسَلْتُ عن قدميه وأذن لعظماء الرّوم في القصر وأمر بأبوابه فَغُلِّقَتْ ، ثمّ اطّلع فقال: يا معشر الروم! هل لكم في الفلاح والرّشد ، وأن يثبت مُلككم وتبايعوا هذا النبي فنفروا وبادروا إلى الأبواب فوجدوها قد غلّقت ، فَلَمَّا رأى هرقل نفرتهم وأيس من الإيمان ، قال: ردُّوْهم عليّ وقال: إنّي قُلْتُ مقالتي آنفا ، أختبر بها شدّتكم على دينكم فقد رأيتُ فسجَدُوْا له وَرَضُوْا عنه

فآثر الملك على الهداية ووقعتْ بينه وبين المسلمين في خلافة أبي بكر وعمر رضي الله عنهما حروب ومعارك ، كان فيها ذَهَابُ مُلكه وسلطانه

128 – أدب النّجاشيّ والمقوقس

English Translation	اردو ترجمہ	اللفظ	
To treat with kindness	مہربانی کرنا	رفق (ن ك س) رِفْقا	1
To have mercy	رحم کرنا	رقّ (ض) رِقَّة	2

أدب النّجاشيّ والمقوقس:

وأمّا النّجاشيّ والمقوقس فأكرما رسل رسول الله ﷺ وكان جوابهما رفيقا رقيقا وأرسل المقوقس هدايا منها جاريتان وكانتْ إحداهما مارية[48] أمّ إبراهيم ابن رسول الله ﷺ

[48] Mariyah Qibtiya (Mary the Copt) was a maid of Prophet Muhammad that was given by the Egyptian leader, Muqawqis, in the year 8 A.H. He sent a delegation to the Prophet with many gifts,

129 – غطرسة كسرى وعقابها			
English Translation	**اردو ترجمہ**	**اللفظ**	
To be arrogant	تکبر کرنا	غطرس (فعلل)	1
Badhan	باذان	بَاذَان	2
To bring	حاضر کرنا	أحضر (إفعال)	3
Pope	پوپ	بَابَا ج بَابَوَات	4
Sheroe (Shiruya)	شیرویہ	شِيْرَوَيْه	5
Iran	ایران	إِيْرَان	6

غطرسة كسرى وعقابها:

وأمّا كسرى فارس فَلَمَّا قُرِئَ عليه الكتاب مزّقه وقال: يكتب إليّ هذا وهو عبدي ، فبلغ ذلك رسول الله ﷺ ، فقال: مزّق الله مُلْكَهُ وأمر كسرى باذان[49] وهو حاكمه على اليمن بإحضاره فارسل بابويه يقول له: إنّ ملك الملوك كسرى قد كتب إلى الملك باذان يأمره أن يبعث إليك مَنْ يأتيه بكَ وقد بعثني إليكَ لتنطلق معي فأخبره رسول الله ﷺ بأنّ الله قد سلَّط على كسرى ابنه شيرويه[50]

---

including tow slaves. One slave was Mariyah, who the Prophet kept for himself; the other slave was her sister, Seereen. Seereen was given to Hassan bin Thabit as a gift. Mariyah is the mother of the Prophets' son Ibrahim, who was born in the year 9 A.H. Mariyah passed away during the rule of Umar, 16 A.H. and is buried in Baqi.

[49] Badhan ibn Sasan was the Persian Governor of Yemen, during the reign of Khosrau II. Badhan was ordered from Khosrau II to send men to Madinah so that they can bring Muhammad to Khosrau II. Badhan sent two men to Muhammad, when they ordered Muhammad to come to Khosrau II, Muhammad prophesised that Khosrau II had been murdered by his son, Sheroe, more famously known as Kavadh II. The two men returned to the Persian Governor of Yemen, Badhan and informed him of the news. Badhan waited for official news to reach him from the Persian Empire, after receiving the news he accepted Islam and many of the Yemeni residents followed.

[50] Sheroe (or Shiruya) is more famously known as Kavadh II. He was the king of the Sasanian Empire briefly in the year 628. He seized leadership after murdering his father, Khosrau II.

وهكذا كان فمزّقَ الله مُلْكَهُ وملّكه المسلمين وهدى أهلَ إيران[51] للإسلام وكتب إلى أمراء العرب ، فَمِنْهُمْ مَنْ أسلم ومنهم مَنِ امتنع

غزوة خيبر

130 – غزوة خيبر – جائزة من الله			
English Translation	اردو ترجمہ	اللفظ	
Khaybar	خیبر	خَيْبَر	1
Hudaybiyah	حدیبیہ	حُدَيْبِيَة	2
Booty	غنیمت	مَغْنَم ج مَغَانِم	3
To be in abundance	بہت ہونا	كثر (ك) كَثْرًا (الصفة: كَثْر وكَثِيْر)	4
Calmness	اطمینان ، وقار	سَكِيْنَة	5
To colonize	آباد کرنا	استعمر (استفعال)	6
To include	مشتمل ہونا	تضمّن (تفعّل)	7
Fortress/castle	قلعہ	قَلْعَة ج قِلَاع	8
Strong/inaccessible	مضبوط	حَصِيْن	9
Side/direction	جانب	جِهَة وجَهَة وجُهَة ج جِهَات وجَهَات وجُهَات	10
Eastern	مشرق	شَرْقِيّ (منسوب إلى الشَّرْق)	11
City/Madinah	شہر ، مدینہ	مَدِيْنَة ج مُدْن ومُدُن ومَدَائِن	12
Mile	میل	مِيْل ج أَمْيَال	13

[51] Iran is also known as Persia, or the Islamic Republic of Iran, a country in western Asia. The Iranian lands were ruled by the Sassanid Empire for a long time before Islamic era.

غزوة خيبر – جائزة من الله:

إنّ الله سبحانه وتعالى بشّر أصحاب بيعة الرّضوان في الحديبية بالفتح القريب والمغانم الكثيرة ، فقال: ﴿لَقَدْ رَضِيَ اللَّهُ عَنِ الْمُؤْمِنِينَ إِذْ يُبَايِعُونَكَ تَحْتَ الشَّجَرَةِ فَعَلِمَ مَا فِي قُلُوبِهِمْ فَأَنزَلَ السَّكِينَةَ عَلَيْهِمْ وَأَثَابَهُمْ فَتْحًا قَرِيبًا ﴿١٨﴾ وَمَغَانِمَ كَثِيرَةً يَأْخُذُونَهَا ۗ وَكَانَ اللَّهُ عَزِيزًا حَكِيمًا ﴿١٩﴾﴾[الفتح:18-19]

وكان مقدّمة هذه الفتوح والمغانم غزوة خيبر فكانتْ خيبر مستعمرة يهوديّة تتضمّن قلاعًا حصينةً وقاعدة حربيّة لليهود ، فأراد رسول الله ﷺ أن يستريح منهم ويأمن من جهتهم وكانت في الشّمال الشرقيّ للمدينة على بعد سبعين ميلا منه

131 – جيش مؤمن تحت قيادة نبيّ			
English Translation	اردو ترجمہ	اللفظ	
Dhu al-Hijjah	ذوالحجۃ	ذُوْ الْحِجَّة	1
Muharram	محرم	مُحَرَّم	2
To meet	ملاقات کرنا	لاقى (مفاعلة)	3
Injured	زخمی	جَرِيْح ج جَرْحَى	4
To help	مدد کرنا	أسعف (إفعال)	5
In-between	بیچ	ثِنْي ج أَثْنَاء	6
Fine flour	ستو	سَوِيْق ج أَسْوِقَة	7
To make moist	تر کرنا	ثرّى (تفعيل)	8
Worker	کام کرنیوالا	عَامِل ج عُمَّال وعَمَلَة	9

Shovel/spade	بیلچہ	مِسْحَاة ج مَسَاحٍ	10
Large basket	بڑاٹوکر	مِكْتَل ومِكْتَلَة ج مَكَاتِل	11
Army	لشکر	خَمِيْس ج أَخْمِسَة وأَخْمِسَاء	12
To flee	بھاگنا	هرب (ن) هَرَبا وهُرُوْبا	13
To be bad	برا ہونا	ساء (ن) سَوَاء	14

جيش مؤمن تحت قيادة نبيّ:

فأقام رسول الله ﷺ بالمدينة حين رجع من الحديبية ذا الحجّة وبعض المحرّم ، ثمّ خرج في بقيّة المحرّم إلى خيبر وكان عامر بن الأكوع يرتجز في مسيره إليها ، فيقول:

والله لولا اللهُ ما اهتدينا ولا تصدّقنا ولا صلّينا

إنّا إذا قوم بَغَوْا علينا وإن أرادوا فتنة أبينا

فأنزلنْ سكينة علينا وثبّتِ الأقدام إن لاقينا

وأقبل بجيشه وكانوا ألفا وأربعمائة وكان معهم مئتا فرس ولم يأذن لمن تخلّف عن الحديبية وخرجتْ عشرون امرأة من نساء الصّحابة لمداواة المرضى وخدمة الجرحى والإسعاف بالماء والطّعام أثناء القتال

ودعا رسول الله ﷺ في الطّريق بالأزواد ، فلم يُؤْت إلّا بالسّويق فأمر به فَثُرِّيَ فأكل وأكل المسلمون ودعا رسول الله ﷺ لَمَّا أشرف على خيبر وسأل الخير واستعاذ من شرّها وشرّ أهلها وكان إذا غزا قوما لم يغزهم حتّى يصبح فإن سمع أذانا أمسك وإن لم يسمع أذانا أغار فَلَمَّا أصبح لم يسمع أذانا فَرَكِبَ وَرَكِبَ القوم واستقبلوا عُمَّالَ خيبر غادين ، قد خرجوا بمساحيهم وبمكاتلهم ، فَلَمَّا رأوا رسول الله ﷺ والجيش ، قالوا: محمّد والخميسُ معه فأدبروا هرّابًا ، فقال رسول الله ﷺ: الله أكبر! خَرِبَتْ خيبر إنّا إذا نزلْنا بساحة قوم ، فَسَاءَ صباح المنذرين

132 – قائد منصور

English Translation	اردو ترجمہ	اللفظ	
Fortress/castle	قلعہ	حِصْن ج حُصُوْن	1
To conquer	فتح کرنا	افتتح (افتعال)	2
To perplex/puzzle/baffle	دشوار ہونا	استعصى (استفعال)	3
Sore-eyed	آشوب چشم والا	رَمِد	4
Tomorrow	آئندہ کل	غَد	5
To complain	شکایت کرنا	اشتكى (افتعال)	6
To spit	تھوکنا	بصق (ن) بَصْقا	7
Pain	مرض ،تکلیف	وَجَع ج وِجَاع وأَوْجَاع	8
To penetrate/get through	جاری ہونا	نفذ (ن) نَفْذا ونُفُوْذا ونَفَاذًا	9
Slowness/pace	آسانی	رِسْل ج أَرْسَال	10
Courtyard/field	گوشہ ، میدان	سَاحَة ج سَاح وسُوْح وسَاحَات	11
Red	سرخ رنگ	أَحْمَر ج حُمْر وحُمْرَان	12

قائد منصور:

ونازل رسول الله ﷺ حصون خيبر وبدأ يفتتحها حِصْنا حصنا وكان أوّل حصن افتتح حصن ناعم ، افتتحه عليّ بن أبي طالب رضي الله عنه وقد استعصى على المسلمين وكان عليّ بن أبي طالب رَمِدًا ، فقال رسول الله ﷺ: ليأخُذَنَّ الراية غدا رجل يحبّه الله ورسوله يفتح عليه وتطاول له كبار الصّحابة رضي الله عنهم وكلّ منهم يرجو أن يكون صاحب ذلك ودَعَا عليًّا وهو يشتكي عينيه فأتى ، فبصق رسول الله ﷺ في عينيه ودعا له فبَرِئَ حتّى كأن لم يكن به وجع فأعطاه الرّاية

فقال عليّ رضي الله عنه: أقاتلهم حتّى يكونوا مثلنا

قال رسول الله ﷺ: انْفُذْ على رِسْلِكَ حتّى تنزل بساحتهم ، ثمّ ادعُهُمْ إلى الإسلام وأخبرهم بما يجب عليهم من حقّ الله تعالى فيه فوالله لأن يهدي الله بِكَ رجلا واحدًا خير لك من أن يكون لك حُمْرُ النّعم

133 – بين أسد الله وبَطَل اليهود			
English Translation	**اردو ترجمہ**	**اللفظ**	
Marhab	مرحب	مَرْحَب	1
To hasten	جلدی کرنا ، سبقت کرنا	بدر (ن) بُدُوْر	2
To split	پھاڑنا	فلق (ض) فَلْقًا	3
Helmet	فوجی ٹوپی	مِغْفَر ومِغْفَرَة ج مَغَافِر	4
Molar tooth	ڈاڑھ	ضِرْس ج أَضْرَاس	5

بين أسد الله وبَطَل اليهود:

وأتى عليّ رضي الله عنه مدينة خَيْبَرَ فخرج مرحبٌ وهو الفارس المشهور يرتجز فاختلفا ضربتين فبَدَرَهُ عليّ بضربة ففَلَقَ مغفره ورأسه ووقع في الأضراس وكان الفتح

134 – عمل قليلًا وأجر كثيرًا			
English Translation	**اردو ترجمہ**	**اللفظ**	
Black	کالا	أَسْوَد ج سُوْد وسُوْدَان	1
Gravel	سنگریزہ کنکری	حَصْبَاء	2
Houris (spouse in paradise)	حور	حُوْر	3
Eyes	آنکھ	عَيْن ج أَعْيُن وعُيُوْن	4

عمل قليلًا وأجر كثيرًا:

وجاء عبد أسود حبشيّ من أهل خيبر كان في غَنَم لسيّده ، فَلَمَّا رأى أهل خيبر قد أخذوا السلاح سألهم: ما تريدون؟ قالوا: نقاتل هذا الّذي يزعم أنّه نبيّ فوقع في نفسه ذكر النبيّ فأقبل بغنمه إلى رسول الله ﷺ ، فقال: ماذا تقولُ وما تدعو إليه؟ قال: أدعو إلى الإسلام وأن تشهد أن لا إله إلّا الله وأنّي رسول الله وأن لا تعبد إلّا الله ، قال العبد: فما لي إن شهدْتُ وآمنْتُ بالله عزّ وجلّ؟ قال: لك الجنّة إن مُتَّ على ذلك

فأسلم ، ثمّ قال: يا نبيّ الله! إنّ هذه الغَنَم عندي أمانة ، فقال رسول الله ﷺ: أخْرِجْهَا من عندك وارْمِهَا بالْحَصْبَاءِ فإنّ الله سيؤدّي عنك أمانتكَ ففعلَ فرجعَتِ الغنمُ إلى سيّدها فعَلِمَ اليهوديّ أنّ غلامه قد أسلم ، فقام رسول الله ﷺ في النّاس فَوَعَظَهُمْ وحضّهم على الجهاد فَلَمَّا التقى المسلمون واليهود ، قُتِلَ فيمن قتل الْعَبْدُ الأسود ، أقبل رسول الله ﷺ على أصحابه ، فقال: لقد أكرم الله هذا العبد وساقَهُ إلى خير ولقد رأيت عند رأسه اثنتين من الْحُوْرِ الْعِيْنِ ، ولم يصلّ لله سجدة قطّ

135 – ما على هذا اتّبعتك

English Translation	اردو ترجمہ	اللفظ	
Arab Bedouins	عرب کے دیہات	أعْرَاب (واحدها: أعْرَابِيّ)	1
To gain booty	غنیمت حاصل کرنا	غنم (س) غُنْما وغَنِيْمَة	2
Share	تقسیم شده	قِسْم ج أقْسَام	3
To distribute	بانٹنا	قسم (ض) قَسْما	4
Jubbah (loose outer garment)	جبہ	جُبَّة ج جُبَب	5

ما على هذا اتّبعتك:

وجاء رجل من الأعراب إلى النبيّ ﷺ فآمن به واتّبعه ، فقال: أهاجر معك فأوصى به بعض أصحابه ، فَلَمَّا كانت غزوة خيبر ، غَنِمَ رسول الله ﷺ شيئا فقسمه له وكان يرعى ظهرهم ، فَلَمَّا جاء دفعوه إليه ، فقال: ما هذا؟ قالوا: قسم قسمه لك رسول الله ﷺ فأخذه ، فجاء به إلى النبيّ ﷺ فقال: ما هذا يا رسول الله؟ قال: قسم قسمته لك ، قال: ما على هذا اتّبعتُكَ ولكن اتّبعتك على أن أُرمَى هاهنا وأشار إلى حلقه بسهم فأموت فأدخل الجنّة ، فقال: إن تصدق الله يصدقْكَ

ثمّ نهضوا إلى قتال العدوّ فأتى به إلى رسول الله ﷺ وهو مقتول ، فقال: أهُوَ هُوَ! قالوا: نعم ، صدق الله فصدَقَهُ فكفنهُ النّبيّ ﷺ في جبّته ثمّ قدّمه فصلّى عليه وكان مِنْ دعائِهِ له: اللهمّ هذا عبدُكَ خرج مهاجرا في سبيلك قُتِلَ شهيدا وأنا عليه شهيدٌ

136 – شرط البقاء في خيبر			
English Translation	**اردو ترجمہ**	**اللفظ**	
To estimate	اندازہ کرنا	خرص (ض) خَرْصا	1
To give a choice to	اختیار دینا	خيّر (تفعيل)	2

شرط البقاء في خيبر:

وافتتِحَتِ الحصون حصنٌ بعد حصن بعد قتال وحصارٍ دامَ أيّاما حتّى سألوا رسول الله ﷺ الصّلح وأعطاهم رسول الله ﷺ الصّلح وأعطاهم رسول الله ﷺ خَيْبَرَ على أنّ لهم الشّطر من كلّ زرع وثمر ما بدا لرسول الله ﷺ أن يقرّهم وكان رسول الله ﷺ يبعث إليهم عبد الله بن رواحة ، فيخرص عليهم ويجعل ذلك نصفين ، فيخيّرهم أن يأخذوا أيّهما شاؤوا ، فيقولون: بهذا قامتِ السّموات والأرض

137 – محاولة أثيمة لليهود			
English Translation	اردو ترجمہ	اللفظ	
To commit a sin	گناہ کرنا	أثم (س) إثْمًا وأثَمًا وآثاما (الصفة: أثِيْم ج أُثَمَاء)	1
To be roasted/barbecued	بھوننا	شوى (ض) شَيّا	2
To bite	نوچنا	انتهش (افتعال)	3
Meal/bite	ایک لقمہ، خوراک	أَكْلَة	4
To punish	سزا دینا	عاقب (مفاعلة)	5

محاولة أثيمة لليهود:

وفي هذه الغزوة سُمَّ[52] رسول الله ﷺ أَهْدَتْ له زينب بنتُ الحارث اليهوديّة امرأة سلام بن مشكَم شاةً مَشْوِيّة قد سمّتها ، وسألتْ: أيّ اللحم أحبّ إليه؟ فقالوا: الذّراع فأكثرت من السّمّ في الذّراع ، فَلَمّا انتهش من ذراعها أخبره الذّراع بأنّه مسموم فَلَفَظَ الأكلة

وجمع اليهود ، ثمّ قال: هل أنتم صادقيّ عن شيء إن سألتكم عنه؟ قالوا: نعم ، قال: أجعلتم في هذه الشّاة سُمًّا؟ قالوا: نعم ، قال: فما حملكم على ذلك؟ قالوا: أرَدْنَا إن كنت كاذبا نستريح منك وإن كنت نبيّا لم يضرّك وجيء بالمرأة إلى رسول الله ﷺ ، فقالت: أردتُ قتلك ، فقال: ما كان الله ليسلّطك عليّ ، قالوا: ألا نقتلها؟ قال: لا ، ولم يتعرّض لها ولم يعاقبها

[52] In the battle of Khaybar, the Jews attempted to poison Prophet Muhammad. The wife of Sallam bin Mishkam, namely Zainab bint al-Harith, presented a roasted goat to the Prophet. The Jews were aware that the Prophet enjoyed the shoulder, hence she sprinkled the shoulder with more poison. When Prophet Muhammad took the first bite, the meat itself mentioned that this meat is poisonous, Prophet Muhammad spat the meat out. At that time, Prophet Muhammad did not punish Zainab, however, a Companion by the name of Bishr bin Bara'a bin Marur also ate from this meat, as a result Bishr later passed away. When Bishr passed away, it became necessary to punish Zainab, as a result she was executed.

ولم يقتلها ﷺ أوّلًا فَلَمَّا مات بِشْر بن البراء بن مَعْرُور الذي أكل من هذا الذِّراع ، قَتَلَهَا

138 – فتوح ومغانم

#	اللفظ	اردو ترجمہ	English Translation
1	مَغْنَم ج مَغَانِم	غنیمت	Booty
2	أحرز (إفعال)	حفاظت کرنا	To safeguard
3	حقن (ن ض) حَقْنا	روک لینا	To withhold
4	واطأ (مفاعلة)	موافقت کرنا	To agree
5	صالح (مفاعلة)	صلح کرنا	To make a treaty

فتوح ومغانم:

وبعدما انتهى رسول الله ﷺ من أمر خيبر انصرف إلى فدك ، ثمّ جاء إلى وادي القرى ودعا رسول الله ﷺ إلى الإسلام وأخبرهم أنّهم إن أسلموا أحرزوا أموالهم وحَقَنُوْا دماءهم وحسابهم على الله

وأعطى اليهود من غد ما بأيديهم وغنم المسلمون أموالا وقسّم رسول الله ﷺ ما أصاب على أصحابه بوادي القرى ، وترك الأرض والنّخل بيد اليهود وعاملهم عليها

وَلَمَّا بلغ يهود تَيْمَاء ما واطأ عليه رسول الله ﷺ على أهل خيبر وفدك ووادي القرى ، صالحوا رسول الله ﷺ وأقاموا بأموالهم وانصرف رسول الله ﷺ راجعا إلى المدينة

139 – عمرة القضاء

English Translation	اردو ترجمہ	اللفظ	
Eliminating/fulfilling	قضاء	قَضَى وقَضَاء	1
To lock	تالا لگانا	أقفل (إفعال)	2
Ka'bah	کعبہ	مَسْجِد حَرَام	3
To reduce/cut short	چھوٹا کرنا	قصّر (تفعيل)	4

عمرة القضاء:

ولَمَّا كان العام المقبل وذلك في سنة سبع ، قَدِمَ رسول الله ﷺ والمسلمون وخلّت قريش بينه وبين مكّة ، وأقفلوا بيوتهم وطلعوا على الجبل وأقام بمكّة ثلاثا واعتمر وهو قوله تعالى: (لَقَدْ صَدَقَ اللّٰهُ رَسُوْلَهُ الرُّءْيَا بِالْحَقِّ لَتَدْخُلُنَّ الْمَسْجِدَ الْحَرَامَ اِنْ شَآءَ اللّٰهُ اٰمِنِيْنَ مُحَلِّقِيْنَ رُءُوْسَكُمْ وَ مُقَصِّرِيْنَ لَا تَخَافُوْنَ فَعَلِمَ مَا لَمْ تَعْلَمُوْا فَجَعَلَ مِنْ دُوْنِ ذٰلِكَ فَتْحًا قَرِيْبًا)[الفتح:27]

140 – التنافس في خضانة البنت

English Translation	اردو ترجمہ	اللفظ	
Nurturing/upbringing	پرورش	حَضَانَة	1
Take!	لو	دُوْنَك	2
Daughter	بیٹی	ابْنَة	3
(maternal) aunt	خالہ	خَالَة ج خَالَات	4

To be similar	مشابہ ہونا	أشبه (إفعال)	5
Appearance	فطرت	خَلْق	6

التنافس في حضانة البنت:

وقد تغيّرت النّفوس والعقول بتأثير الإسلام تغيّرا عظيما ، فعادتِ البنتُ التي جَرَتْ عادةُ وَأْدِهَا في الجاهليّة حبيبة يتنافس في كفالتها وتربيتها المسلمون

لَمَّا أراد النّبيّ ﷺ الخروجَ من مكّة تبعَتْه أمامة ابنة حمزة تنادى: يا عمّ! يا عمّ! فتناولها عليّ رضي الله عنه فأخذ بيدها وقال لفاطمة عليها السلام دونك ابنة عمّك فحملتها فاختصم فيها عليّ وزيد وجعفر ، فقال عليّ: أنا أخذتها وهي ابنة عمّي وقال جعفر: ابنة عمّي وخالتها تحتي ، وقال زيد: ابنة أخي فقضى بها النبيّ ﷺ لخالتها ، وقال: الخالة بمنزلة الأمّ ، وقال لعليّ رضي الله عنه أنت منّي وأنا منك وقال لجعفر: أشبهْتَ خَلْقِيْ وَخُلُقِيْ وقال لزيد: أنت أخونا ومولانا

غزوة مؤتة

141 – غزوة مؤتة – قتل سفير المسلمين وعقوبته			
English Translation	اردو ترجمہ	اللفظ	
Ambassador	سفیر	سَفِيْر ج سُفَرَاء	1
To follow	پیچھے چلنا	تبع (س) تَبَعا وتَبَاعا وتَبَاعَة (الصفة: تَبِع ج أَتْبَاع) (الصفة: تَابِع ج تَبَع وتَوَابِع)	2
Roman	رومی لوگ	رُوْم وأَرْوَام	3
To tie	باندھنا	أوثق (إفعال)	4
Ribbon/strap	پٹی	رِبَاط ج رُبُط	5

غزوة مؤتة – قتل سفير المسلمين وعقوبته:

بعث رسول الله ﷺ الْحَارِثَ بْنَ عُمَيْرٍ الْأَزْدِيَّ بكتابه إلى شُرَحْبِيلِ بْنِ عَمْرٍو الْغَسَّانِيِّ حاكم (بُصْرَى) التّابع لقيصر ملك الرّوم ، فأوثقه رباطا ، ثمّ قدّمه فضرب عُنُقَه ولم تجرِ العادة بقتل الرسل والسفراء عند الملوك والأمراء وكان فيه خطر عظيم على الرّسل والسّفراء وإهانة شديدة للمرسل والرّسالة ، وكان لا بُدّ من تأديب هذا المعتدي

142 – أوّل جيش في أرض الرّوم			
English Translation	اردو ترجمہ	اللفظ	
To attack	تکلیف دینا	أصاب (إفعال)	1
To fuse/associate with	ملنا	انضمّ (انفعال)	2

أوّل جيش في أرض الرّوم:

فلمّا بلغ رسول الله ﷺ الخبر ، أراد أن يبعث بَعْثًا إلى بصرى وذلك في جمادى الأولى مِنَ السّنة الثّامنة للهجرة ، فَتَجَهَّزَ النّاس وهم ثلاثة آلاف ، واستعمل عليهم زيد[53] بن حارثة وهو مولى رسول الله ﷺ

[53] Prophet Muhammad sent an expedition in Jumada al-awwal in the year 8 A.H. (September 629 C.E.) against the Ghassanid chief, Shurahbeel bin Amr Ghassani, provincial governor of Busra (Syria) under the Byzantine emperor, for taking the life of an emissary, al-Harith bin Umair al-Azdi. After the killing, the Prophet mobilised an army of three thousand men under the leadership of Zaid bin Haritha, the Prophet mentioned that in case of Zaid falling, the second-in-command is Jafar bin Abi Talib, and in case of Jafar falling, the third-in-command is Abdullah bin Rawahah. Zaid bin Haritha was a freed slave of Prophet Muhammad, and the father of Usamah, according to some historians Zaid was ten years younger than Prophet Muhammad. Jafar bin Abi Talib the older brother of Ali, the fourth Caliph. Before Islamic era, there was a drought in Makkah, Abu Talib was finding it difficult to take care of his large family during this prolonged drought, Prophet Muhammad and his uncle Abbas supported Abu Talib by taking one child each in their care; Prophet Muhammad took Ali in his care and Abbas took Jafar in his care. Jafar was one of the first to embrace Islam once Muhammad started to preach in Makkah. Abdullah bin Rawahah was from the Arabian tribe of Banu Khazraj and was

الهجرة إلى المدينة

وفي الجيش كبار المهاجرين والأنصار وقال: إن أصيب فجعفر بن أبي طالب على النّاس ، فإن أصيب جعفر فعبد الله بن رواحة ، فلمّا حضر خروجهم ودّع النّاس أمراء رسول الله ﷺ وسلّموا عليهم وكان أمامهم سفر طويل شاقّ وعدوّ ذو شوكة

ومضى الجيش حتّى نزل بمعان ، وبلغ المسلمين أنّ هرقل بالبلقاء في مائة ألف من الرّوم ، وانضمّ إليهم جمع كثير من قبائل العرب ، فأقاموا على معان ليلتين ينظرون في أمرهم ، وقالوا: نكتب إلى رسول الله ﷺ ، فنخبره بِعَدَدِ عدوّنا ، فإمّا أن يمدّنا بالرّجال وإمّا أن يأمرنا بأمره فنمضي له

(Annotations: there were senior Muhajir & Ansar; said Salam upon them; when time of leaving came close; long difficult journey; with 100,000 Romans; reached Ma'aan; carried on; we will write to; inform him numbers of enemy; command us with a command)

143 – ما نقاتل النّاس بعددٍ ولا قوّة

اللفظ	اردو ترجمہ	English Translation
1	ظفر (س) ظَفَرا	کامیاب ہونا	To be successful

(we do)

ما نقاتل النّاس بعددٍ ولا قوّة:

وشجّع النّاس عبد الله بن رواحة ، فقال: يا قوم! والله إنّ الّذي تكرهون لَلَّتي خرجْتُم تطلبون (الشّهادة) وما نقاتل النّاس بِعَدَد ولا كثرة ، ما نقاتلهم إلّا بهذا الدّين الذي أكرمنا به الله ، فانطلقوا ، فإنّما هي إحدى الحسنيين ، إمّا ظفر وإمّا شهادة فَمَضَى النّاس

(Annotations: encourage; Indeed which you dislike is that which you left seeking; with the Deen which Allah; we only fight them; so the people carried on; either victory or martyrdom)

---

known for his writing and poetic skills. He was from amongst the twelve individuals of Ansar that took an initial oath of allegiance with Muhammad during the Hajj season. He was made in charge of an expedition where he was sent to assassinate Yusayr bin Hazm, this expedition is known as the 'Expedition of Abdullah bin Rawahah'. He was made third-in-command during the battle of Mu'tah where he was martyred.

144 - قتال المستميتين وصولة الأسود

اللفظ	اردو ترجمہ	English Translation
تَخْم وتُخْم ج تُخُوْم	سرحد	Boundary/edge
عقر(ض) عَقْرا	زخمی کرنا	To wound
عَضُد ج أَعْضَاد	بازو	Upper arm

قتال المستميتين وصولة الأسود: *black attack*

فلمّا كانوا بتُخُومِ البلقاء لقيتهم الجموع من الرّوم والعرب ودنا العدوّ وانحاز المسلمون إلى قرية

groups of Romans & Arabs met them on borders of Balqa

يقال لها (مؤتة) والتقى النّاس، واقتتلوا

وقاتل زيد بن حارثة ﷺ برايةِ رسول الله ﷺ حتّى استشهد وقد أخذتِ الرّماحُ منه كلّ مأخذ،

the spears had hit him in every place / until he was martyred / fought with flag of Rasool / until the fighting took it

ثمّ أخذها جعفر، فقاتل بها حتّى إذا أرهقه القتال، اقتحم عن فرسه فَعَقَرَهَا ثمّ قاتل فقُطِعَت

chopped his legs off / held flag with his chest / right hand chopped off

يمينه فأخذ الرّاية بيساره، فقطعت يساره فاحتضن الرّاية بعَضُدَيْه حتّى قتل، وله ثلاث وثلاثون

found in front of his chest 90 wounds

سنة ووجد المسلمون ما بين صدره ومنكبيه وما أقبل منه تسعين جراحة، ما بين ضَرْبَةٍ بالسّيف

all of them from the front / strikes of swords

وطعنة بالرّمح كلّها في الأمام.

went forward with it

فلمّا قتل جعفر أخذ عبد الله بن رواحة الرّاية وتقدّم بها، ونزل عن فرسه وأتاه ابنُ عمّ بعَظْمٍ عليه

took the meat w his hand / indeed you have met

بعضُ لحم، وقال: شُدَّ هذا صلبك فإنّك قد لقيت في أيّامك هذه ما لقيت فأخذه بيَدِهِ وأخذ

took his sword

منه بِفَمِهِ مِنْ يدِهِ يسيرا، ثمّ ألقاه مِنْ يدِهِ وأخذ سَيْفَهُ فتقدّم وقاتل حتّى قُتِلَ

145 - قيادة خالد الحكيمة

اللفظ	اردو ترجمہ	English Translation
دافع (مفاعلة)	مدد کرنا	To defend

2	شُجَاع وشَجَاع وشِجَاع ج شُجْعَان	بہادر	Brave
3	انسحب (انفعال)	گھسٹنا	To be drawn/pulled
4	جنّ (ن) جِنّا وجُنُوْنا	چھپانا	To conceal/cover/veil
5	فَرِيْق ج أَفْرِقَاء وفُرُوْق	ریوڑ	Group
6	سلم (س) سَلَامَة وسَلاما	نجات پانا	To gain freedom
7	تقاعس (تفاعل)	پیچھے ہٹنا	To retreat/move back

قيادة خالد الحكيمة:

واصطلح النّاس بعده على خالد بن الوليد رضي الله عنه فأخذ الرّاية ودافع القوم وكان شُجَاعا حكيما يعرف سياسة الحرب فانحاز بالجيش الإسلاميّ إلى الجنوب وانسحب العدوّ نحو الشّمال وجنّ الليل فانصرف بالنّاس وكلا الفريقين اغتنم السّلامة ورأى المصلحة في عدم التّحرّش ومتابعة القتال وتهيّب الرّوم المسلمين بحكمة خالد رضي الله عنه وتقاعسوا

146 – خبر عيان لا بيان			
	اللفظ	اردو ترجمہ	English Translation
1	ذرف (ض) ذَرْفا (الصفة: ذَرِيْف ومَذْرُوْف)	بہنا	To weep

خبر عيان لا بيان:

وبينما كان المسلمون يخوضون المعركة كان رسول الله صلى الله عليه وسلم يخبر أصحابه في المدينة بما يجري في المعركة ، يقول أنس بن مالك رضي الله عنه: إنّ رسول الله صلى الله عليه وسلم نَعَى زيدًا وجعفرا وابنَ رواحة للنّاس قبل أن يأتيهم خبر ، فقال: أخذ الرّاية زيد فأصيب ثمّ أخذها جعفر فأصيب ثمّ أخذها ابن رواحة

فأصيب وعيناه تذرفان حتّى أخذ الرّاية سيف من سيوف الله حتّى فتح الله عليهم

الطيّار ذو الجناحين:

وقال في جعفر: إنّ الله أبدله بيديه جَنَاحين يطير بهما في الجنّة حيث شاء ، ولذلك لُقِّبَ بجعفرٍ الطّيّار وذي الجناحين

148 – كرّارون لا فرّارون			
English Translation	اردو ترجمہ	اللفظ	
To throw/spread	گرانا	حثا (ن) حَثْوا و(ض) حَثْيا وتَحْثَاء	1

كرّارون لا فرّارون:

ولَمَّا دنا الجيش من حول المدينة تلقّاهم رسول الله ﷺ والمسلمون وجعل النّاس يحثون على الجيش التّراب ، ويقولون: يا فرّار! فررتم في سبيل الله ويقول رسول الله ﷺ ليسوا بالفرّار ولكنّهم الكرّار إن شاء الله تعالى

149 – فتح مكّة – تمهيد لفتح مكّة			
English Translation	اردو ترجمہ	اللفظ	
To flatten/pave way	ہموار کرنا، تمہید کرنا	مهّد (تفعيل)	1

فتح مكّة – تمهيد لفتح مكّة:

وَلَمَّا تَمَّ أمر الله في دينه وفي عباده أراد أن يدخل رسوله والمسلمون مكّة ويطهّروا الكعبة مِنَ

الأوثان ، فتكون مباركة وهدى للعالمين ويعيدوا مكّة إلى ما كانت عليه فتكون مثابة للنّاس وأمنا

150 – نقض بني بكر ﷺ وقريش الحلف			
English Translation	اردو ترجمہ	اللفظ	
To assist	مدد کرنا	ساعد (مفاعلة)	1
To be established	ثابت ہونا	تقرّر (تفعّل)	2
To inherit	وارث ہونا	توارث (تفاعل)	3
To stop/hinder	روکنا	حجز (ن ض) حَجْزا وحِجَازَة	4
To be busy	مشغول ہونا	تشاغل (تفاعل)	5
Truce	مصالحت، آرام	هُدْنَة ج هُدَن	6
To attack at night	رات میں حملہ کرنا	بيّت (تفعيل)	7
To throw arrows	نیزہ بازی کرنا	تناوش (تفاعل)	8

نقض بني بكر ﷺ وقريش الحلف:

وقد هيّأ اللهُ لذلك أسبابا وساعَدَتْ عليها قريش ، كان قد تقرّر في صلح الحديبيّة أنّ من أحبّ أن يدخل في عقد رسول الله ﷺ وعهده فَعَلَ ، ومن أحبّ أن يدخل في عقد قريش وعهدهم فَعَلَ ، ودخلتْ بنو بكر في عقد قريش وعهدهم ودخلتْ خزاعة في عقد رسول الله ﷺ وعهده وكان بين بني بكر وبين خزاعة عَداء متوارث وجاء الإسلام فَحَجَزَ بينهم وتشاغل النّاس بشأنه ، فَلَمَّا كانتِ الهدنة أراد بنو بكر أن ينتهزوا هذه الفرصة ليصيبوا من خزاعة الثّأر القديم فبيّت نفر من بني بكر خزاعة وهم على ماء لهم ، فأصابوا منهم رجالا وتناوشوا واقتتلوا

وأعانت قريش بني بكر بالسّلاح وقاتل معهم أشراف من قريش مستخفين ليلا حتّى حازوا خزاعة

إلى الحرم ، فَلَمَّا انتهوا إليه ، قالتْ بنو بكر لبعض رجالهم: إنَّا قد دخلنا الحرم ، إلهك إلهك! فقال: لا إله اليومَ! يا بني بكر أصيبوا ثأركم فلا تجدون هذه الفرصة بعد ذلك

151 - الاستغاثة برسول الله ﷺ

#	اللفظ	اردو ترجمہ	English Translation
1	نشد (ن ض) نَشْدا ونِشْدانا	قسم دینا	To seek/plead with
2	نَجْدَة ج نَجَدَات	بہادری ، طاقت	Courage/bravery
3	مَوْثِق ومِيثَاق ج مَوَاثِق	عہد	Promise
4	رَاكِع ج رَاكِعُوْنَ ورُكَّع ورُكُوْع	رکوع کرنے والا	Bowing

الاستغاثة برسول الله ﷺ:

وخرج عمرو بن سالم الخزاعيّ وقدم على رسول الله ﷺ المدينة فوقفَ عليه وأنشد أبياتا يُنشده فيها الحلف الّذي كان بينه وبين خزاعة وسأله النّصر والنّجدة ويخبره بأنّ قريشا أخلفوه الموعد ونقضُوا مِيثاقه المؤكّد وأنَّهم بُيّتوا وهم على ماء لهم ، وقتلوهم رُكَّعًا وسُجَّدًا ، فقال رسول الله ﷺ: نُصِرْتَ يا عمرو بن سالم

152 - محاولة قريش لتجديد العهد

#	اللفظ	اردو ترجمہ	English Translation
1	شدّ (ض ن) شَدًّا	قوی کرنا	To attach

الهجرة إلى المدينة

محاولة قريش لتجديد العهد:

وقال رسول الله ﷺ للناس حين بلغه الخبر: (كأنَّكم بأبي سفيان قد جاءكم يشدّ العقد، ويزيد في المدّة) وهكذا كان، فرَهِبَت قريش ممّا صنعت

153 – إيثار النبيّ على الآباء والأبناء

اللفظ	اردوترجمہ	English Translation
1 طوى (ض) طيًّا	لپیٹنا	To wrap
2 نجس (س) نَجَسا و(ك) نَجَاسَة (الصفة: نَجِس ونَجْس ونَجَس ونُجُس ج أَنْجَاس)	ناپاک ہونا	To be impure

إيثار النبيّ على الآباء والأبناء:

وقدم أبو سفيان على رسول الله ﷺ المدينة ودخل على ابنته (أمّ حبيبة) زوج النبيّ ﷺ، فلمّا ذهب ليجلس على فراش رسول الله ﷺ طَوَتْهُ عنه، فقال: يا بُنَيَّتي! ما أدري أرغبتِ بي عن هذا الفراش أم رغبت به عنّي؟ قالت: بل هو فراش رسول الله ﷺ وأنت مُشرِك نجس ولم أحبّ أن تجلس على فراش رسول الله ﷺ، قال: والله لَقَد أصابك يا بُنَيَّتي بعدي شرّ

154 – حيرة أبي سفيان وإخفاقه

اللفظ	اردوترجمہ	English Translation
1 أخفق (إفعال)	ناكام رہنا	To fail

الهجرة إلى المدينة

Worry of Abu Sufyan & his failure

حيرة أبي سفيان وإخفاقه:

وأتى أبو سفيان رسول الله ﷺ فكلّمه فلَم يرُدَّ عليه شيئا ثم ذهب إلى أبي بكر فكلّمه أن يكلّم له رسول الله ﷺ ، فقال: ما أنا بفاعل وراود عمر وعليّا وفاطمة على ذلك فلَم يُجبْهُ أحد إلى ذلك ، وقالوا: إنّ الأمر أجلّ منه حتّى احتار في أمره

The matter is greater than this until he failed in his task

155 – التأهّب لمكّة

اللفظ	اردو ترجمہ	English Translation	
تأهّب (تفعّل)	تیار ہونا	To prepare	1
جَهاز وجِهَاز	ضروری سامان	Equipment	2
أعلم (إفعال)	اطلاع دینا	To inform	3
بغت (ف) بَغْتا	اچانک آنا	To come unexpectedly	4
عمّى (تفعيل)	پوشیدہ رکھنا	To hide	5
وجل (س) وَجَلا ومَوْجَلا	ڈرنا	To fear	6
وَجَل ج أَوْجَال	خوف	Fear	7
ارتقب (افتعال)	انتظار کرنا	To wait	8

التأهّب لمكّة:

Then he informed the people that he is going to travel by secrecy

وأمر رسول الله ﷺ النّاس بالجهاز واستعان على أمره بالكتمان ، ثمّ أعلم النّاس أنّه سائر إلى مكّة

Take the spies & the informers of Quraysh until we unexpectedly come

وأمرهم بالجدّ والتجهّز وقال: اللهمّ! خذ العيون والأخبار عن قريش حتّى نبغتها في بلادها

this was at beginning of 8th year

وخرج في رمضان من المدينة ومعه عشرة آلاف وذلك على رأس ثماني سنين ومضى رسول الله ﷺ

حتّى نزل (مرّ الظهران)[54] وعمّى الله الأخبار عن قريش ، فهم على وجل وارتقاب

they were upon fear and were waiting

---

[54] In Ramadhan, 8th Hijrah, Prophet set off from Madinah to Makkah with approximately 100 000 Companions with the intention of conquering Makkah. During his travels, the Prophet and the

156- العفو عمَّنْ ظلمَ			
English Translation	اردو ترجمہ	اللفظ	
To criticise	عیب گیری کرنا	هجا (ن) هَجْوا وهِجَاء وتَهْجَاء	1
To blame	ملامت کرنا	ثرّب (تفعيل)	2
Shame	شرم	حَيَاء	3

العفو عمَّنْ ظلمَ:

ولقي رسول الله ﷺ في الطّريق ابن عمّه أبو سفيان بن الحارث بن عبد المطّلب فأعرض عنه لِمَا كان يلقاه منه مِنْ شدّة الأذى والهجو فشكا ذلك إلى عليّ ، فقال له: ائْتِ رسول الله ﷺ مِنْ قِبَل وجهه فَقُلْ له ما قال إخوة يوسف ليوسف: (تَاللَّهِ لَقَدْ آثَرَكَ اللَّهُ عَلَيْنَا وَإِن كُنَّا لَخَاطِئِينَ)[يوسف:91] فإنّه لا يرضى أن يكون أحد أحسن منه قولا ، فَفَعَلَ ذلك ، فقال له رسول الله ﷺ: (لَا تَثْرِيبَ عَلَيْكُمُ الْيَوْمَ يَغْفِرُ اللَّهُ لَكُمْ وَهُوَ أَرْحَمُ الرَّاحِمِينَ)[يوسف:92] وحسُن إسلامه بعد ذلك وما رفع رأسه إلى رسول الله ﷺ مُنْذُ أسلم حياءً منه

Companions were fasting, however, when the Prophet reached Kadeed, the Prophet broke his fast and instructed the Companions to break their fasts as well. Continuing their journey, the Muslims reached Marra al-Dhahran where the Prophet instructed all the Companions to light a fire for themselves, in this manner ten thousand fires burned in the night, striking fear amongst the Qurayshi ranks.

Marra al-Dharan is a valley 22 kilometres north of Makkah.

157 – أبو سفيان بن حرب بين يدي رسول الله ﷺ

English Translation	اردو ترجمہ	اللفظ	
To espionage/spy	تفتیش کرنا	تجسّس (تفعّل)	1
To mount	سوار کرنا	أركب (إفعال)	2
Sacrum	پچھلا حصہ	عَجُز ج أَعْجَاز	3
Mule	خچر	بَغْلَة ج بَغَلَات وبِغَال	4
To approach/draw near	قریب ہونا	أنى (ض) أَنْيا وإِنًى وآنَاء	5
To be sufficient	کافی ہونا	أغنى (إفعال)	6

أبو سفيان بن حرب بين يدي رسول الله ﷺ:

وأمر رسول الله ﷺ الجيش فأوقدوا النّيران وخرج أبو سفيان بْنُ حرب يتجسّس الأخبار — وهو يقول: ما رأيت كالليلة نيرانا قطّ ولا عسكر — وكان العبّاس بن عبد المطّلب قد خرج من مكّة قبل ذلك بأهله وعيالة مسلما مهاجرا ولحق بالعسكر فعرف صوتَ أبي سفيان وقال: هذا رسول الله ﷺ في النّاس ، واصباح قريش! فأركبه في عجز بغلته وخشي عليه أن يدركه أحد المسلمين فيقتله وأتى به رسول الله ﷺ

فَلَمَّا رآه رسول الله ﷺ ، قال: ويحك يا أبا سفيان! ألم يأنِ لك أن تعلم أنّه لا إله إلّا الله؟ قال: بأبي أنتَ وأمّي ، ما أحلَمَكَ وأكرمكَ وأوصلكَ! واللهِ لقد ظننتُ أن لو كان مع الله إله غيره لقد أغنى عنّي شيئا بعْدُ

قال: ويحك يا أبا سفيان! ألم يأنِ لكَ أن تعلم أنّي رسول الله؟

قال: بأبي أنتَ وأمّي ، ما أحلمَكَ وَأَكْرَمَكَ وَأَوْصَلَكَ ، أمّا هذه والله فإنّ في النفس منها حتّى الآن شيئا

الهجرة إلى المدينة

قال العبّاس: ويحك! أَسْلِمْ واشهد أنّ لا إله إلا الله وأنّ محمّدا رسول الله قبلَ أن تضرب عنقك

فأسلم وشهد شهادة الحقّ

Before your neck is chopped — *Accept Islam* — *gave testimony of truth*

158 – عفو عام وأمن بسيط

اللفظ	اردو ترجمہ	English Translation
1 قاوم (مفاعلة)	مخالفت کرنا	To fight/counter
2 مُمْتَلَك	ملکیت	Estate/possession

عفو عام وأمن بسيط:

ووسّع رسول الله ﷺ في الأمن والعفو حتّى أصبح أهل مكّة لا يهلك منهم إلّا من زَهِدَ في السّلامة وكره الحياة ، فقال: من دخل دار أبي سفيان فهو آمن ومن أغلق بابه فهو آمن ومن دخل المسجد فهو آمن ونهى رسول الله ﷺ جيشه عن أن يستخدموا السّلاح عندما يدخلون مكّة على أيّ إنسان إلّا مَنِ اعترضهم وقاومهم وأمر بأن يعفّ الجيش عن أموال مكّة وممتلكاتهم وأن يكفّوا أيديهم عنها

159- أبو سفيان أمام موكب الفتح

اللفظ	اردو ترجمہ	English Translation
1 حَدَقَة ج حَدَق وحَدَقَات	آنکھ کی سیاہی	Iris/pupil of the eye
2 طَوْق وطَاقَة	قدرت ، طاقت	Power/ability

أبو سفيان أمام موكب الفتح:

وأمر رسول الله ﷺ عبّاس بن عبد المطّلب أن يجلس أبا سفيان حيث تمرّ به كتائب الإيمان وتحرّكت كتائب الفتح كأنّها بحر يموج وكانتِ القبائل تمرّ على راياتها كلّما مرّت قبيلة سأل أبو سفيان عبّاسا عنها وعن اسم القبائل ، فيقول: مالي ولبني فلان ، حتّى مرّ رسول الله ﷺ في كتيبة خضراء فيها المهاجرون والأنصار ، لا يرى منهم إلّا الحَدَق من الحديد ، فقال: سبحان الله! يا عبّاس من هؤلاء؟ قال: هذا رسول الله ﷺ في المهاجرين والأنصار ، قال: ما لأحد بهؤلاء قِبَل ولا طاقة والله يا أبا الفضل لقد أصبح ملك ابن أخيك الغداة عظيما ، قال: يا أبا سفيان! إنّها النبوّة ، قال: فَنِعْمَ ، إذًا

وقام أبو سفيان فصرخ بأعلى صوته: يا معشر قريش! هذا محمّد قد جاءكم فيما لا قِبَل لكم به ، فمن دخل دار أبي سفيان فهو آمن ، قالوا: قاتلَكَ الله ، ما تُغْنِي عَنَّا دارك؟ قال: ومن أغلق عليه بابه فهو آمن ومن دخل المسجد فهو آمن ، فتفرّق النّاس إلى دُورِهِمْ وإلى المسجد

160 – دخول خاشع متواضع لا دخول فاتح متعال

	اللفظ	اردو ترجمہ	English Translation
1	سُورَة ج سُوَر وسُوْر	سورت	Surah/chapter
2	شِعَار ج أَشْعِرَة وشُعُر	علامت	Sign
3	شَعِيْرَة ج شَعَائِر	علامت	Sign
4	أردف (إفعال)	پیچھے کرنا	To seat behind
5	قَدِيْد	خشک گوشت	Cured meat

دخول خاشع متواضع لا دخول فاتح متعال:

ودخل رسول الله ﷺ مكّة وهو واضع رأسه تواضعا لله حين رأى ما أكرمه الله به من الفتح ، حتّى إنّ

ذقنه ليكاد يمسّ واسطة الرّحل ودخل وهو يقرأ سورة الفتح ورفع في دخوله مكّة فاتحا كلّ شعار من شعائر العدل والمساواة والتواضع والخضوع فأردف أسامة[55] بن زيد وهو ابن مولى رسول الله ﷺ ولم يردف أحدا من أبناء بني هاشم وأبناء أشراف قريش وهم كثير

وكان ذلك صبح يوم الجمعة لعشرين ليلة خلَتْ من رمضان سنة ثمان من الهجرة

وكلّمه رجل يوم الفتح فأخذته الرعدة ، قال: (هَوِّنْ عليك ، فإنّي لست بملك وإنّما أنا ابن امرأة من قريش كانت تأكل القديد)

161 – مرحمة لا ملحمة			
English Translation	اردو ترجمہ	اللفظ	
Fierce battle	جنگ	مَلْحَمَة	1
To be opposite	مقابل میں ہونا	حاذى (مفاعلة)	2

مرحمة لا ملحمة:

ولَمَّا مرّ سعد بن عبادة بأبي سفيان في كتيبة الأنصار ، قال له: اليوم يوم الملحمة ، اليوم تستحلّ الحرمة اليوم أذلّ الله قريشا ، فَلَمَّا حاذاه رسول الله ﷺ في كتيبته شكا إليه ذاك أبو سفيان ، قال: يا رسول الله! ألم تسمع ما قال سعد؟ قال: وما قال؟ قال: قال كذا وكذا

فاستنكر رسول الله ﷺ مقالة سعد ، وقال: (بل اليوم يوم المرحمة ، اليوم يُعِزّ الله قريشا وَيُعَظِّمُ الله فيه الكعبة) وأرسل إلى سعد فنزع منه اللّواء ودفعه إلى قيس ابنه ورأى أنّ اللواء لم يخرج عن سعد إذ صار إلى ابنه

[55] Usamah bin Zaid is a freed slave of the Prophet, his father Zaid is also a freed slave of the Prophet. Prophet Muhammad used to love both Usamah and Zaid immensely, hence Usamah was referred to as Hibb bin Hibb (Beloved, the son of the Beloved); the Prophet treated Usamah like his grandsons, Hasan and Hussain. Usamah's mother is Umm Ayman also known as Barakah, she is the woman that looked after Prophet Muhammad after the mother of the Prophet, Aminah, passed away. Usamah was born in the seventh year before Hijrah, 615 C.E. Usamah was brought up as a Muslim as his father Zaid was one of the first to embrace Islam.

162 – مناوشات قليلة			
English Translation	اردو ترجمہ	اللفظ	
To order	شرط لگانا	عهد (س) عَهدا	1

مناوشات قليلة:

وكانت مناوشة قليلة بين صفوان بن أميّة وعكرمة بن أبي جهل وسهيل بن عمرو وبين أصحاب خالد بن الوليد وأصيب من المشركين ناس قريب من اثني عشر رجلا ثمّ انهزموا وكان رسول الله ﷺ قد عهد إلى أمرائهم من المسلمين حين يدخلون مكّة: أن لا يقاتلوا إلّا من قاتلهم

163 – تطهير الحرم من الأوثان والأصنام			
English Translation	اردو ترجمہ	اللفظ	
To vanish	کمزور ہونا	زهق (ف) زُهُوْقا	1
Bound to vanish/perishable	ہلاک ہونے والا	زَهُوْق	2
To commence	پیدا کرنا	أبدأ (إفعال)	3

تطهير الحرم من الأوثان والأصنام:

وَلَمَّا نزل رسول الله ﷺ واطمأنّ النّاس ، خرج حتّى جاء البيت فطاف به وفي يده قوس وحول البيت وعليه ثلاثمائة وستّون صنما ، فجعل يطعنها بالقوس ، ويقول: (جاء الحقّ وزهق الباطل إنّ الباطل كان زهوقا ، جاء الحقّ وما يبدئ الباطل وما يعيد) والأصنام تتساقط على وجوهها ورأى في الكعبة الصّور والتّماثيل ، فأمر بالصّور وبالتّماثيل فكسرت

164 – اليوم يوم برّ ووفاء			
English Translation	اردو ترجمہ	اللفظ	
To make rough/be rude	سخت کرنا	أغلظ (إفعال)	1
To slander	عیب لگانا	نال (ض ف) نَيْلا ونَالا ونَالَة	2
To raise/keep alive	آباد ہونا	عمر (ن) عَمْرا	3
To fall	گرنا	وقع (ض) وُقُوْعا	4
Place	گرنے کی جگہ	مَوْقِع ج مَوَاقِع	5
To be inherited/ long-possessed	پرانے زمانے سے ہونا	تلد (ض ن) تُلُوْدا	6

اليوم يوم برّ ووفاء:

وَلَمَّا قضى طوافه دعا عثمان بن طلحة فأخذ منه مفتاح الكعبة فَفُتِحَتْ له ودخل وكان قد طلب منه المفتاح يوما قبل أن يهاجر إلى المدينة فأغلظ له القول ونال منه فَحَلُمَ عنه وقال: يا عثمان! لعلّك ترى هذا المفتاح يوما بيدي أضعه حيث شئت ، فقال: لقد هلكت قريش يومئذ وذلّت ، فقال: بل عمرتْ وعزّتْ يومئذ ووقعت كلمته من عثمان بن طلحة موقعا وظنّ أنّ الأمر سيصير إلى ما قال

فَلَمَّا خرج من الكعبة ، قام إليه عليّ بن أبي طالب ومفتاح الكعبة بيده ﷺ قال لرسول الله ﷺ: اجمع لنا الحجابة مع السّقاية ، فقال رسول الله ﷺ أين عثمان بن طلحة؟ فدعي له ، فقال: هاكَ مفتاحك يا عثمان! اليوم يوم برّ ووفاء خذوها خالدة تالدة لا ينزعها منكم إلّا ظالم

165 – الإسلام دين توحيد ووحدة			
	English Translation	اردو ترجمہ	اللفظ
1	Door jamb	پہلو	عِضَادَة
2	Achievement/triumph	عمدہ فعل	مَأْثَرَة ج مَآثِر
3	Custodian	خدمت	سِدَانَة
4	Arrogance/haughtiness	فخر، کبر	نَخْوَة
5	To be glorified/esteemed	تکبر کرنا	تعظّم (تفعّل)
6	To get acquainted/ know each other	پہچاننا	تعارف (تفاعل)

الإسلام دين توحيد ووحدة:

وفتح رسول الله ﷺ باب الكعبة وقريش قد ملأت المسجد صفوفا ينتظرون ماذا يصنع ، فأخذ بعضادتي الباب وهم تحته فقال: (لا إله إلّا الله وحده لا شريك له صدق وعده ونصر عبده وهزم الأحزاب وحده ، ألا كلّ مأثرة أو مال أو دم فهو تحت قدميّ هاتين إلّا سدانة البيت وسقاية الحاجّ)

يا معشر قريش! إنّ الله قد أذهب عنكم نخوة الجاهليّة وتعظّمها بالآباء ، الناس من آدم وآدم من تراب ، ثمّ تلا هذه الآية: (يَا أَيُّهَا النَّاسُ إِنَّا خَلَقْنَاكُمْ مِنْ ذَكَرٍ وَأُنْثَىٰ وَجَعَلْنَاكُمْ شُعُوبًا وَقَبَائِلَ لِتَعَارَفُوا ۚ إِنَّ أَكْرَمَكُمْ عِنْدَ اللَّهِ أَتْقَاكُمْ ۚ إِنَّ اللَّهَ عَلِيمٌ خَبِيرٌ)[الحجرات:13]

166 – نبي المحبّة ورسول الرّحمة			
	English Translation	اردو ترجمہ	اللفظ
1	Love	محبت	مَحَبَّة

Free	آزاد	طَلِيْق ج طُلَقَاء	2
To vibrate	حرکت کرنا ، ہلنا	ارتجّ (افتعال)	3
Eight	آٹھ	ثَمَانِيَة وثَمَان	4

نبي المحبّة ورسول الرّحمة:

ثمّ قال رسول الله ﷺ: يا معشر قريش ما ترون أنّي فاعل بكم؟

قالوا: خيرا ، أخ كريم وابن أخ كريم

قال: فإنّي أقول لكم كما قال يوسف لإخوته: لا تثريب عليكم اليوم ، اذهبوا فأنتم الطّلقاء

وأمر بلالا أن يصعد على الكعبة فيؤذّن ورؤساء قريش وأشرافهم يسمعون كلمة الله تعلو ، ومكّة ترتجّ بالأذان ودخل رسول الله ﷺ دار أمّ هانئ بنت أبي طالب فاغتسل وصلّى ثماني ركعات صلاة الفتح شكرا لله عليه

167 – لا تمييز في تنفيذ حدود الله			
English Translation	اردو ترجمہ	اللفظ	
To ask for intercession	سفارش کرنے کی درخواست کرنا	استشفع (استفعال)	1
To be coloured	رنگین ہونا	تلوّن (تفعّل)	2
To praise	تعریف کرنا	أثنى (إفعال)	3

لا تمييز في تنفيذ حدود الله:

وسرقت امرأة من بني مخزوم – اسمها فاطمة – في هذه الغزوة ، ففزع قومها إلى أسامة بن زيد لمكانته عند رسول الله ﷺ يستشفعونه ، فَلَمَّا كلّم رسول الله ﷺ تلوّن وجهه ، وقال: أتكلّمُني

في حدّ من حدود الله؟ قال أسامة: استغفر لي يا رسول الله!

فَلَمَّا كان العشيّ قام رسول الله ﷺ خطيبا فأثنى على الله بما هو أهله ، ثمّ قال: أمّا بعد ، فإنّما أهلك النّاس قبلكم أنّهم كانوا إذا سرق فيهم الشّريف تركوه وإذا سرق فيهم الضّعيف أقاموا عليه الحدّ والذي نفس محمّد بيده لو أنّ فاطمة بنت محمّد سرقَتْ لقطعْت يدها

ثمّ أمر رسول الله ﷺ بتلك المرأة فقطعت يدها ، فحسنت توبتها بعد ذلك

168 – بيعة على الإسلام			
English Translation	اردوترجمہ	اللفظ	
To put on a veil	نقاب ڈالنا	تنقّب (تفعّل)	1
To disguise	اجنبی ہونا	تنكّر (تفعّل)	2
Action/deed	صنیع	صَنِيْع	3

بيعة على الإسلام:

واجتمع النّاس بمكّة لبيعة رسول الله ﷺ على الإسلام فجلس لهم على الصّفا وأخذ على النّاس السّمع والطّاعة لله ولرسوله فيما استطاعوا

ولَمَّا فرغ من بيعة الرّجال بايع النّساء وفيهنّ هند بنت عتبة زوج أبي سفيان متنقّبة متنكّرة لما كان من صنيعها بحمزة وعرفها رسول الله ﷺ بحديثها الجريء وأسلمتْ وبايعتْ

المحيا محياكم والممات مماتكم:

وَلَمَّا فتح الله مكّة على رسوله ﷺ وهي بلده ووطنه ومولده تحدّث الأنصار فيما بينهم ، فقالوا: إنّ رسول الله ﷺ قد فتح الله عليه أرضه وبلده فهو مقيم بها لا يعود إلى المدينة

وسأل رسول الله ﷺ الأنصار عن حديثهم ولا يعرفه غيرهم فاستحْيَوْا ثمّ أقرّوا به ، فقال: معاذ الله! المحيا محياكم والممات مماتكم

	170 – إزالة آثار الجاهليّة وشعائر الوثنية		
English Translation	اردو ترجمہ	اللفظ	
To spread	پھیلانا	بثّ (ن ض) بَثًا	1
Laat	بت کا نام	لَات	2
Uzzah	بت کا نام	عُزَّى	3
Manat	بت کا نام	مَنَاة	4
Man	مرد	امْرُؤ	5
To shed/spill	بہانا	سفك (ض) سَفْكا	6

إزالة آثار الجاهليّة وشعائر الوثنية:

وبثّ رسول الله ﷺ سراياه إلى الأوثان التي كانتْ حول الكعبة فَكُسرت كلّها ، منها اللّات[56] والعزّى[57] ومناة[58] الثالثة الأخرى ونادى مناديه بمكّة: (من كان يؤمن بالله واليوم الآخر فلا يدع في بيته صنما إلّا كسره) وبعث رجالا من أصحابه إلى القبائل فَهَدَمُوْا أصنامها

وقام رسول الله ﷺ في مكّة خطيبا فأعلن حرمة مكّة إلى يوم القيامة: (لا يَحِلّ لامرئ يؤمن بالله

[56] Laat is the name of a chief goddess in the religion of the pre-Islamic Arabs during the days of *jahiliyyah*.

[57] Uzzah is the name of a chief goddess in the religion of the pre-Islamic Arabs during the days of *jahiliyyah*.

[58] Manat is one of the three chief goddess of Makkah, in the religion of the pre-Islamic Arabs during the days of *jahiliyyah*. They used to believe that Manat was the goddess of fate. Some considered Manat as the wife of Hubal, a god worshipped in Pre-Islamic Arabia around the Ka'bah.

واليوم الآخر أن يسفك فيها دما ، أو يعضد بها شجرة)

وقال: (لم تحلُل لأحد كان قبلي ولا تحلّ لأحد يكون بعدي) ثمّ انصرف راجعا إلى المدينة

أثر فتح مكّة:

وكان لفتح مكّة أثر عميق في نفوس العرب فشرح الله صدر كثير منهم للإسلام وصاروا يدخلون فيه أرسالا وصدق الله العظيم: (إِذَا جَآءَ نَصۡرُ ٱللَّهِ وَٱلۡفَتۡحُ ۝١ وَرَأَيۡتَ ٱلنَّاسَ يَدۡخُلُونَ فِي دِينِ ٱللَّهِ أَفۡوَاجٗا ۝٢)[النصر:1-2]

غزوة حنين

172 – غزوة حنين – اجتماع هوازن			
English Translation	اردو ترجمه	اللفظ	
Honour/dignity	آبرو	عِرْض ج أَعْرَاض	1

غزوة حنين – اجتماع هوازن:

وبعد أن تمّ فتح مكّة وبدأ النّاس يدخلون في دين الله أفواجا ، أطلق العرب السّهم الأخير في كنانتهم على الإسلام والمسلمين

وكانت هوازن قوّةً كبيرةً بعد قريش وكان بينها وبين قريش تنافس ، فلم تخضع لما خضعت له قريش

وقام مالكُ بن عَوف النّصري سيّد هوازن ، فنادى بالحرب واجتمع إليه مع هوازن ثقيف كلّها وأجمع السّير إلى رسول الله ﷺ وحطّ مع النّاس أموالهم ونسائهم وأبنائهم ليثبتوا ويدافعوا عن

الأهل والعرض

وخرج رسول الله ﷺ ومعه ألفان من أهل مكّة ، ومنهم مَنْ هو حديث العهد بالإسلام ومنهم مَنْ لم يسلم وعشرة آلاف من أصحابه الذين خرجوا معه مِنَ المدينة ، فبلغ عَدَدُهُمْ إلى ما لم يبلغه في غزوة قبل ذلك حتّى قال أناس من المسلمين: لن نغلب اليوم من قِلَّة وأعجبتهم كثرة النّاس

173 – في وادي حنين			
English Translation	اردو ترجمہ	اللفظ	
To be concealed	چھپنا	كمن (ن س) كُمُوْنا	1
To appeal to/please	ظاہر ہونا	راع (ض) رَيْعا ورُيُوْعا ورِيَاعا ورَيَعَانا	2
To shoot/throw at	تیر مارنا	رشق (ن) رَشْقا	3
To draw	تلوار سونتنا	أصلت (إفعال)	4
To turn	متوجہ ہونا	لوى (ض) لَيّا ولَوْيا	5
Similar	مثل	شَبِيْه ج شِبَاه	6
To retreat/withdraw	ہٹ جانا	انحسر (انفعال)	7

في وادي حنين:

واستقبل المسلمون وادي حنين وذلك في عاشر شوّال سنة ثمان وهم ينحدرون فيه انحدارا في ظلام الصّبح وكانت هوازن قد سبقتهم إلى الوادي ، وكمنوا لهم في شعابه فما راع المسلمين إلّا أن رشقوهم بالنّبال وأصلتوا السّيوف وحملوا حملة رجل واحد وكانوا قومًا رماةً

وانشمر عامّة المسلمين راجعين لا يلوي منهم أحد على أحد

وكانت فترةً حاسمة يوشك أن تدور الدائرة على المسلمين فلا تقوم لهم قائمة بعد ذلك وكانت شبيهة بما وقع يوم أحد حين طار في النّاس أنّ النبيّ ﷺ قد قُتِلَ ، وانحسر عنه المسلمون

174 - الفتح والسّكينة			
English Translation	**اردو ترجمہ**	**اللفظ**	
To be bitter	کڑوا ہونا	مرّ (س ن) مَرَارَة	1
To be sweet	میٹھاہونا	حلا (ن ك س) حَلَاوَة وحُلْوَانا	2
White	سفید	شَهْبَاء	3
To fear	خوف کرنا	هاب (ف) هَيْبا وهَيْبَة (الصفة: هَائِب وهَيَّاب)	4
Snaffle	لگام کا وہ حصہ جو گھوڑے کے دونوں جبڑوں کی جانب ہو	حَكَمَة	5
Handful	مٹھی بھر کر	قَبْضَة وقُبْضَة	6
Far	دور	بَعِيْدَ ج بُعَدَاء وبُعُد وبُعْدَان	7
To preoccupy	مشغول ہونا	انشغل (انفعال)	8
At your service! Here I am!	میں حاضر ہو	لَبَّيْك	9
Cry/yell	بلند آواز	صَات وصَيِّت	10
Shield	ڈھال	تُرْس ج أَتْرَاس وتِرَاس وتُرُوْس وتِرَسَة	11
To compete	آپس میں مارنا	اجتلد (افتعال)	12
To tie up	باندھنا	كتّف (تفعيل)	13
To become full	بھرنا	امتلأ (افتعال)	14
Habitat	وطن ، میدان جنگ	مَوْطِن ج مَوَاطِن	15

الفتح والسّكينة:

ولَمَّا تمَّ ما أراده الله من تأديب المسلمين الّذين أعجبتهم الكثرة وأذاقهم الله مرارة الهزيمة بعد

حلاوة الفتح ردّ لهم الكرّة على الأعداء وأنزل السّكينة على رسوله وعلى المؤمنين وكان رسول الله ﷺ واقفا في موقفه على بغلته الشهباء غير وجل ولا هيّاب وقد بقي معه نفر من المهاجرين والأنصار وأهل بيته ، والعبّاس بن عبد المطّلب آخذ بحكمة بغلته ورسول الله ﷺ يقول:

(أنا النبيّ لا كذب أنا ابن عبد المطّلب)

وَلَمَّا استقبلته كتائب المشركين أخذ قبضة من تراب ورمي بها إلى عيون الأعداء إلى البعد ، فملأت أعين القوم

وَلَمَّا رأى انشغال النّاس بأنفسهم ، قال: يا عبّاس! اصرخ: يا معشر الأنصار ، يا معشر أصحاب السمرة! فأجابوا: لَبَّيْكَ لَبَّيْكَ وكان رجلا صيّتا فيؤمّ الرجل الصّوت ويقتحم عن بعيره ويأخذ سيفه وترسه حتّى ينتهي إلى رسول الله ﷺ حتّى إذا اجتمع إليه منهم طائفة ، استقبلوا النّاس فاقتتلوا ، وأشرف رسول الله ﷺ في ركائبه

واجتلد النّاس فما رجعت راجعة النّاس من هزيمتهم حتّى وجدوا الأسارى مكتّفين عند رسول الله ﷺ وأنزل الله ملائكته بالنصّر ، فامتلأ بهم الوادي وتمّت هزيمة هوازن وذلك قوله تعالى: (لَقَدْ نَصَرَكُمُ ٱللَّهُ فِى مَوَاطِنَ كَثِيرَةٍ ۙ وَيَوْمَ حُنَيْنٍ ۙ إِذْ أَعْجَبَتْكُمْ كَثْرَتُكُمْ فَلَمْ تُغْنِ عَنكُمْ شَيْـًٔا وَضَاقَتْ عَلَيْكُمُ ٱلْأَرْضُ بِمَا رَحُبَتْ ثُمَّ وَلَّيْتُم مُّدْبِرِينَ ﴿٢٥﴾ ثُمَّ أَنزَلَ ٱللَّهُ سَكِينَتَهُۥ عَلَىٰ رَسُولِهِۦ وَعَلَى ٱلْمُؤْمِنِينَ وَأَنزَلَ جُنُودًا لَّمْ تَرَوْهَا وَعَذَّبَ ٱلَّذِينَ كَفَرُوا ۚ وَذَٰلِكَ جَزَآءُ ٱلْكَٰفِرِينَ ﴿٢٦﴾)[التوبة: 25-26]

غزوة الطائف

175 – غزوة الطائف – فلول ثقيف			
English Translation	اردو ترجمہ	اللفظ	
Group	جماعت	فَلّ ج فُلُوْل وفِلَال	1
To fix/repair	درست کرنا	رمّ (ن) رَمًّا ومَرَمَّة	2
Wall	دیوار	حَائِط ج حِيْطَان وحِيَاط	3

غزوة الطائف – فلول ثقيف:

وقدم فلول ثقيف الطّائف وأغلقوا عليهم أبواب مدينتها ورمّوا حصنهم وأدخلوا فيه ما يصلح لهم لسنة وأعدّوا للحرب عُدّتها فسار رسول الله ﷺ إليهم ومضى حتّى نزل قريبا من الطّائف ، فضرب به عسكره وكان العسكر قريبا من حائط الطّائف ولم يقدروا على أن يدخلوه ، فقد أغلقوه دونهم ورَمَتْ ثقيف المسلمين بالنّبل رميا شديدا كأنّه رِجْلَ جَرَادٍ وكانوا رماة

176 – حصار الطّائف			
English Translation	اردو ترجمہ	اللفظ	
Some (between 3-9)	تین سے نو تک کی عدد	بِضْع وبَضْع	1
To pelt one another	آپس میں تیر اندازی کرنا	ترامى (تفاعل)	2
Catapult	پتھر پھینکنے کے مشین	مَنْجَنِيْق ج مَجَانِق ومَجَانِيْق	3

حصار الطّائف:

فنقل العسكر إلى مكان آخر وحاصرهم بضعا وعشرين ليلة وقاتلهم قتالا شديدا وتراموا بالنّبل

واستخدم رسول الله ﷺ في هذا الحصار المنجنيق لأوّل مرّة واشتدّ الحصار وقتل رجال من المسلمين بالنّبل

الرحمة في ميدان الحرب:

وَلَمَّا ضاق الحصار وطالت الحرب ، أمرَ رسول الله ﷺ بقطْعِ أعناب ثقيف وهي مِمَّا يعتمدون عليها في معاشهم ووقع النّاس فيها يقطعون ، فسألوه أن يدعها لله وللرّحم ، فقال رسول الله ﷺ: فإنّي أدعها لله وللرّحم

ونادى منادي رسول الله ﷺ: أيّما عبد نزل من الحصن وخرج إلينا فهو حرّ ، فَخَرَجَ منهم بضعة عشر رجلا

ولم يؤذن لرسول الله ﷺ في فتح الطّائف فأمر عمر بن الخطّاب رضي الله عنه فأذّن في النّاس بالرّحيل فضجّ النّاس من ذلك ، وقالوا: نرحل ولم يفتح علينا الطّائف! فقال رسول الله ﷺ: فاغْدُوا على القتال فَغَدَوْا فأصابتِ المسلمين جراحات ، فقال رسول الله ﷺ: إنّا قافلون غدا إن شاء الله ، فَسُرُّوْا

رفع الحصار:

ولم يؤذن لرسول الله ﷺ في فتح الطّائف ، وأراد أن يدخلوا في الإسلام طائعين ، فأذّن في النّاس بالرّحيل

179 – سبايا حنين ومغانمها			
English Translation	**اردو ترجمه**	**اللفظ**	
Captive/prisoner	قیدی	سَبِيّ ج سَبَايَا	1
To take one's time	مہلت دینا	استأنى (استفعال)	2

الهجرة إلى المدينة

سبايا حنين ومغانمها:

ونزل رسول الله ﷺ الجعرّانة فيمن معه من النّاس واستأنى بهوازن أن يقدموا عليه مسلمين بضع عشرة ليلة ، ثمّ بدأ بالأموال فَقَسَمَها وأعطى المؤلّفة قلوبهم أوّل النّاس

distributed
those whose hearts were united

180 - ردّ السبايا على هوازن

English Translation	اردو ترجمہ	اللفظ	
Lawful share	مقرر حصہ	فَرِيْضَة ج فَرَائِض	1
To gain booty	غنیمت حاصل کرنا	فاء (ض) فَيْئًا	2
Connoisseur	نقیب ، سردار	عَرِيف ج عُرَفَاء	3
Linen cloth	کتان کا کپڑا	قُبْطِيَّة وقِبْطِيَّة ج قَبَاطِيّ وقُبَاطِيّ	4

ردّ السبايا على هوازن:

returning the captives upon Hawazin

he shows mercy upon them

وقدم وفد هوازن على رسول الله ﷺ وهم أربعة عشر رجلا ، فسألوه أن يمنّ عليهم بالسّبي والأموال ، فقال: إنّ معي مَنْ تَرَوْنَ وإنّ أحبّ الحديث إليّ أصدقه ، فأبناؤكم ونساؤكم أحبّ إليكم أم أموالكم؟

the best speech to me is that you speak truth
those that see
are your women & children

قالوا: ما كُنَّا نَعْدِلُ بالأبناء والنّساء شيئا ، وقال: إذا صلّيت الغداةَ ، فَقُومُوا ، فَقُولُوا: إنّا نستشفع برسول الله ﷺ إلى المؤمنين ونستشفع بالمؤمنين إلى رسول الله ﷺ أن يردّ علينا سبينا ،

interceded

فَلَمَّا صلّى الغداة قاموا ، فقالوا ذلك ، فقال رسول الله ﷺ: أمّا ما كان لي ولبني عبد المطّلب فهو لكم وسأسأل لكم النّاس ، فقال المهاجرون والأنصار: ما كان لنا فهو لرسول الله ﷺ وأبى ثلاثة من بني تميم وبني فزارة وبني سليم أن يتنازلوا عن سبيهم ، فقال رسول الله ﷺ: إنّ هؤلاء القوم قد جاؤوا مسلمين وقد كنت استأنيتُ بِهِم ، وقد خيَّرتهم فلم يَعْدِلُوا بالأبناء والنّساء

I have given them enough time

شيئا ، فَمَنْ كان عنده مِنْهُنَّ شيء فطابتْ نفسه بأن يردّه فسبيل ذلك ، ومن أحبّ أن يستمسك بحقّه فليردّ عليهم وله بكلّ فريضة ستّ فرائض من أوّل ما يفيء الله علينا

فقال النّاس: قد طِبْنَا لرسول الله ﷺ ، فقال: إنّا لا نعرف من رضي منكم مِمَّنْ لم يَرْضَ ، فارجعوا حتّى يرفع إلينا عرفاؤكم أمركم ، فردّوا عليهم نساءهم وأبناءهم ولم يتخلّف منهم أحد

وكسا رسول الله ﷺ السّبيَ قُبْطِيَّةً قُبْطِيَّةً

181 – رقّة وكرم			
English Translation	اردو ترجمہ	اللفظ	
To be harsh	سختی کرنا	عنف (ك) عَنْفا وعَنَافَة (الصفة: عَنِيْف ج عُنُف)	1
Sign	نشان	عَلَامَة ج عَلَام وعَلَامَات	2
To bite	دانت سے پکڑنا	عضّ (س) عَضّا وعَضِيْضا	3
To sit on the hip	سرین پر بٹھانا	تورّك (تفعّل)	4
Slave	غلام	عَبْد ج عَبِيْد وعِبَاد وعَبَدَة وأَعْبُد	5
Livestock/cattle	اونٹ ، چوپایہ	نَعَم ج أَنْعَام ج أنَاعِيْم	6

رقّة وكرم:

وكان المسلمون قد ساقوا فيمن ساقوه إلى رسول الله ﷺ الشّيماء بنت حليمة السّعديّة أخت رسول الله ﷺ مِنَ الرّضاعة وعنفوا عليها في السّوق وهم لا يدرون فقالت للمسلمين: تعلمون والله إنّي لأخت صاحبكم مِنَ الرّضاعة فلم يصدّقوها حتّى أتوا بها إلى رسول الله ﷺ

ولَمَّا انتهت الشّيماء إلى رسول الله ﷺ قالتْ: يا رسول الله! إنّي أختك مِنَ الرّضاعة ، قال: ما علامة ذلك؟ قالتْ: عضّة عضَضْتَنِيْهَا في ظهري وأنا متورّكتك وعرف رسول الله ﷺ العلامة

وبسط لها رداءه وأجلسها عليه وخيّرها وقال: إن أحببت فعندي محبّبة مكرّمة وإن أحببت أن أمتّعك وترجعي إلى قومك فعلْتُ ، فقالتْ: بل تمتّعني وتردّني إلى قومي ومتّعها رسول الله ﷺ فأسلمتْ وأعطاها رسول الله ﷺ ثلاثة أعبد وجارية ونَعَمًا وشاة

طائعون لا كارهون:

وَلَمَّا ارتحل المسلمون من الطّائف واستقبلوا ، قال رسول الله ﷺ: قولوا: آئبون تائبون عابدون لربّنا حامدون ، قيل: يا رسول الله! ادْعُ الله على ثقيف ، قال: اللهمّ اهْدِ ثقيفا وائتِ بهم

لحقَ عروة بن مسعود الثّقفيّ وأدرك رسول الله ﷺ قبلَ أن يدخل المدينة فأسلمَ ورجع يدعو قومه إلى الإسلام وكان محبَّبا إليهم ، صاحب منزلة فيهم ، فَلَمَّا دعاهم إلى الإسلام وأظهر عليهم دينه رَمَوْهُ بالنّبل فَقُتِلَ شَهِيْدًا

وأقام ثقيف بعد قتله أشهرا ، ثمّ ائتمروا بينهم ورأوا أنّه لا طاقة لهم بحرب من حولهم من العرب وقد بايعوا وأسلموا فأرسلوا وفْدًا إلى رسول الله ﷺ

English Translation	اردو ترجمہ	اللفظ	
183 – لا هودة مع الوثنيّة			
Leniency	نرمی	هَوَادَة	1
Dome	گنبد	قُبّة ج قِبَاب وقُبَب	2
To pardon	مٹا دینا	عفا (ن) عَفْوا و(ض) عَفْيا	3

لا هوادة مع الوثنيّة:

وقدموا على رسول الله ﷺ وضَرَبَ عليهم قُبَّةً في ناحية مسجده وأسلموا وسألوا رسول الله ﷺ

أن يدع لهم اللّات ، لا يهدمها ثلاث سنين فأبي رسول الله ﷺ عليهم وما برحوا يسألونه سنة سنة ويأبى عليهم رسول الله ﷺ حتّى سألوا شهرا واحدا بعد قدومهم ، فابى عليهم إلّا أن يبعث أبا سفيان بن حرب والمغيرة بن شعبة وهو من قومهم يَهْدِمَانِهَا ، وسألوه أن يعفيهم مِنَ الصّلاة ، فقال: لا خير في دِيْنٍ لا صلاة فيه

وَلَمَّا فرغوا مِنْ أَمْرِهِمْ وَتَوَجَّهُوْا إلى بلادهم راجعين ، بَعَثَ مَعَهُمْ أَبا سفيان بْنَ حربٍ والمغيرة بن شعبة ، فهدمها المغيرة وانتشر الإسلام في ثقيف ، حتّى أسلَمَ أهلُ الطّائف عن آخرهم

غزوة تبوك:

كان العرب لا يحلمون بغزو الرّوم والزّحف عليهم ، بل كانُوْا يرون أنفسهم أصغر مِنْ ذلك

وقد كان الرّوم لا يزالون يذكرون غزوة مؤتة التي لم يقضوا منها حاجة في نفوسهم ولم يشفُوها

ورأى رسول الله ﷺ أن يتقدّم بجيش المسلمين إلى بلاد الرّوم ويدخل فيها قبل أن تدخل الجيوش الروميّة حدود العرب وتتحدّى مركز الإسلام

185 – زمن الغزوة

English Translation	اردو ترجمہ	اللفظ	
Desert	بیابان	مَفَازَة ج مَفَازَات ومَفَاوِز	1
To make clear	ظاہر کرنا	جلّى (تفعيل)	2
Gear/outfit /equipment	سامان	أُهْبَة	3
Distress/agony	تنگی ، سختی	عُسْرَة وعُسْرَى ومَعْسَرَة ومَعْسُرَة	4

زمن الغزوة:

وكانتْ هذه الغزوة في رجب سنة تسع (غزاها رسول الله ﷺ في حرّ شديد حين طابتِ الثّمار والظّلال واستقبل سفرًا بعيدًا ومفازًا وعدوًّا كثيرًا ، فَجَلّى للمسلمين أمرهم ليتأهّبوا أهْبةَ غزوهم فأخبرهم بوجهه الذي يريد وكان الزمن زمن عسرة النّاس وجدب البلاد)

وتعلّل المنافقون بِعِلَل ، وكرهوا الخروجَ مع رسول الله ﷺ إشفاقًا مِنَ العدوّ القويّ القاهر وفرارًا مِنَ الحرّ الشّديد وزهادة في الجهاد وشكًّا في الحقّ وفي ذلك يقول الله تعالى: (**فَرِحَ ٱلْمُخَلَّفُونَ بِمَقْعَدِهِمْ خِلَٰفَ رَسُولِ ٱللَّهِ وَكَرِهُوٓا۟ أَن يُجَٰهِدُوا۟ بِأَمْوَٰلِهِمْ وَأَنفُسِهِمْ فِى سَبِيلِ ٱللَّهِ وَقَالُوا۟ لَا تَنفِرُوا۟ فِى ٱلْحَرِّ ۗ قُلْ نَارُ جَهَنَّمَ أَشَدُّ حَرًّا ۚ لَّوْ كَانُوا۟ يَفْقَهُونَ ﴿٨١﴾**)[التوبة: 81]

186 – تنافس الصّحابة في الجهاد والمسير			
English Translation	اردو ترجمه	اللفظ	
Expenditure	خرچ	نَفَقَة ج نَفَقَات ونِفَاق وأَنْفَاق	1

تنافس الصّحابة في الجهاد والمسير:

وَجَدَّ رسول الله ﷺ في سفره وأمر النّاس بالجهاز وحضّ أهل الغنى على النّفقة في سبيل الله ، فَحَمَلَ رجالٌ مِنْ أهل الغنى عَدَدًا مِنَ المسلمين الّذين لا يملكون زادًا ولا راحلةً واحتسبوا ، وجهّز عثمان بن عفّان جيشَ الْعُسْرَةِ وأنفق ثلاثين ألف دينار ودعا له رسول الله ﷺ

187 – مسير الجيش إلى تبوك			
English Translation	اردو ترجمه	اللفظ	
Cloud	بادل	سَحَاب ج سُحُب سَحَابَة ج سَحَائِب	1

الهجرة إلى المدينة

To saturate	سیراب ہونا	ارتوی (افتعال)	2

مسير الجيش إلى تبوك:
travelling of Army

largest Army that he had left w — *left with 30K men*

خرج رسول الله ﷺ في ثلاثين ألفًا مِنَ النَّاسِ مِنَ المدينة إلى تبوك ، وكان أكبر جيش خَرَجَ به في

houses of __ — *stopped* — *these are the houses of those that had been punished*

غزوة ونزل بـ(الحِجْرِ) ديار ثمود وأخبرهم بأنها ديار المعذبين ، وقال: (لا تدخلوا بيوت الّذين ظَلَمُوا

cloud — *sent* — *complained* — *had no water* — *crying out of fear* — *that thing will afflict you*

أنفسهم إلّا وأنتم باكون خوفًا أن يصيبكم ما أصابهم) فأصبح النّاس ولا ماء لهم ، فشكوْا ذلك إلى رسول الله ﷺ فدعا فأرسَلَ الله سبحانه سحابة

they fulfilled needs from water — *until the people were satiated*

فأمطرت حتّى ارتوى النّاس واحتملوا حاجتهم مِنَ الماء

188 - عودة الرّسول إلى المدينة

اللفظ	اردو ترجمہ	English Translation
1 جِزْيَة ج جِزًى وجِزْي وجَزَاء	ٹیکس	Tax
2 ضمن (س) ضَمْنا وضَمَانا	کفیل ہونا	To guarantee/secure
3 ضَمَان	کفالت	Guarantee
4 مَحَلّ ج مَحَالّ	جگہ	Place
5 تتبّع (تفعّل)	پیچھے لگنا	To chase/track

عودة الرّسول إلى المدينة:

did a treaty — *that were living on the border*

ولمّا انتهى رسول الله ﷺ إلى تبوك ، أتاه أمراء مِنَ العرب مُقيمُوْنَ بالحُدُوْدِ ، فصالحوا رسول الله

gave him — *letter of peace* — *condition of took after border*

ﷺ وأعطَوْهُ الجِزية وكتب لبعضهم رسول الله ﷺ كتاب أمْنٍ فيه شرط كفالة الحُدُوْدِ وتأمين المياه

والطّرق والضّمانِ لسلامة الفريقين

وهنا بَلَغَ أمر انسحاب الرّوم وعدوّهم عن فكرة الزّحف واقتحام الحدود ، فَلَمْ يَرَ رسول الله ﷺ محلًّا لتتبّعهم داخل بلادهم ، وقد تحقّق الغرض

وأقام رسول الله ﷺ بـ(تبوك) بِضْعَ عشرة ليلة ، ثمّ انصرف قافلًا إلى المدينة

189 – ابتلاء كعب بن مالك ونجاحه فيه

English Translation	اردو ترجمہ	اللفظ	
To clean	پاک صاف کرنا	محّص (تفعيل)	1
To intend (for future)	کہنا کہ عنقریب کرونگا	سوّف (تفعيل)	2
Means	ذرائع	وَسَائِل	3
To abstain	دور ہونا	اجتنب (افتعال)	4
To be firmly established	جم جانا	رسخ (ن) رُسُوْخا	5
Capital	دار السلطنت	عَاصِمَة ج عَوَاصِم	6
Furnace/oven	تندور	تَنُّوْر ج تَنَانِيْر	7
To release/liberate	رہا کرنا ، کشادہ کرنا	أفرج (إفعال)	8

ابتلاء كعب بن مالك ونجاحه فيه:

وكان مِنْ بين مَنْ تخلّف عن هذه الغزوة كَعْبُ[59] بْنُ مَالِكٍ وَمُرَارَةُ بْنُ الرَّبِيْعِ وَهِلَالُ بْنُ أُمَيَّةَ وكانوا

[59] Almost all the Muslims participated in the expedition of Tabuk. However, some Hypocrites remained in Madinah, making excuses and wrong reasons to the Prophet for their staying behind from the expedition. However, along with the Hypocrites, three sincere able-bopassed away Companions stayed behind in Madinah as well, namely; Ka'b Bin Malik, Murarah bin ar-Rabi and Hilaal bin Umayyah. The Prophet never hastened to make a decision regarding them, rather he asked them to await the decision of Allah in regards to them. In the meantime, under the instructions of the

مِنَ السّابقين الأوّلين ولهم حسن بلاء في الإسلام وكان مرارة بن الربيع وهلال بن أميّة مِمَّنْ شَهِدَا بَدْرًا ولم يكن التخلّف عن الغزوات مِنْ خُلُقِهِمْ وعادتهم ولم يكن ذلك إلّا من حكمة إلهيّة وتمحيصا لأنفسهم وتربية للمسلمين وإنّما هو التسويف وضعف الإرادة والاعتماد الزائد على الوسائل الموجودة

ونهى رسول الله ﷺ عن كلامهم وما كان مِنَ المسلمين إلّا السّمع والطّاعة ، فاجتنبهم النّاس وَلَبِثُوْا على ذلك خمسين ليلة ، وكان كعب بن مالك يخرج فيشهد الصّلاة مع المسلمين ويطوف في الأسواق ولا يكلّمه أحد ولم يَزِدْهُ هذا العتاب إلّا رسوخا في المحبّة

ولم يقتصر الأمر على ذلك ، بل تعدّي إلى أزواج هؤلاء الثّلاثة ، فأمروا أن يعتزلوهنّ ، فَفَعَلُوْا

وفي هذا الحال دَعَا ملك غسّان كعب بن مالك إلى عاصمته ليكرمه وينعم عليه فجاءه رسوله ودَفَعَ إليه كتابًا منه ، فما كان مِنْ كعب إلّا أن قصد به تنّورا ورماه فيه

وَلَمَّا تمّ ما أراده الله مِنْ تمحيص هؤلاء الثلاثة المؤمنين وقد ضاقَتْ عليهم أنفسهم وضاقتْ عليهم الأرض بما رحبت ، أفرج عنهم وأنزل توبتهم مِنْ فوق سبع سموات ، فقال: ﴿لَقَدْ تَّابَ اللّٰهُ عَلَى النَّبِيِّ وَالْمُهٰجِرِيْنَ وَالْاَنْصَارِ الَّذِيْنَ اتَّبَعُوْهُ فِيْ سَاعَةِ الْعُسْرَةِ مِنْۢ بَعْدِ مَا كَادَ يَزِيْغُ قُلُوْبُ فَرِيْقٍ مِّنْهُمْ ثُمَّ تَابَ عَلَيْهِمْ ؕ اِنَّهٗ بِهِمْ رَءُوْفٌ رَّحِيْمٌ ﴿۱۱۷﴾ وَّ عَلَى الثَّلٰثَةِ الَّذِيْنَ خُلِّفُوْا ؕ

Prophet, all other Companions stopped talking with them freely, in fact after forty days, their wives were even ordered to stop sleeping with them. Eventually, after fifty days, Allah accepted their repentance which is recorded in Surah at-Taubah verse 117 and 118. The translation of the verses is: "Surely, Allah has relented towards the Prophet and the Muhajirin and the Ansar who followed him in the hour of hardship after the hearts of a group of them were about to turn crooked, then He relented towards them. Surely, to them He is Very-Kind, Very-Merciful [117] And Allah has relented towards the three whose matter was deferred until when the earth was straitened for them despite all its vastness, and even their own souls were straitened for them, and they realized that there is no refuge from Allah, except in Him, then He turned towards them, so that they may repent. Surely, Allah is the Most-Relenting, the Very-Merciful. [118]

الهجرة إلى المدينة

[annotations: no safety from Allah — despite its vastness — All forgiving, All me[rciful] — accepted their Tawbah — 2 him]

حَتَّىٰ إِذَا ضَاقَتْ عَلَيْهِمُ الْأَرْضُ بِمَا رَحُبَتْ وَضَاقَتْ عَلَيْهِمْ أَنفُسُهُمْ وَظَنُّوا أَن لَّا مَلْجَأَ مِنَ اللَّهِ إِلَّا إِلَيْهِ ثُمَّ تَابَ عَلَيْهِمْ لِيَتُوبُوا ۚ إِنَّ اللَّهَ هُوَ التَّوَّابُ الرَّحِيمُ

[التوبة: 117-118]

اللفظ	اردو ترجمہ	English Translation
190 – غزوة تبوك آخر غزوة			
1	تجاوز (تفاعل)	تجاوز کرنا	To exceed
2	رجًى ج أرجاء	کنارہ، گوشہ	Side/direction

غزوة تبوك آخر غزوة:

وَبِغَزْوَةِ تبوك انتهتِ الغزوات النبويّة التي بلغ عَدَدُها سبعا وعشرين غزوة والبعوث والسّرايا التي بَلَغَ عددهم ستّين

ولم يكن في كلّها قتال، ولم تتجاوز قتلاها كلّها 1018 (ألف وثمانية عشر) قتيلا مِنَ الفريقين وكانت حاقنة للدماء لا يعلم عَدَدَها إلّا الله، باسطة الأمن في أرجاء الجزيرة، حتّى استطاعتِ الظّعينة أن ترتحل مِنَ الحِيْرَة حتّى تطوف بالكعبة، لا تخاف أحدًا إلّا الله

اللفظ	اردو ترجمہ	English Translation
191 – أوّل حجّ في الإسلام ونزول البراءة			
1	عري (س) عُرْيَة وعُرْيا (الصفة: عار وعُرْيان ج عُراة)	ننگا ہونا	To be naked

أوّل حجّ في الإسلام ونزول البراءة:

وَفُرِضَ الحجّ سنة تسع وبعث رسول الله ﷺ أبا بكر أميرا للحجّ في هذه السّنة ، ليقيم للمسلمين حجّهم وخرج مع أبي بكر من أراد الحجّ مِنَ المسلمين في ثلاثمائة رجل مِنَ المدينة ، ودعا رسول الله ﷺ عليَّ بن أبي طالب ، فقال له: اخْرُجْ وأذِّن في النّاس يومَ النّحر أنّه لا يدخل الجنّة كافر ولا يحجّ بعدَ العامِ مُشرِكٌ ولا يطوف بالبيت عريان

192 – عام الوفود – تقاطر الوفود إلى المدينة

English Translation	اردو ترجمہ	اللفظ	
To fall in drops	پے در پے آنا	تقاطر (تفاعل)	1
To gain booty	غنیمت حاصل کرنا	غنم (س) غُنْما وغَنْما وغَنَما وغَنِيمَة وغُنْمَانا	2
Habitat	وطن ، میدان جنگ	مَوْطِن ج مَوَاطِن	3
To be excited/brave	دلیر ہونا، جوش میں آنا	حمس (ن) حَمَاسَة (ض) حَمْسا	4
Eagerness/bravery	معاملہ میں سختی، دلیری	حَمَاسَة	5
Evil/wretched is	بہت برا	بِئْس	6
Leprosy	کوڑھ	جُذَام	7
To save	نجات دینا	استنقذ (استفعال)	8
To enter the evening	شام میں داخل ہونا	أمسى (إفعال)	9
High wall	لمبی عمارت	سُوْرَة ج سُوَر	10
To straighten	درست کرنا	سوّى (تفعيل)	11
To understand	سمجھنا	تفقّه (تفعّل)	12

عام الوفود

تقاطر الوفود إلى المدينة:

وبعدَ أن فتح الله مكّة وعاد نبيّه مِنْ تبوك سالِمًا غانِمًا ، تقاطرتِ الوفود إلى مركز الإسلام وكانتْ تعود إلى مواطنها مع حماسٍ في الدّعوة إلى الإسلام وكراهة شديدة للوثنيّة وأثارها والجاهليّة وشعائرها

وقدم ضمام بن ثعلبة وافدًا عن بني سَعْدِ بن بكر ورجع إلى قومه داعيًا فكان أوّل ما تكلّم به أن قال: بِئْسَتِ اللّات والعزّى ، قالوا: مَهْ يا ضمامُ ، اتّقِ الْبرص ، اتّق الجذام واتّق الجنون وقال: وَيْلَكُمْ! إنّهما واللهِ لا يضرّان ولا ينفعان ، إنّ الله قد بعث رَسُوْلًا ونَزّلَ عليه كتابًا ، استنْقَذَكُمْ بِهِ مِمَّا كُنْتُمْ فِيْهِ ، وإنّي أشهد أن لا إله إلا الله وَحْدَهُ ، لا شريك له وأن محمّدا عبده ورسوله ، وقد جِئْتُكُمْ مِنْ عِنْدِهِ بما أمركُمْ بِهِ وما نَهَاكُمْ عنه ، فَمَا أَمْسَى مِنْ ذَلِكَ اليوم في حيّه رجل ولا امرأة إلّا مسلما

وقدم عديّ بن حاتم الجواد المشهور وأسلم بَعْدَما رأى أخلاق رسول الله ﷺ وتواضعه ، حتّى قال: واللهِ ما هذا بأمر مَلِكٍ

وبعث رسول الله ﷺ معاذ بن جبل وأبا موسى إلى اليمن للدَّعوة إلى الإسلام وأوصاهما وقال: يَسِّرَا ولا تُعَسِّرَا وبَشِّرَا ولا تُنَفِّرَا

وبعث رسول الله ﷺ المغيرة بن شعبة إلى الطّائف فَكَسَرَ اللّات ، ثمّ عَلَا أعلى سُوْرِهَا وعلا الرّجال معه ، فما زالوا يهدمونها حَجَرًا حَجَرًا ، حتّى سوّوها بالأرض وأقبل الوفد حتّى دخل على رسول الله ﷺ مِنْ يومه وحَمَدَهُ

وكانت الوفود تتعلّمُ الإسلام وتتفقّه في الدّين ويشهدون أخلاق رسول الله ﷺ وعشرة أصحابه وقد تضرب لهم خِيَمٌ في فناء المسجد ، فيسمعون القرآن ويَرَوْنَ المسلمين يُصَلُّوْنَ ويسألون رسولَ الله ﷺ عَمَّا يجول في خاطرهم في بساطة وصراحة ويجيبهم رسول الله ﷺ في بلاغة وحكمة

ويستشهد بالقرآن فيؤمنون ويطمئنّون

193 – فرض الزكاة والصدقات			
	اللفظ	اردوترجمه	English Translation
1	صَدَقَة ج صَدَقَات	خیرات	Charity

فرض الزكاة والصدقات:

وفي السّنة التّاسعة للهجرة فُرِضَتِ الزّكاة

حجّة الوداع

	194 – حجّة الوداع – أوان حجّة الوداع		
	اللفظ	اردو ترجمہ	English Translation
1	حِجَّة	حج کا اسم	Hajj
2	رِجْس ورَجَس ورَجِس	گندی ، پلیدی	Dirt/filth
3	طفح (ف) طَفْحا وطُفُوْحا	بھر دینا	To overfill
4	كَأْس (مؤنّث) ج كُؤُوْس وأَكْؤُس	پیالہ	Cup
5	ألجأ (إفعال)	مجبور کرنا	To force to
6	ضَرُوْرَة وضَارُوْرَة وضَارُوْر وضَارُوْرَاء	حاجت	Necessity/need
7	مَنَاسِك	قربانی کی جگہ ، قربانی	Place of sacrifice
8	وَصِيَّة ج وَصَايَا	وصیت	Advice/recommendation
9	طمس (ض) طَمْسا	مٹانا	To wipe out
10	بَلَاغ	پریس نوٹ	Manifesto

حجّة الوداع – أوان حجّة الوداع:

وَلَمَّا تَمَّ ما أراده الله مِنْ تطهير بيتِهِ مِنَ الرّجس والأوثان وتاقَتْ نفوس المسلمين إلى الحجّ ، وقد بَعُدَ عهدُهُمْ عنه ، وَطَفَحَتْ كَأسُ الحبّ والحنان ودَنَتْ ساعة الفراق وألجأتِ الضّرورة إلى وداع الأمّة ، أذن الله لنبيّه في الحجّ ولم يكُنْ قد حجّ ﷺ في الإسلام

فَخَرَجَ مِنَ المدينة ليحجّ البيتَ ويلقى المسلمين ويعلّمهم دينهم ومناسكهم ويؤدّي الشّهادة ويبلّغ الأمانة ويوصي الوصايا الأخيرة ويأخذ مِنَ المسلمين الْعَهْد والميثاق ويمحو آثار الجاهليّة ويطمسها ويضعها تحت قدميه وحجّ معه أكثر مِنْ مائة ألف إنسانٍ ، وسُمِّيَتْ هذه الْحِجَّة بـ(حِجَّة الوداع) و(حِجَّة البلاغ)

195 - كيف حجّ النبيّ ﷺ

English Translation	اردو ترجمہ	اللفظ	
To meet	ملنا	وافى (مفاعلة)	1
Creation	مخلوق	خَلِيْقَة ج خَلَائِق	2
To count	شمار کرنا	أحصى (إفعال)	3
Zuhr	ظہر	ظُهْر ج أَظْهَار	4
Wajib	واجب	وَاجِب	5
Sunnah	سنت	سُنَّة ج سُنَن	6
Partner	ساجھی	شَرِيْك ج شُرَكَاء	7
To give someone a drink	سیراب کرنا	روّى (تفعيل)	8
Honour/Dignity	اچھی عادت، آبرو	عِرْض ج أَعْرَاض	9
Usury	ربا، زیادتی	رِبَا	10
Clothes	لباس	كَسْوَة وكِسْوَة ج كُسًى وكِسًى	11
To adhere to/cling to	پکڑنا	اعتصم (افتعال)	12
To interrogate	سوال کرنا	استنطق (استفعال)	13
To be in need	حاجتمند ہونا	بئس (س) بُوْسا وبَئِيْسا وبُؤْسَى (الصفة: بَائِس ج بُؤْس)	14
To confess	اقرار کرنا	أقرّ (إفعال)	15
To be degraded	ذلیل ہونا	رغم (س ن) رَغْما ورَغَما (الصفة: رَاغِم ج رُغُم)	16
In spite of	ناپسندیدگی	رَغْم ورُغْم ورِغْم	17
To leave	متفرق ہونا، منتشر ہونا	أفاض (إفعال)	18
Time	وقت	وَقْت ج أَوْقَات	19

Sign	علامت	مَشْعَر ج مَشَاعِر	20
A place in Muzdalifah	مزدلفہ میں جگہ	الْمَشْعَر الْحَرَام	21
To glorify	تسبیح پڑھنا	هلّل (تفعيل)	22
Pebble/small stone	کنکری	جَمْرَة	23
Mountain road	پہاڑی دشوار راستہ	عَقَبَة ج عِقَاب وعَقَبَات	24
Cow/camel	گائے، اونٹ	بَدَنَة ج بَدَنَات وبُدُن	25
To call	طلب کرنا	استدعى (استفعال)	26
To shave	مونڈنا	حلق (ض) حَلْقا وتَحْلَاقا	27
To be close	قریب ہونا	ولى (ض) وَلْيا	28
Zamzam	بہت پانی، زمزم	زَمْزَم	29
Stones (of mina)	جمرات منی	جِمَار	30
To dry meat pieces	گوشت کے ٹکڑے کرنااور دھوپ میں خشک کرنا	شرّق (تفعيل)	31
Time before daybreak	سحری	سَحَر ج أَسْحَار	32

كيف حجّ النبيّ ﷺ:

عزم رسول الله ﷺ على الحجّ وأعلم النّاس أنّه حاجّ ، فتجهّزوا للخروج معه وسمع بذلك مَنْ حول المدينة ، فَقَدِمُوْا يريدون الحجّ مع رسول الله ﷺ ووافاه في الطّريق خلائق لا يُحْصون ، فكانوا مِنْ بين يديه ومِنْ خلفه وعن يمينه وعن شماله مَدَّ البصر ، وخرج مِنَ المدينة نهارا بعدَ الظّهر لخمس بقينَ من ذي القعدة يوم السّبت بعْدَ أن صلّى الظّهر بها أربعا وخطبهم قبل ذلك خطبة ، عَلَّمَهُمْ فيها الإحرام وواجباته وسننه

ثمّ سار وهو يلبّي ويقول: لَبَّيْكَ اللهمّ لبَّيْكَ ، لبّيك لا شريك لك لبّيك ، إنّ الحمد والنّعمة لك والملك ، لا شريك لك

ودخل مكّة في رابع ذي الحجّة ودخل المسجد الحرام وطاف بالبيت وسعى بين الصّفا والمروة وأقام بمكّة أربعة أيّام ، ثمّ توجّه يوم التّروية (ثامن ذي الْحِجَّة) بِمَنْ معه مِنَ المسلمين إلى منى ونزل بها ، وصلّى بها الظّهر والعصر وبات بها

فَلَمَّا طلعتْ شمس اليوم التّاسع مِنْ ذي الحجّة ، سار مِنْ منى إلى عرفة وكان يوم جمعة ، فَنَزَلَ بها وخطب النّاس يوم عرفة وهو على راحلته خطبة عظيمة قَرَّر فيها قواعد الإسلام وهدم فيها قواعد الشّرك والجاهليّة وقَرَّرَ فيها تحريم المحرّمات التي اتّفقتِ الملل على تحريمها وهي الدّماء والأموال والأعراض ووضع فيها أمور الجاهليّة تحت قدميه ووضع فيها ربا الجاهليّة كلَّهُ وأبطله وأوصاهم بالنّساء خيرا وذكر الحقّ الذي لهنّ وعليهنّ وأنّ الواجب لهنّ الرّزق والكسوة بالمعروف

وأوصى الأمّة فيها بالاعتصام بكتاب الله وأخبر أنّهم لن يضلّوا ما داموا معتصمين به ، ثمّ أخبرهم أنّهم مسؤولون عنه واستنطقهم بماذا يقولون وبماذا يشهدون؟ قالوا: نشهد أنّك قد بلَّغْتَ وأدّيْتَ ونصحْتَ ، فرفع إصبعه إلى السّماء واستشهد الله عليهم ثلاث مرّات ، وأمرهم أن يبلّغ شاهدهم غائبهم

فَلَمَّا أَتَمَّ الخطبة ، أمر بلالا فأذّن ، ثمّ أقام الصّلاة ، فَصَلَّى الظّهر ركعتين ، ثمّ أقام فصلّى العصر ركعتين أيضا

فَلَمَّا فرغ من صلاته ، ركب حتّى أتى الموقف فَوَقَفَ وكان على بعيره ، فأخذ في الدّعاء والتّضرّع والابتهال إلى غروب الشّمس وكان في دعائه رافعا يديه إلى صدره كاستطعام المسكين ، يقول فيها: (اللهمّ! إنّك تسمع كلامي وترى مكاني وتعلم سرّي وعلانيتي ، لا يخفى عليك شيء مِنْ أمري ، أنا البائس الفقير المستغيث المستجير والوجل المشفق المقرّ المعترف بذنوبي أسألك مسألة المسكين وأبتهل إليك ابتهال المذنب الذّليل وأدعوك دعاء الخائف الضّرير ، مَنْ خضعتْ لك

رقبته وفاضت لك عيناه وذلَّ جسده ورغم أنفه لك ، اللهمَّ! لا تجعلني بدعائك ربّ شقيًّا وكُنْ بي رؤوفا رحيما ، يا خير المسؤولين ويا خير المعطينَ)

وهناك أنزلتْ عليه: (ٱلْيَوْمَ أَكْمَلْتُ لَكُمْ دِينَكُمْ وَأَتْمَمْتُ عَلَيْكُمْ نِعْمَتِى وَرَضِيتُ لَكُمُ ٱلْإِسْلَٰمَ دِينًا) [المائدة:3]

فلمَّا غَرَبَتِ الشَّمس أفاض مِنْ عَرَفَةَ حتَّى أتى المزدلفة وصلَّى هنالك المغرب والعشاء ، ثمَّ نام حتَّى أصبح ، فلمَّا طلع الفجر صلَّاها في أوَّل الوقت ، ثمَّ ركب حتَّى أتى المشعر الحرام ، فاستقبل القبلة وأخذ في الدُّعاء والتضرُّع والتكبير والتهليل ، ثمَّ سار من مزدلفة قبل طلوع الشَّمس وأسرع في السَّير حتَّى أتى مِنى ، فأتى جمرة العقبة ، فرماها

ثمَّ رجع إلى مِنى ، فخَطَبَ النَّاس خطبة بليغة ، أعلمهم فيها بحرمة يوم النَّحر وتحريمه وفضله عند الله وحرمة مكَّة على جميع البلاد وأمر بالسَّمع والطَّاعة لمن قادهم بكتاب الله وأمر النَّاس بأخذ مناسكهم عنه وأمر النَّاس أن لا يرجعوا بعده كفَّارًا ، يضرب بعضهم رقاب بعض ، وأمر بالتَّبليغ عنه ، وقال في خطبته تلك: (اعبدوا ربَّكم وصلُّوا خَمْسَكُمْ وصوموا شهركم وأطيعوا ذا أمْرِكُمْ ، تدخلوا جنَّة ربِّكُمْ) وودَّعَ حينئذ النَّاسَ ، فَقَالُوا: (حِجَّةُ الْوَدَاعِ)

ثمَّ انصرف إلى المنحر بمنى ، فَنَحَرَ ثلاثا وستِّين بَدَنَةً بيده وكان عَدَدُ هذا الذي نحره عَدَدَ سني عُمُرِهِ ، ثمَّ أمسك وأمر عليًّا أن ينحر ما بقي مِنَ المائة ، فلمَّا أكمل ﷺ نَحْرَهُ ، استدعى بالحلَّاق فحَلَقَ رأسه وقسَّم شعره بين مَنْ يليه ، ثمَّ أفاض إلى مكَّة راكبا وطاف طواف الإفاضة وهو طواف الزِّيارة ، ثمَّ أتى زمزم ، فشرب وهو قائم ، ثمَّ رجع إلى منى من يَوْمِهِ ذلك فبَاتَ بها ، فلمَّا أصبح انتظَرَ زَوَالَ الشَّمس ، فلمَّا زَالَتْ ، مَشَى مِنْ رَحْلِهِ إلى الجمار ، فبدأ بالجمرة الأولى ، ثمَّ الوسطى ثمَّ الجمرة الثَّالثة وهي جمرة العقبة

وتأخَّر حتَّى أكمل رَمْيَ أيَّام التَّشريق الثَّلاثة ، ثمَّ نَهض إلى مكَّة ، فطاف للوداع لَيْلًا سَحَرًا وأمر

النّاس بالرّحيل وتوجّه إلى المدينة

فَلَمّا أتى ذا الحليفة ، باتَ بها ، فَلَمّا رَأى المدينة كبّر ثلاث مرّات وقال: (لا إله إلّا الله وحده لا شريك له ، له الملك وله الحمد وهو على كلّ شيء قدير ، آئبون تائبون عابدون ساجدون لربّنا حامدون ، صدق الله وعده ونصر عبده وهزم الأحزاب وحده) ثمّ دخلها نهارا

الوفاة

196 – الوفاة – كمال مُهِمَّة التّبليغ والتّشريع ودنوّ ساعة اللقاء			
English Translation	اردو ترجمہ	اللفظ	
To make laws	قانون بنانا	شرّع (تفعيل)	1

الوفاة – كمال مُهِمَّة التّبليغ والتّشريع ودنوّ ساعة اللقاء:

وَلَمّا بلغ هذا الدّين ذروة الكمال ونزل قوله تعالى: (اَلْيَوْمَ اَكْمَلْتُ لَكُمْ دِيْنَكُمْ وَ اَتْمَمْتُ عَلَيْكُمْ نِعْمَتِيْ وَ رَضِيْتُ لَكُمُ الْاِسْلَامَ دِيْنًا)[المائدة:3] وبلّغ رسول الله ﷺ الرّسالة وأدّى الأمانة وجاهد في الله حقّ جهاده وأقرّ الله عين نبيّه بدخول النّاس في هذا الدّين أفواجا ، أذن الله لنبيّه بفراق هذا العالم ودنتْ ساعة اللّقاء وأعلم بذلك ، فقال: (اِذَا جَآءَ نَصْرُ اللّٰهِ وَ الْفَتْحُ ۝١ وَ رَاَيْتَ النَّاسَ يَدْخُلُوْنَ فِيْ دِيْنِ اللّٰهِ اَفْوَاجًا ۝٢ فَسَبِّحْ بِحَمْدِ رَبِّكَ وَ اسْتَغْفِرْهُ ؕ اِنَّهٗ كَانَ تَوَّابًا ۝٣)[النصر:1-3]

197 – شكوى رسول الله ﷺ			
English Translation	اردو ترجمہ	اللفظ	
To begin	شروع کرنا	ابتدأ (افتعال)	1
Baqee’	بقیع	بَقِيْع	2
Kind of thorny plant	ایک کانٹے دار جھاڑی	غَرْقَد	3
Headache	درد سر	صُدَاع	4

To nurse/cure	علاج کرنا	مرّض (تفعيل)	5
To tie/fasten	لپیٹنا	عصب (ض) عَصْبا	6
To carve/to drag feet	لکیر کھینچنا	خطّ (ن) خَطّا	7
Aorta	رگ جو قلب سے نکلتی ہیں	أَبْهَر	8
Poison	زہر	سُمّ وسَمّ وسِمّ ج سِمَام وسُمُوْم	9

شكوى رسول الله ﷺ:

وقد ابتدأ شكوى رسول الله ﷺ في آخر شهر صَفَر ، وكان مَبْدَأ ذلك أنّه ﷺ خرج إلى (بقيع الغرقد[60]) من جوف اللّيل ، فاستغفر لهم ، ثمّ رجع إلى أهله ، فَلَمَّا أصبح ابتدئ بوجعه من يومه ذلك

قالتْ عائشة أمّ المؤمنين رضي الله عنها: رَجَعَ رسول الله ﷺ مِنَ البقيع فوجدني وأنا أجد صداعا في رأسي وأنا أقول: وارأساه! فقال: بل أنا والله يا عائشة ، وارأساه! واشتدّ به وجعه وهو في بيت ميمونة رضي الله عنها ، فدعا نساءه فاستأذنهنّ في أن يمرّض في بيت عائشة ، فأذنَّ له وخرج يمشي بين رجلين من أهله ، أحدهما فضل بن عبّاس والآخر عليّ بن أبي طالب عاصبا رأسه تخطّ قدماه حتّى دخل بيت عائشة رضي الله عنها

تقول عائشة رضي الله عنها: وكان يقول في مرضه الّذي ماتَ فيه: (يا عائشة! ما أزال أجد ألم الطّعام الّذي أكلتُ بـ(خيبر) فهذا أوان وجدْتُ انقطاع أبهري من ذلك السّمّ

[60] Baqi' al-Gharqad is a cemetery in Madinah, located to the southeast of Masjid al-Nabwi. The word Baqi' in Arabic means a place where there are a lot of trees, shrubs, etc. The word al-Gharqad is the name of the plant Boxthorn (which includes the Lycium plant), hence some have translated Baqi' al-Gharqad as "Baqi of the boxthorns." This cemetery is also known as Maqbaratul Baqi (The Baqi Cemetery), Jannatul Baqi (The Garden of Baqi) and Maqbaratu ahlul Madinah (The Cemetery of the people of Madinah). Many major Companions, including the wives of the Prophet, are buried in this cemetery. Due to the expansion of Masjid al-Nabwi, in modern era it is clearly visible from the Prophet's mosque.

198 - آخر البعوث			
English Translation	اردو ترجمہ	اللفظ	
To make someone tread	روندوانا	أوطأ (إفعال)	1
To assign	اختیار کرنا	انتدب (افتعال)	2
Many	بہت	كَثِيْر	3
To camp	خیمہ لگانا	خيّم (تفعيل)	4
To accomplish	نافذ کرنا	أنفذ (إفعال)	5

آخر البعوث:

وبعث رسول الله ﷺ أسامة بن زيد بن حارثة إلى الشّام وأمره أن يوطئ الخيل تخوم (البلقاء)[61] و(الدّاروم)[62] من أرض فلسطين

وانتدب كثيرا من الكبار من المهاجرين والأنصار في جيشه ، كان من أكبرهم عمر بن الخطّاب رضي الله عنه ، بَعَثَهُ رسول الله ﷺ واشتدّ به المرض وجيش أسامة مُخَيِّمٌ بـ(الجرف[63]) وأنفذ أبو بكر جيش

---

[61] Balqa is one of the governorates of Jordon, located northwest of Amman, the capital of Jordon.

[62] Darum was a Palestinian city where Usamah bin Zayd was sent. Historians have mentioned that this place is not present today. However, they indicate that most probably Darum is called Deir al-Balah (دَيْر البلح) in modern times. This is a Palestinian city in the central Gaza strip and the capital of the Deir al-Balah province. The city is approximately 14 kilometres south of Gaza City.

[63] In 11 Hijri, Prophet sent the last expedition during his life. The Prophet made Usamah bin Zayd the leader of this expedition whilst Usamah was still at the tender age of 19 (some reports mention 16). The army consisted of major Companions, including Abu Bakr and Umar. Approximately seven hundred Companions were sent to fight the Romans in the direction of Balqa and Darum. The army had just set off, camping three miles outside Madinah in a place called Jarf, the Companions received the news of the illness of Prophet; hence, the Army returned to Madinah to visit the Prophet. After the demise of the Prophet, Abu Bakr sent this army under the leadership of Usamah, this was the first army to lead a military expedition during the Caliphate of Abu Bakr Siddeeq. Historians have reported that whenever Umar used to meet Usamah he used to mention: "Peace upon you O Leader (Usamah)! Verily, the Prophet passed away and you were our leader."

أسامة بعد وفاة الرّسول ﷺ تحقيقا لرغبته وإكمالا لمراده وأوصى المسلمين في مرضه أن يجيزوا الوفد بنحو مِمَّا كان يجيزهم به وأن لا يتركوا في جزيرة العرب دينين ، قال: (أَخْرِجُوْا منها المشركين)

199 – دعاء للمسلمين وتحذير لهم عن العلوّ والكبرياء			
English Translation	اردو ترجمہ	اللفظ	
To welcome	خوش آمدید کہنا	رحّب (تفعيل)	1
To greet	سلام کرنا	حيّا (تفعيل)	2
Abode	منزل	مَثْوَى ج مَثَاوٍ	3

دعاء للمسلمين وتحذير لهم عن العلوّ والكبرياء:

وفي يوم من أيّام شكواه ، اجتمع نَفَرٌ مِنَ المسلمين في بيت عائشة ، فَرَحَّبَ بهم رسول الله ﷺ وحيّاهم ودعا لهم بالهدى والنّصر والتّوفيق ، وقال: أوصيكم بتقوى الله وأوصي الله بكم وأستخلفه عليكم ، إنّي لكم منه نذير مبين أن لا تعلوا على الله في عباده وبلاده فإنّ الله قال لي ولكم: (تِلْكَ الدَّارُ الْاٰخِرَةُ نَجْعَلُهَا لِلَّذِيْنَ لَا يُرِيْدُوْنَ عُلُوًّا فِي الْاَرْضِ وَ لَا فَسَادًا ؕ وَ الْعَاقِبَةُ لِلْمُتَّقِيْنَ)[القصص:83] وقال: (اَلَيْسَ فِيْ جَهَنَّمَ مَثْوًى لِّلْمُتَكَبِّرِيْنَ)[الزمر:60]

200 – زهد في الدّنيا وكراهة لما فضل من المال			
English Translation	اردو ترجمہ	اللفظ	
Gold	سونا	ذَهَب ج ذُهُوْب	1
To turnabout/turnover	پلٹ دینا	قلّب (تفعيل)	2

زهد في الدّنيا وكراهة لما فضل من المال:

قالت عائشة: قال رسول الله ﷺ في مَرَضِهِ الّذي مات فيه: (يا عائشة! ما فعلْتِ بالذّهبِ؟) فجاءت ما بين الخمسة إلى السّبعة أو الثّمانية أو التّسعة ، فجعل يقلّبها بيده ويقول: ما ظنّ محمّد بالله عزّ وجلّ ، لو لَقِيَهُ وهذه عنده؟ أَنْفِقِيْهَا

201 – اهتمام بالصّلاة وإمامة أبي بكر			
English Translation	اردو ترجمہ	اللفظ	
Tub	لگن	مِخْضَب ج مَخَاضِب	1
To be burdened with (standing, etc)	مشقت سے اٹھنا	ناء (ن) نَوْءا وتَنْوَاء	2
To faint	غشی طاری ہونا	أغمى (إفعال)	3
Abiding/staying	مقیم	عَاكِف ج عُكَّف وعُكُوْف	4
Thin/soft	پتلا، نرم	رَقِيْق ج أَرِقَّاء (مؤنّث: رَقِيْقَة ج رِقَاق)	5
Lightness	ہلکاپن	خِفَّة	6
To indicate	اشارہ کرنا	أومأ (إفعال)	7

اهتمام بالصّلاة وإمامة أبي بكر:

وثقُل برسول الله ﷺ وَجَعُهُ ، فقال: أصلّى النّاس؟ قلنا: لا ، هم ينتظرونك يا رسول الله! فقال: ضَعُوْا لي ماء في المخضب ، فَفَعَلُوْا فاغتسل ، ثمّ ذهب لينوء فأغمي عليه ، ثمّ أفاق فقال: أصَلَّى النّاس؟ قالوا: لا ، هم ينتظرونك يا رسول الله! قال: ضعُوْا لي ماء في المخضب فَفَعَلُوْا فاغتسل ثمّ ذهب لينوء فأغمي عليه ثمّ أفاق

فقال: أصلَّى النّاس؟ قالوا: لا ، هم ينتظرونك يا رسول الله! قال: ضَعُوْا لي ماء في المخصب ، فَفَعَلُوْا فاغتسل ثمّ ذهب لينوء فأغمي عليه ثمّ أفاق

قال: أصلّى النّاس؟ قالوا: لا ، هم ينتظرونك يا رسول الله! والنّاس عكوف في المسجد ينتظرون رسول الله ﷺ لصلاة العشاء فأرسل رسول الله صلّى الله عليه وسلم إلى أبي بكر بأن يصلّي بالنّاس وكان أبو بكر رجلا رقيقا ، فقال: يا عمر! صلِّ بالنّاس ، فقال: أنْتَ أحقّ بذلك ، فَصَلَّى بهم تلك الأيّام

ثمّ إنّ رسول الله ﷺ وجد خِفَّةً ، فَخَرَجَ بين رجليين ، أحدهما العبّاس والآخر عليّ بن أبي طالب رضي الله عنهما لصلاة الظّهر فَلَمَّا رآه أبو بكر ذهب ليتأخّر فأومأ إليه أن لا يتأخّر وأمرهما فأجلساه إلى جنبه ، فَجَعَلَ أبو بكر يصلّي قائما ورسول الله ﷺ يصلّي قاعدا

202 – خطبة الوداع			
English Translation	اردو ترجمہ	اللفظ	
To tie/bind	لپیٹنا	عصب (ض) عَصْبا	1

خطبة الوداع:

وكان فيما تكلّم به رسول الله ﷺ وهو جالس على المنبر عاصبا رأسه (أنّ عبدا من عباد الله خيّره الله بين الدّنيا وبين ما عنده ، فاختار ما عند الله) وفهم أبو بكر معنى هذه الكلمة وعرف أنّ رسول الله ﷺ يعني نفسه ، فَبَكَى وقال: بل نحن نفديك بأنفسنا وأبنائنا

203 – آخر نظرة إلى المسلمين وهم صفوف في الصّلاة

	اللفظ	اردو ترجمہ	English Translation
1	نَظْرَة	ایک نگاہ	Glance
2	وقف (ض) وُقُوْفًا	کھڑا ہونا	To stand
3	أثمر (إفعال)	پھلدار ہونا	To bear fruit/yield
4	غِرْس ج أَغْرَاس	پودہ	Plant
5	استنار (استفعال)	روشن ہونا	To be illuminated
6	تبسّم (تفعّل)	مسکرانا	To smile
7	افتتن (افتعال)	پسند آنا، دیوانہ ہونا	To be charmed with
8	أرخى (إفعال)	پردہ لٹکانا	To dangle/hand loosely

آخر نظرة إلى المسلمين وهم صفوف في الصّلاة:

وكان أبو بكر يصلّي بالمسلمين ، حتّى إذا كان يوم الاثنين ، وهم صفوف في صلاة الفجر كشَفَ النبيّ ﷺ ستر الحجرة ينظر إلى المسلمين وهم وقوف أمام ربّهم ، ورأى كيف أثمر غرس دعوته وجهاده فَمُلِئَ مِنَ السّرور ما الله به عليم واستنار وجهه وهو مُنِيْرٌ يقول الصّحابة رضي الله عنهم: (كشف النبيّ ﷺ سِتْرَ حجرة عائشة ، ينظر إلينا وهو قائم ، كأنّ وجهَهُ ورقَةُ مُصْحَف ، ثمّ تبسّم يضحك ، فَهَمَمْنَا أن نفتَتِنَ مِنَ الفرح وظننّا أنّ النبيّ ﷺ خارج إلى الصلاة فأشار إلينا أن أتمّوا صلاتكم وأرخى السّتر وتوفّي من يومه ﷺ

204 – تحذير من عبادة القبور واتّخاذها مساجد

	اللفظ	اردو ترجمہ	English Translation
1	قَبْر ج قُبُوْر	قبر	Grave

Striped cloth	دھاری دار کرتا	خَمِيْصَة	2
To be distressed	غمگین ہونا	اغتمّ (افتعال)	3

تحذير من عبادة القبور واتّخاذها مساجد:

كان آخر ما تكلّم به رسول الله ﷺ أن قال: قاتَلَ الله اليهودَ والنّصارى ، اتّخذوا قبور أنبيائهم مساجد ، لا يبقينّ دينان على أرض العرب

تقول عائشة وابن عبّاس رضي الله عنهم: لَمّا نزل برسول الله ﷺ طَفِقَ يَطْرَحُ خميصة له على وجهه ، فإذا اغتمّ كشفها عن وجهه ، فقال وهو كذلك: لعنة الله على اليهود والنّصارى ، اتّخذوا قبور أنبيائهم مساجد) يحذّر ما صنعوا

205 – الوصيّة الأخيرة			
English Translation	اردو ترجمہ	اللفظ	
Divine command	وصیہ	وَصِيَّة ج وَصَايَا	1
Last/final	اخیر	أَخِيْر	2
To gurgle	غرغرہ کرنا	غرغر (فعللة)	3
Friend	ساتھی	رَفِيْق ج رُفَقَاء	4
Palm branches	کھجور کی ٹہنی	جَرِيْد (واحدها: جَرِيْدَة)	5
Wet/ripe	تازہ	رَطْبَة ج رِطَاب	6
To use	عمل کرنا	استنّ (استفعال)	7
Pot	برتن	رَكْوَة ج رِكَاء ورَكَوَات	8
Container/box	بڑا برتن	عُلْبَة ج عِلَاب وعُلَب	9
Death	موت	مَوْت ومَوْتَة	10

11	سَكْرَة ج سَكَرَات	نشہ، بے ہوشی	Drunkenness
12	يُسْرَى ج يُسْرَيَات	بایاں	Left
13	مال (ض) مَيْلا وتَمْيَالا	لوٹنا	To be inclined to
14	أشخص (إفعال)	آنکھوں کا کھلا رکھنا	To stare
15	سَقْف ج سُقُوْف	چھت	Roof

الوصيّة الأخيرة:

كانت عامّة وصيّة رسول الله ﷺ حين حضره الوفاة (الصّلاة وما ملَكَتْ أيمانكم) ، حتّى جعل يُغَرْغِرُ بها صدره وما يكاد يفيض بها لسانه

ويقول عليّ رضي الله عنه: أوصى رسول الله ﷺ بالصّلاة والزّكاة وما ملكتْ أيمانكم

وتقول عائشة رضي الله عنها ذهبَتْ أعوّذه ، فَرَفَعَ بصره إلى السّماء ، وقال: في الرّفيق الأعلى في الرّفيق الأعلى

ودخل عبد الرّحمن بن أبي بكر وبيده جريدة رطبة ، فنظر إليها فظننت أنّ له بها حاجة ، قالتْ: فأخذتها فَنَفَضْتُهَا فَدَفَعْتُهَا إليه فاستنّ بها أحسن ما كان مستنّا ، ثمّ ذهب يناولنيها فسقطتْ من يده

قالتْ: وبين يديه ركوة أو علبة فيها ماء ، فجعل يدخل يده في الماء ، فَيَمْسَحُ بها وجهه

ثمّ يقول: لا إله إلا الله ، إنّ للموت لسكرات ، ثمّ نصب إصبعه اليسرى وجعل يقول: في الرّفيق الأعلى في الرّفيق الأعلى حتّى قُبِضَ ومالتْ يده في الماء

وقالتْ: نزل برسول الله ﷺ ورأسه على فخذي غشي عليه ساعة ، ثمّ أفاق فأشخص بصره إلى سقف البيت ، فقال: اللهمّ الرّفيق الأعلى وكانتْ آخر كلمة تكلّم بها رسول الله ﷺ

	English Translation	اردو ترجمہ	اللفظ
			206 – كيف فارق رسول الله ﷺ الدّنيا
1	Dinar	دینار	دِيْنَار ج دَنَانِيْر
2	Female slave	باندی	أَمَة ج إِمَاء
3	Measure	ایک قسم کا پیمانہ	صَاع ج أَصْوَاع وصِيْعَان
4	Barley	جو	شَعِيْر ج شَعِيْرَات
5	To free	چھڑانا	افتكّ (افتعال)
6	Rack	الگنی	رَفّ ج رُفُوْف ورِفَاف
7	To be used up/fade away	معدوم ہونا	فني (س ف) فَنَاء
8	Midday/noon	آفتاب کا ڈھلنا	زال (ن) زَوَالا
9	Blackness	سیاہی	سَوَاد ج أَسْوِدَة
10	Alienation/grief	غم	وَحْشَة
11	To illuminate	روشن کرنا	أضاء (إفعال)
12	Cause to shed tears	رلانا	أبكى (إفعال)

كيف فارق رسول الله ﷺ الدّنيا:

فارق رسول الله ﷺ الدّنيا وهو يحكم جزيرة العرب ويرهبه ملوك الدّنيا وما ترك عند موته دينارا ولا درهما ولا عبدا ولا أمة ولا شيئا إلّا بَغْلَتَهُ البيضاء وسلاحه وأرضا جعلها صدقة

وتوفّي ودرعه مرهونة عند يهوديّ بثلاثين صاعا من شعير ، ما وجد ما يفتكّ به حتّى مات ﷺ

أعتق رسول الله ﷺ في مرضه هذا أربعين نفسا وكانت عنده سبعة دنانير أو ستّة ، فأمر عائشة رضي الله عنها أن تتصدّق بها

تقول عائشة أمّ المؤمنين رضي الله عنها: توفّي رسول الله ﷺ وما في بيتي شيء يأكله ذو كبد إلّا شطر شعير

في رفّ لي فأكلت منه حتّى طال عليّ فَكِلْتُهُ فَفَنِيَ

وكان ذلك في يوم الإثنين 12 ربيع الأوّل سنة 11 للهجرة بعد الزّوال وله ﷺ ثلاثٌ وستوّن سنة وكان أشدّ الأيّام سوادًا ووَحْشَةً ومُصَابًا على المسلمين ومِحْنَةً للأنسانيّة كما كان يوم ولادته أسعد يوم طلعت فيه الشّمس

يقول أنس وأبو سعيد الخدريّ رضي الله عنهما كان اليومُ الذي قَدِمَ فيه رسول الله ﷺ المدينة أضاءَ منها كلّ شيء ، فَلَمَّا كان اليوم الذي مات فيه أظلم منها كلّ شيء وبكتْ أمّ أيمن ، فقيل لها: ما يبكيك على النبيّ ﷺ؟ قالتْ: إنّي قد علمت أنّ رسول الله ﷺ سيموتُ ولكن إنّما أبكى على الوحي الذي رُفِعَ عَنَّا

207 – كيف تلقّى الصّحابة نبأ الوفاة			
English Translation	اردو ترجمہ	اللفظ	
To familiarise oneself with	عادی ہونا	تعوّد (تفعّل)	1
To destroy	ہلاک کرنا	أفنى (إفعال)	2

كيف تلقّى الصّحابة نبأ الوفاة:

ونزل نبأ وفاة رسول الله ﷺ على الصّحابة كالصّاعقة لشدّة حبّهم له ، وما تعوّدوه مِنَ العيش في كنفه عَيْشِ الأبناء في حِجْر الآباء وكنَفِهِمْ ، بل أَكْثَرَ مِنْ ذلك ، قد قال الله تعالى: ﴿لَقَدْ جَآءَكُمْ رَسُولٌ مِّنْ أَنفُسِكُمْ عَزِيزٌ عَلَيْهِ مَا عَنِتُّمْ حَرِيصٌ عَلَيْكُم بِالْمُؤْمِنِينَ رَءُوفٌ رَّحِيمٌ﴾[التوبة:128]

وقد كان كلّ واحد منهم يحسب أنّه أكرم عليه وأحبّ لديه من صاحبه ولم يكدْ بعضُهُمْ يصدّق بنبأ وفاته وكان في مقدّمتهم عمر بن الخطّاب رضي الله عنه ، فأنكر على مَنْ قال: مات رسول الله ﷺ وخرجَ إلى المسجد وخَطَبَ النّاس ، وقال: إنّ رسول الله ﷺ لا يموت حتّى يُفْنِيَ الله المنافقين

208 – موقف أبي بكر الحاسم			
English Translation	اردو ترجمہ	اللفظ	
Death	موت	مَوْت ومَوْتَة	1
Slowness/pace	نرمی ، آسودگی	رِسْل ج رِسَال	2
Heel bone	ایڑی	عَقْب وعَقِب ج أَعْقَاب	3

موقف أبي بكر الحاسم:

وكان أبو بكر ﷺ رجل السّاعة المطلوب والجبل الرّاسي الذي لا يحول ولا يزول ، فأقبل من منزله حين بلغه الخبر ، حتّى نزل على باب المسجد وعمر يكلّم النّاس ، فلم يلتفتْ إلى شيء ، حتّى دخل على رسول الله ﷺ في بيت عائشة وهو مُسَجّى فَكَشَفَ عن وجهه ، ثمّ أقبل عليه فَقَبَّلَه ، ثمّ قال: بأبي أنت وأمّي ، أمّا الموتة التي كتب الله عليكَ فقد ذُقْتَهَا ، ثمّ لن تصيبك بَعْدَهَا موتة أبدًا وردّ الْبُرْد على وجهه ﷺ

ثمّ خرج وعمر يكلّم النّاس ، فقال: على رِسْلِكَ يا عمر! وأَنْصِتْ فأبى إلّا أن يتكلّم ، فَلَمَّا رآه أبو بكر لا يُنْصِتُ ، أقبل على النّاس ، فَلَمَّا سَمِعَ النّاس كلامه أقبلوا عليه ، وتركوا عمر فَحَمِدَ الله وأثنى عليه ، ثمّ قال: (أيّها النّاس! إنّه من كان يعبد محمّدا فإنّ محمّدا قد مات ومن كان يعبد الله فإنّ الله حيّ لا يموت ، ثمّ تلا هذه الآية: (وَمَا مُحَمَّدٌ إِلَّا رَسُولٌ ۚ قَدْ خَلَتْ مِنْ قَبْلِهِ الرُّسُلُ ۚ أَفَإِنْ مَاتَ أَوْ قُتِلَ انْقَلَبْتُمْ عَلَىٰ أَعْقَابِكُمْ ۚ وَمَنْ يَنْقَلِبْ عَلَىٰ عَقِبَيْهِ فَلَنْ يَضُرَّ اللَّهَ شَيْئًا ۗ وَسَيَجْزِي اللَّهُ الشَّاكِرِينَ)[آل عمران:144]

يقول مَنْ شَهِدَ هذا الموقف: واللهِ كأنّ النّاس لم يعلموا أنّ هذه الآية نزلتْ حتّى تلاها أبو بكر يومئذ وأخذها النّاس عن أبي بكر ، فإنّما هي في أفواههم ويقول عمرُ: والله ما هو إلّا أن سمعت أبا بكر تلاها ، فَعُقِرْتُ حتّى وقعتُ إلى الأرض ، ما تحْمِلُنِي رِجْلَايَ وعرفْتُ أنّ رسول الله ﷺ قَدْ مَاتَ

209 – بيعة أبي بكر بالخلافة			
English Translation	**اردو ترجمہ**	**اللفظ**	
Shelter	چھپر،سائبان	سَقِيْفَة ج سَقَائِف	1

Desire	خواہش	هَوَاء ج أَهْوَاء	2
To be arranged	ترتیب وار ہونا	انتظم (افتعال)	3
To prepare for burial	مردہ کے کفن دفن کا انتظام کرنا	جهّز (تفعيل)	4

بيعة أبي بكر بالخلافة:

وبايع المسلمون أبا بكر بالخلافة في سقيفة بني ساعدة ، حتّى لا يجد الشيطان سبيلا إلى تفريق كلمتهم وتمزيق شَمْلِهِمْ ولا تلعب الأهواء بقلوبهم وليفارق رسول الله ﷺ هذه الدّنيا وكلمة المسلمين واحدة ، وشملهم مُنْتَظَمٌ وعليهم أمير يتولّى أمورهم ومنها تجهيز رسول الله ﷺ وَدَفْنُهُ

210 – كيف ودّع المسلمون رسولَهُمْ وصَلّوا عليه			
English Translation	اردوترجمہ	اللفظ	
To be clear	ظاہر ہونا	انجلى (انفعال)	1
Hardship	سختی	غَمْرَة ج غَمَرَات وغِمَار وغُمَر	2
To take (soul of)	لینا، قبض کرنا	قبض (ض) قَبْضا	3

كيف ودّع المسلمون رسولَهُمْ وصَلّوا عليه:

وهدأ النّاس وانجلى عنهم ما كانوا فيه من حيرةٍ وغمرةٍ وتشاغلوا بما علَّمَهُمْ رسولهم مِنْ عَمَلِهِمْ لمن فارق الدّنيا

وَلَمَّا فرغ مِنْ غَسْلِهِ وتكفينه ﷺ وقَدْ تولّى ذلك أهل بيته ووُضِعَ سَرِيْرُهُ في بيتِهِ وحدّثهم أبو بكر أنّه سمع رسول الله ﷺ: ما قُبِضَ نَبِيٌّ إلّا دُفِنَ حيث يُقْبَضُ فَرُفِعَ فِرَاشُ رسول الله ﷺ الذي تُوُفِّيَ فيه وحُفِرَ له تحته وتولّى ذلك أبو طلحة الأنصاريّ

ثمّ دخلوا يصلّون عليه أرسالا ، دخل الرّجال حتّى إذا فَرَغُوْا ، أُدْخِلَ النّساء حتّى إذا فرغ النّساء أُدْخِلَ الصّبيان ولم يؤمّ النّاس على رسول الله ﷺ أحدٌ

211 – وكان ذلك يوم الثلاثاء			
English Translation	اردو ترجمہ	اللفظ	
To be upset	غمگین ہونا	حزن (س) حَزَنا (الصفة: حَزِيْن ج حُزَنَاء وحِزَان وحَزَانَى)	1
To weep noisily	بہت رونا	انتحب (افتعال)	2
To console oneself	تسلی دینا	تعزّى (تفعّل)	3

وكان ذلك يوم الثلاثاء:

وكان يومًا حزينًا في المدينة وأذّن بلال بالْفَجْرِ ، فَلَمَّا ذكَرَ النبيّ ﷺ بكى وانْتَحَبَ فَزَادَ المسلمين حُزْنًا وقَدِ اعْتَادُوْا أن يَسْمَعُوْا هذا الأذان ورسول الله ﷺ فيهم

تقول أمّ سلمة أمّ المؤمنين: يا لها من مُصِيْبَةٍ ، ما أُصِبْنَا بَعْدَهَا بمصيبة إلّا هانتْ ، إذا ذكَرْنَا مُصِيْبَتَنَا به ﷺ

وقد قال النبيّ ﷺ بنفسه: يا أيّها النّاس ، أيّما أحد مِنَ النّاس أو من المؤمنين أصيب بمصيبة فليتعزّ بمصيبته بي عن المصيبة التي تصيبه بغيره ، فإنّ أحدا من أمّتي لن يصاب بمصيبة بَعْدِيْ أشدّ عليه مِنْ مصيبتي

212 – أزواجه أمّهات المؤمنين			
English Translation	اردو ترجمہ	اللفظ	
To marry	نکاح کرنا	تزوّج (تفعّل)	1
Concubine	باندی	سُرِيَّة ج سَرَارِيّ	2
To grant	تحفہ بھیجنا	أهدى (إفعال)	3

أزواجه أمّهات المؤمنين:

كانتْ خديجة بنتُ خويلدٍ القرشيّة الأسديّة ﵂ أولى أزواج النّبيّ ﷺ تزوّجها قبل النّبوّة ولها أربعون سنة وماتَتْ قبل الهجرة بثلاث سنين وجميع أولاده ﷺ مِنْهَا غير سيّدنا إبراهيم

ثمّ تزوّج بَعْدَ مَوْتِهَا بأيّام سَوْدَةَ بنت زَمْعَةَ القرشيّة ، ثمّ تزوّج بعدها عائشة الصّدّيقة بنت الصدّيق وهي أفقه نساء الأمّة وأعلمهنّ

ثمّ تزوّج حفصة بنت عمر بن الخطّاب ﵄ ثمّ تزوّج زينب بنت خزيمة وَتُوُفِّيَتْ عنده بعد شهرين ، ثمّ تزوّج أمّ سلَمة هند بنت أبي أميّة القرشيّة المخزوميّة وهي آخر نسائه مَوْتًا ، ثمّ تزوّج زينب بنت جَحْشٍ وهي ابنة عَمّته أميمة وتزوّج جويرية بنت الحارث بن أبي ضرار المصطلقيّة ، ثمّ أمّ حبيبة رملة بنت أبي سفيان ثمّ صفيّة بنت حييّ بن أخطب سيّد بني النّضير ، ثمّ ميمونة بنت الحارث الهلاليّة وهي آخر من تزوّج بها

وتوفّي ﷺ عن تسع زوجات وهُنَّ مَنْ ذَكَرْنَا غير خديجة وزينب بنت خزيمة ، فَقَدْ تُوفّينا في حياته ﷺ

وتوفّي عن سرّيّتين مارية بنت شمعون القبطيّة المصريّة ، أهداها إليه المقوقس عظيم مصر ، وهي أمّ ولده إبراهيم عليه السلام وريحانة بنت زيد من بني النّضير ، أسلمتْ فأعتقها ثمّ تزوّجها

213 – أولاده ﷺ			
	اللفظ	اردو ترجمہ	English Translation
1	كنى (ض) كِنَايَة	کنیت دیا	To give an agnomen/nickname
2	لَقَب ج أَلْقَاب	لقب	Title

أولاده ﷺ

ولدَتْ له خديجة القاسم وبه كان يُكْنَى ومات طفلا ثمّ زينب ثمّ رُقيّة وأمّ كلثوم وفاطمة وعبد الله والطيّب والطّاهر لقبان له وهؤلاء كلّهم من خديجة رضي الله عنها وفاطمة أحبّ بناته إليه وأخبر بأنّها سيّدة نساء أهل الجنّة وتزوّجتْ عليّ بن أبي طالب ابنَ عمّ رسول الله ﷺ فَوَلَدَتْ له حَسَنًا وحُسَيْنًا وفيهما قال رسول الله ﷺ: (الْحَسَنُ والْحُسَيْنُ سيّدا شباب أهل الجنّة)

وولدتْ له مارية القبطيّة إبراهيمَ فتوفّي وقَدْ ملأ الْمَهْدَ وقد قال ﷺ حِيْنَ تُوُفِّيَ: (تدمع العين ويحزن الْقلب ولا نقول ما يُسْخِطُ الرّبّ وإنّا يا إبراهيم لمحزونون)

214 – الأخلاق والشّمائل

#	اللفظ	اردو ترجمہ	English Translation
1	تفحّش (تفعّل)	بدکلامی کرنا	To use obscene language
2	صخب (س) صَخَبا	شور مچانا	To yell/roar
3	انتصر (افتعال)	بدلہ لینا	To take revenge
4	انتهك (افتعال)	خراب کرنا، بے عزتی کرنا	To break/violate
5	فلّى (تفعيل)	جوئیں نکالنا	To clean/remove lice
6	فاوض (مفاعلة)	شریک ہونا	To confer (with)

الأخلاق والشّمائل[64]:

---

[64] Prophet Muhammad was decorated with excellent characteristics. Once the mother of the believers, A'isha was asked regarding the character of the Messenger of Allah, A'isha replied: "His character was the Qur'an." Do you recite the Surah al-Muminoon? She said recite: "Certainly the believers will have succeeded, they are those that during their prayer they submit to the Lord in a humble manner, they turn away from futile talk, they are observant in Zakaah, and they guard their private parts except from their wives or those their right hand possess."

The Prophet never used to get angry for any personal reason, nor did he take revenge for any personal reason; his anger and revenge was only for the sake of religion and Allah.

The Prophet was known for his bravery, generosity and kind nature; he would never say 'no' upon the request or question of any individual.

When the Prophet spoke, only truth would be on his blessed tongue. When the Prophet socialised, he was friendly and mixed in with the audience. When the Prophet promised, he would ensure the promise is fulfilled.

The Prophet was filled with modesty and shyness, in fact he was shyer than a virgin girl. Whenever he disliked something, it was easily seen on his beloved face.

He used to keep his gaze lowered, for indeed his gaze was generally upon the earth in contemplation. His humble nature was there for all to see and follow. Mercy was a great trait of the Prophet, he would lower liquid for a cat in a pot, keep the pot lowered until the cat was replete. The Prophet was very generous to his companions, he would not sit with his legs stretched in general gatherings, rather he would make space for all present so that the companions can sit easily. Any person who saw him suddenly would become awe-inspired and would be overcome with a feeling of profound respect.

Anyone who came in close contact with him, and knew his excellent character was smitten with the love of his excellent attributes. Anyone who described his noble features can only say: "I have not seen anyone like Rasulullah, neither before him nor after him."

He had companions that were eager to follow his every command, they would become silent in order to listen to his talk. When the Prophet would meet a companion, he would start with Salaam first. He would constantly enquire regarding the well-being of his companions. If a companion fell ill, he would hasten to pay him a visit.

The companion Anas mentions that I served the Prophet for ten years, however, his service to me was more than my service to him. Never during the ten years did he say to me regarding something I did that 'Why did you do it like this!', nor did he say to me regarding something which I never completed 'why did you not do it like this!'

Upon an occasion the Prophet was travelling with a few companions; they decided to eat a sheep. One companion said I will sacrifice the sheep, the other said I will remove the skin from the sheep, a third said I will cook the sheep, the Prophet himself said I will collect the wood for the cooking. The companions said, 'O Prophet of Allah! We will be able to do all the work, you don't need to collect the wood, we will collect it.' The Prophet replied that I know you (companions) are ever ready to do the job for me, however, Allah dislikes that an individual is different to his companions; therefore, I should partake in the work as well.

The Prophet used to love the sick, visit the poor, accompany the needed, never used to think low of a poor person, nor high of the king; rather identified each as a servant of Allah. He used to show gratitude to Allah upon the blessings, never degrading the blessing of Allah. He would never speak negative of any food, if he liked the food he would eat it, and if the food was not desired by him then he would leave it without making any negative comments. His beloved face used to emanate happiness. He used to clean his clothes and take care of his animals himself. He never used to amass wealth in his house, rather if the night fell and he possessed wealth he would search for a needy person so that he can hand over the wealth to him.

Umm Ma'bad said regarding the Prophet Muhammad to her husband: "He was innocently bright and had a broad face. His manners were fine. Neither was his belly bulging out nor was his head deprived of hair. He had black attractive eyes finely arched by continuous eyebrows. His hair was glossy and black, inclined to curl, and relatively long. His voice was extremely commanding. His head was large, well-formed and set on a slender neck. His expression was reflective and thoughtful, composed and inspiring. The stranger was fascinated from the distance, but the closer he was the more respect he observed. His expression was very sweet and distinct. His speech was well set and free from the use of superfluous words, as if it were a chain of beads. His stature was neither too high nor too small. He was always surrounded by his companions. Whenever he uttered something, the listeners would listen to him with attention and whenever he issued any command, they competed with each other in carrying it out. He was a master and a commander. His utterances were marked by truth and sincerity, free from all kinds of falsehoods and lies.' (Zaad al-Ma'ad)

أخلاق وشمائل رسول الله صلّى الله عليه وسلّم

وصَفَهُ عليّ بن أبي طالب ﷺ وهو من أعرف النّاس به وأكثرهم عشرة له وأقدرهم على الوصف والبيان ، فقال: (لم يكن فاحشا متفحّشا ولا صخّابا في الأسواق ولا يجزي السيّئة بالسيّئة ولكنْ يعفو ويصفح ، ما ضرب بيده شيئا قطّ إلّا أن يجاهد في سبيل الله ولا ضرَبَ خادمًا ولا امرأة ما رأيته منتصرا من مَظْلَمة ظلمها قطّ ، ما لم ينتهك من محارم الله تعالى شيء ، فإذا انْتُهِكَ مِنْ محارم الله تعالى كان من أشدّهم غضَبًا ، وما خُيّر بين أمرين إلّا اختار أيسرهما

وإذا دخل بيته كان بشرا من البشر يُفَلّي ثوبه ويَحْلِبُ شَاتَهُ ويَخْدِمُ نفسه)

ويقول: (لا يقوم ولا يجلس إلّا على ذكر وإذا انتهى إلى قوم جلس حيث ينتهي به المجلس ويأمر بذلك ، يعطي كلّ جلسائه بنصيبه ، لا يحسَبُ جَلِيْسُهُ أنّ أحدًا أكرمُ عليه منه ، مَنْ جَالَسَهُ أو فَاوَضَهُ في حاجة صابَرَهُ حتّى يكون هو المنصرف ومَنْ سَأَلَهُ حاجته لم يردّه إلّا بها أو بميسور من القول ، قد وسع النّاس بَسْطُهُ وَخُلُقُهُ ، فصار لَهُمْ أبًا وصاروا عنده في الحقّ سواءً مجلسه مجلِسُ عِلْمٍ وحياءٍ وصبر وأمانةٍ ، أجود النّاس صدرا وأصدق النّاس لَهْجَة وألينهم عرِيْكَةً وأكرمهم عشيرَةً ، مَنْ رَآهُ بَدِيْهَةً هابَهُ ومن خالطه معرفةً أحبَّهُ ، يقول ناعتُهُ: لَمْ أَرَ قَبْلَهُ وَلَا بَعْدَهُ مِثْلَهُ ﷺ)

Ali bin Abi Talib describes the Prophet: "He was neither excessively tall nor extremely short. He was of medium height amongst his friends. His hair not too curly nor was it too straight. It was both curly and wavy combined. His cheeks were not fleshy, chin was not small and forehead was not narrow. His face was fairly round. His mouth was white. He had black, large eyes, with long eyelashes. His limbs and shoulder joints were rather big. He had a fine line of little hair extending from his chest down to his navel, but the rest of the body was almost hairless. He had thick palms and thick fingers and toes. While walking, he lifted his feet off the ground as if he had been walking on a slope. When he turned, he turned completely. The Seal of prophethood was between his shoulders. He is the Last of Prophets, the most generous and the bravest of all. His speech was the most reliable. He was the keenest and the most attentive to peoples' trust, and was very careful to pay peoples due in full. The Prophet was the most gentle and the most polite companion, seeing him unexpectedly you would fear him and revere him. He who had acquaintance with him would like him. He who describes him says: 'I have never seen such a person neither before him nor after him.' (Ibn Hisham)

May Almighty Allah give us the ability to follow Prophet Muhammad in his way of life.

وقد كسا الله نبيّه لباس الجمال وألقى عليه محبّة ومهابةً منه

وصفه البراء بن عازب رضي الله عنه فقال: (كان رسول الله صلى الله عليه وسلم مَرْبُوْعًا وقد رأيته في حلَّةٍ حمراءَ ، ما رأيْتُ شيئا قَطُّ أَحْسَنَ مِنْهُ)

ووصفه أبو هريرة رضي الله عنه فقال: (كانَ رَبْعَةً وهو إلى الطّول أقرَبُ ، شديد البياض ، أسود شعْرِ اللّحية ، حَسَنَ الثَّغْرِ ، أَهْدَبَ أَشْعَارِ الْعَيْنَيْنِ ، بَعِيْدَ مَا بين المنكبين (إلى أن قال): لَمْ أَرَ مِثْلَهُ قَبْلُ وَلَا بَعْدُ)

ويقول أنس رضي الله عنه: ما مَسَسْتُ دِيْبَاجًا ولا حريرًا ألينَ مِنْ كفّ رسول الله صلى الله عليه وسلم ولا شَمَمْتُ رائحةً قَطُّ أَطْيَبَ مِنْ رَائِحَةِ رسول الله صلى الله عليه وسلم

غزوات (Battles)

	Battle	Date	Number of Muslims	Leader of Muslims	Number of opponents	Leader of opponents	Casualties	Instructions for the Muslim Army
1	غزوة ودان (غزوة الأبواء) Waddan Al-Abwa	صفر 2 هـ	70	Prophet Muhammad ﷺ			None	Attack Quraish caravan consisting of camels
2	غزوة بواط Buwat	ربيع الأوّل 2 هـ	200	Prophet Muhammad ﷺ	100	أميّة بن خلف	None	Attack Quraish caravan consisting of camels
3	غزوة سفوان (غزوة بدر الأولى)	ربيع الأوّل 2 هـ	70	Prophet Muhammad ﷺ		كرز بن جابر الفهريّ	None	Pursue Kurz ibn Jabir al-Fihri who, with a group, looted Muslim animals
4	غزوة ذي العشيرة	جمادى الآخرة 2 هـ	150	Prophet Muhammad ﷺ				Attack Quraish caravan
5	غزوة بدر الكبرى	رمضان 2 هـ	313	Prophet Muhammad ﷺ	1000	أبو جهل	Muslims: 22 killed Non-Muslims: 70 killed, 70 wounded or captured	Attack Quraish caravan and increase Muslim position
6	غزوة بني قينقاع	شوال سنة 2 هـ		Prophet Muhammad ﷺ				Attack the people of Banu Qaynuqa'a
7	غزوة السويق	ذز الحجّة 2 هـ	200	Prophet Muhammad ﷺ	200	أبو سفيان	Muslims: 2 killed	Pursue Abu Sufyan for killing two Muslims

8	غزوة قرقرة الكدر (غزوة بني سليم)	المحرّم 3 هـ	200	Prophet Muhammad ﷺ			Non-Muslims: 1 wounded/captured	Surprise attack on Banu Saleem as they plotted to attack Madinah
9	غزوة ذي أمر (غزوة غطفان) (غزوة أنمار)	ربيع الأوّل 3 هـ	450	Prophet Muhammad ﷺ		بنو ثعلبة بنو محارب	Non-Muslims: 1 captured	Attack on Banu Muharib and Banu Talabah as they plotted to attack Madinah & outskirts as well
10	غزوة أحد	شوّال 3 هـ	650	Prophet Muhammad ﷺ	3000	أبو سفيان	Muslims: 40 wounded, 70 Killed Non-Muslims: 30 Killed	Defend against Quraysh attack
11	غزوة حمراء الأسد	شوّال 3 هـ	540	Prophet Muhammad ﷺ	2970	أبو سفيان	Non-Muslims: 2 captured	Prevent Quraysh from attacking weakened Muslim Army after Uhud
12	غزوة بني النضير	ربيع الأوّل 4 هـ		Prophet Muhammad ﷺ				Attack Banu Nadhir as they attempted to assassinate the Prophet
13	غزوة بدر الأخرى	ذو القعدة 4 هـ	1510	Prophet Muhammad ﷺ	2050	أبو سفيان		Attack Quraysh army at Badr
14	غزوة دومة الجندل	ربيع الأوّل 5 هـ	1000	Prophet Muhammad ﷺ				Attack Duma as they were preparing to attack Madinah
15	غزوة بني المصطلق (غزوة المريسيع)	شعبان 5 هـ		Prophet Muhammad ﷺ		الحارث بن ضرار	Non-Muslims: 19 wounded/captured, 10 killed	

16	غزوة الأحزاب (غزوة الخندق)	شوّال / ذو القعدة 5 هـ	3000	Prophet Muhammad ﷺ	10000	أبو سفيان	Muslims: 6 wounded/captured Non-Muslims: 10 wounded/captured	Defend Madinah from the attack of Quraysh and other opponents
17	غزوة بني قريظة	ذو الحجّة 5 هـ		Prophet Muhammad ﷺ			Muslims: 4 wounded/captured Non-Muslims: 200 wounded/captured, 400 killed	Attack Banu Qurayzah as they have broken treaty
18	غزوة بني لحيان	ربيع الأوّل 6 هـ	200	Prophet Muhammad ﷺ				Attack Banu Lahyan as a revenge for the 10 Muslims they killed
19	غزوة ذي قردة (غزوة الغابة)	ربيع الآخر 6 هـ	500	Prophet Muhammad ﷺ		عيينة الفزاري	Muslims: 1 captured, 3 killed Non-Muslims: 1 killed	
20	غزوة الحديبية	ذو القعدة 6 هـ	1400	Prophet Muhammad ﷺ		سهيل بن عمرو القرشيّ		March to Makkah in order to perform Umrah
21	غزوة خيبر	محرّم 7 هـ	1420	Prophet Muhammad ﷺ	10000	كنانة بن أبي الحقيق	Muslims: 50 wounded, 18 killed Non-Muslims: 93 Killed	
22	غزوة وادي القرى	محرّم 7 هـ	1382	Prophet Muhammad ﷺ			Non-Muslims: 11 killed	Attack residents of Wadi al-Qura'a
23	غزوة ذات الرقاع	محرّم 7 هـ	400	Prophet Muhammad ﷺ				Attack Banu Ghatafan as they assembled at Dhat al-Riqa'a with bad motives
24	غزوة فتح مكّة	رمضان سنة 8 هـ	10000	Prophet Muhammad ﷺ			Muslims: 2 killed Non-Muslims: 12 killed	To Conquer Makkah

25	غزوة حنين (غزوة أوطاس) (غزوة هوازن)	شوّال 8 هـ	12000	Prophet Muhammad ﷺ		Muslims: 6 killed Non-Muslims: 6000 wounded/captured, 71 killed	
26	غزوة الطائف	شوّال 8 هـ	12000	Prophet Muhammad ﷺ		Muslims: 13 killed	Attack enemies who fled from battle of Hunayn, etc
27	غزوة تبوك	رجب 9 هـ	30000	Prophet Muhammad ﷺ	هرقل		Attack Byzantine empire as they were preparing to attack Madinah.

(Expeditions) سريّة

	Battle	Date	Number of Muslims	Leader of Muslims	Number of opponents	Leader of opponents	Casualties
1	سريّة سيف البحر	رمضان 1 هـ	30	حمزة بن عبد المطّلب	300	أبو جهل	
2	سريّة الرابغ	شوال 1 هـ	60	عبيد بن الحارث	200	عكرمة ، أبو سفيان	
3	سريّة ضرار	ذو القعدة 1 هـ	80	سعد بن أبي وقّاص			
4	سريّة النخلة	رجب 2 هـ	12	عبد الله بن جحش			
5	سريّة عمير بن العديّ	رمضان 2 هـ	1	عمير	1		
6	سريّة سالم بن عمير	شوّال 2 هـ	1	سالم	1	أبو عفك اليهوديّ	
7	سريّة قرقرة الكدر	2 هـ		غالب بن عبد الله الليثي			Muslims: 3 killed
8	سريّة محمّد بن مسلمة	ربيع الأوّل 3 هـ		محمّد بن مسلمة الأنصاريّ	1	كعب بن الأشرف اليهوديّ	Muslims: 1 wounded/captured Non-Muslims: 1 killed
9	سريّة قردة	جمادى الآخرة 3 هـ	100	زيد بن حارثة		أبو سفان الأموي	Non-Muslims: 1 wounded/captured
10	سريّة قطن (سريّة أبي سلمة المخزوميّ)	المحرّم 4 هـ	150	أبو سلمة المخزوميّ		طلحة ، سلمة	
11	سريّة عبد الله بن أنيس	المحرّم 4 هـ	1	عبد الله بن أنيس الجهنيّ	1	سفيان الهذليّ	Non-Muslims: 1 killed
12	سريّة الرجيع	صفر 4 هـ	10	عاصم بن ثابت (مرثد بن الغنويّ)	100		Muslims: 10 killed
13	سريّة بئر معونة (سريّة طرز)	صفر 4 هـ	70	منذر بن عمرو			Muslims: 1 wounded/captured, 69 killed
14	سريّة عمرو بن أميّة الضمريّ	ربيع الأوّل 4 هـ	1	عمرو بن أميّة الضمريّ	2		Non-Muslims: 2 killed

سريّة رسول الله صلّى الله عليه وسلّم

15	سريّة عبد الله بن عتيك	ذو القعدة 5 هـ	5	عبد الله بن عتيك الخزرجيّ	1	سلام بن أبي الحقيق	Non-Muslims: 1 killed
16	سريّة القرطاء	المحرّم 6 هـ	30	محمّد بن مسلمة الأنصاريّ	30	ثمامة بن أثال	Non-Muslims: 1 captured/wounded
17	سريّة عكّاشة بن محصن	ربيع الآخر 6 هـ	40	عكاشة بن محصن الأسديّ		بنو أسد	
18	سريّة ذي القصّة	ربيع الآخر 6 هـ	10	محمّد بن سلمة	100	بنو ثعلبة	Muslims: 1 wounded/captured, 9 killed
19	سريّة بني ثعلبة	ربيع الآخر 6 هـ	40	أبو عبيدة بن الجراح		بنو ثعلبة	Non-Muslims: 1 wounded/captured
20	سريّة الجموم	ربيع الآخر 6 هـ		زيد بن حارثة		بنو سليم	Non Muslims: 10 wounded/captured
21	سريّة الطرف/الطرق	جمادى الآخرة 6 هـ	15	زيد بن حارثة		بنو ثعلبة	
22	سريّة وادي القرى	رجب 6 هـ	12	زيد بن حارثة		سكّان وادي القرى	Muslims: 1 wounded/captured, 9 killed
23	سريّة دومة الجندل	شعبان 6 هـ		عبد الرحمن بن عوف الزهريّ		الأصبغ بن عمرو الكلبيّ	
24	سريّة فدك	شعبان 6 هـ	200	علي بن أبي طالب		بنو سعد بن بكر	
25	سريّة أمّ قرفة	رمضان 6 هـ		أبو بكر الصدّيق		أمّ قرفة	
26	سريّة عبد الله بن رواحة	شوّال 6 هـ	30	عبد الله بن رواحة	30	أسير بن زرام اليهوديّ	Muslims: 1 wounded/captured, Non-Muslims: 30 killed
27	سريّة العرنيين	شوّال 6 هـ	20	كرز بن جابر الفهريّ			Muslims: 1 killed, Non-Muslims: 8 killed
28	سريّة عمرو بن أميّة الضمريّ	شوّال 6 هـ	1	عمرو بن أميّة			
29	سريّة عيص	صفر 7 هـ	72	أبو جندل وأبو بصير			Muslims: 9 wounded/captured

30	سريّة الكديد	صفر 7 هـ	60	غالب بن عبد الله الليثيّ		بنو الملوح	Muslims: 1 wounded/captured
31	سريّة فدك	صفر 7 هـ		غالب بن عبد الله الليثيّ		أهل فدك	
32	سريّة حسميّ	جمادى الآخرة 7 هـ	50	زيد بن حارثة	102	الهنيد بن عوص الجزريّ	Non-Muslims: 100 wounded/captured, 2 killed
33	سريّة تربة	شعبان 7 هـ		عمر بن الخطّاب		أهل تربة	
34	سريّة بني كلاب	شعبان 7 هـ		أبو بكر الصدّيق		بنو كلاب	
35	سريّة الميفعة	رمضان 7 هـ		غالب بن عبد الله الليثيّ		أهل الميفعة	
36	سريّة خربة	رمضان 7 هـ		أسامة بن زيد		أهل خربة	
37	سريّة بن مرّة	شوّال 7 هـ	30	بشير بن سعد		بنو مرّة	
38	سريّة بشير بن سعد	شوّال 7 هـ	30	بشير بن سعد		بنو فزارة	
39	سريّة بن ابي العوجاء	ذو الحجّة 7 هـ	50			بنو سليم	Muslims: 1 captured/wounded, 49 killed
40	سريّة ذات أطلاح	ربيع الأوّل 8 هـ	15	كعب بن عمير الأنصاري الغفاريّ		أهالي ذات أطلح بنو قضاعة	Muslims: 14 killed
41	سريّة ذات عرق	ربيع الأوّل 8 هـ	25	شجاع بن وهب الأسديّ		بنو هوازن أهالي ذات عرق	
42	سريّة مؤتة	جمادى الأولى 8 هـ	2000	زيد بن حارثة	100000	شرحبيل الغسّاني	Muslims: 12 killed
43	سريّة ذات السلاسل	جمادى الآخرة 8 هـ	500	عمرو بن العاص القرشيّ السهميّ		بنو قضاعة	
44	سريّة سيف البحر	رجب 8 هـ	300	أبو عبيدة بن الجرّاح		قريش	
45	سريّة محارب	شعبان 8 هـ	15	أبو قتادة الأنصاريّ		بنو غطفان	
46	سريّة خالد	رمضان 8 هـ		خالد بن الوليد			

47	سريّة عمرو بن العاص	رمضان 8 هـ		عمرو بن العاص		
48	سريّة سعد الأشهليّ	رمضان 8 هـ		سعد بن زيد الأشهليّ الأنصاريّ		
49	سريّة خالد بن الوليد	شوّال 8 هـ	350	خالد بن الوليد	بنو جذيمة	Non-Muslims: 95 killed
50	سريّة عيينة بن حصين	محرّم 9 هـ	150	عيينة بن حصين	بنو تميم	Non-Muslims: 62 captured/wounded
51	سريّة قطبة بن عامر	صفر 9 هـ	20	قطبة بن عامر	خثعم	
52	سريّة الضحاك بن سفيان الكلابي	ربيع الأوّل 9 هـ		الضحّاك	بنو كلاب	
53	سريّة عبد الله بن حذافة	ربيع الأوّل 9 هـ	300	عبد الله بن حذافة القرشيّ		
54	سريّة بني طيء	9 هـ	150	علي المرتضى	بنو طيء	
55	سريّة دومة الجندل		420	خالد بن الوليد	أكيدر	

Important events of seerah

	Event	Day, Date & Month	Year (from birth)	Year (in terms of Hijrah)	Gregorian calendar
1	Birth				570
2	Death of Aminah		6		576
3	Death of Abdul Muttalib		8		578
4	Journey to Syria		12		582
5	Battle of Fija'ar		15		585
6	Marriage to Khadijah		25		595
7	Prophethood		41		610
8	Fajr and Asr salaah becoming fardh		41		610
9	Start of revelation		41		610
10	Companions migrating to Abyssinia		45		614
11	The boycott in the valley of Abu Talib		47		616
12	Death of Abu Talib		50		619
13	Death of Khadijah		50		619
14	Prophet travels to Taif for propagation		50		619
15	The night journey		50		619
16	Islam of a few individuals of Madinah		50		619
17	First pledge of Aqabah		52		621
18	Second pledge of Aqabah		53		622

Important events of seerah

19	Migration to Madinah	Friday 27th Safar	54	1	623
20	Reaching Quba'a	Monday 8th Rabe'e al-awwal	54	1	623
21	Entering Madinah	Friday 12th Rabe'e al-awwal	54	1	623
22	Start making Masjid al-Nabwi	Monday 22nd Rabe'e al-awwal	54	1	623
23	Increase in Zuhr, Asr and Isha salaah (from two rakaat to four rakaat)	Rabe'e al-thani	54	1	623
24	Changing of Qiblah	Saturday 15th Sha'ban	55	2	624
25	1st fast after the obligation of fasting	Sunday 1st Ramadhan	55	2	624
26	Obligation of Zakaah		55	2	624
27	Battle of Badr	Tuesday 17th Ramadhan	55	2	624
28	Calling other leaders to Islam	Wednesday 17th Muharram	60	7	629
29	Conquest of Makkah	Thursday 20th Ramadhan	61	8	630
30	Obligation of Hajj		62	9	631
31	Hajj led by Abu Bakr	Monday/Tuesday 9th Dhul Hijjah	62	9	631
32	Farewell Hajj	Friday 9th Dhul Hijjah	63	10	632
33	Illness of the Prophet begins	Monday 29th Safar	64	11	633
34	Death of the Prophet	Monday 13th Rabe'e al-awwal	64	11	633
35	Funeral of the Prophet	Wednesday 14th Rabe'e al-awwal	64	11	633

Note: These dates have been taken from history books, not all the dates will have an authentic source; they have been added here simply so that the readers can gather some vague historical picture regarding the events.

Wives of Prophet Muhammad ﷺ

1 – Khadijah bint Khuwaylid

Her lineage is Khadijah bint Khuwaylid bin Asad bin Abdul Uzza, a noble woman from the clan of Quraysh. She was born 68 years before Hijrah (556CE).

Khadijah was married to Abu Halah bin Zurarah at-tameemi before Abu Halah passed away. She was a lady known for her good character, business and riches within Arabia. She used to send people to Syria on business trips, investing in her money. When she heard regarding the Prophet and his truthful nature in business, she invited the Prophet to conduct her business. After permission from Abu Talib, the Prophet accepted the offer of Khadijah and went on a trip to Syria, making more profit in this business trip than the profit expected by Khadijah herself. Khadijah made her slave, Maisarah, go with the Prophet in this journey. On return, Maisarah praised the Prophet before Khadijah, confirming to Khadijah the truthful nature of the Prophet. As a result of this journey, Khadijah sent a marriage proposal to Prophet Muhammad. Khadijah was 40 years old at that time, whereas the Prophet was only 25 years old. Further, the Prophet had never married before, whereas Khadijah was a widow who had been married twice before, with two sons and a daughter. Khadijah had rejected the proposal of many chief men of Makkah, yet herself sent a marriage proposal to the Prophet. After consultation with Abu Talib, the Prophet was ready for the marriage. Abu Talib conducted the marriage and paid 500 dirhams as part of the dowry. Khadijah was the first wife of Prophet Muhammad ﷺ and whilst the Prophet was married to Khadijah, he never married any other woman. She bore all the children of the Prophet except for Ibrahim, the son of the maid Mariyah Qibtiya.

Khadijah passed away in Makkah 3 years before Hijrah in the year (620 CE) in the month of Ramadhan at the age of 65. Khadijah was buried in Mu'alla graveyard in Makkah.

2 – Sawdah bint Zam'a

Her lineage is Sawdah bint Zam'a bin Qays bin 'Abd Shams bin 'Abd Wudd bin Nasr bin Malik bin Hisl bin Amir bin Luwayy.

She was the second wife of Prophet Muhammad ﷺ and was a widow when Prophet Muhammad ﷺ got married with her. She was previously married to her cousin, Shakran bin 'Amr bin 'Abd Shams. Shakran and Sawdah embraced Islam and were amongst the Muslims that migrated to Abyssinia during the second migration. Some reports suggest that Shakran passed away in Abyssinia, whereas others suggest he passed away after their return to Makkah. A month after the death of Khadijah, Prophet Muhammad married Sawdah in the month of Shawwal.

The Prophet intended to divorce Sawdah, however, Sawdah replied by indicating that, O Prophet of Allah! I am ready to give my turn to A'isha as I have no interest in conjugal life due to old age, however, I wish to be resurrected on the Day of Judgement as your wife.' The Prophet agreed with her and kept her in the marriage.

She passed away in Madinah in the month of Shawwal 54AH (674 CE).

3 – A'isha bint Abu Bakr

Her lineage is A'isha bint Abu Bakr bin Uthman bin Amir bin 'Amre bin Ka'b bin Sa'd bin Taym bin Murrah.

A'isha was born 9 years prior to Hijrah of the Muslims to Madinah, which corresponds to the year 613CE.

Prophet Muhammad ﷺ married her, the only virgin the Prophet married, in Makkah during the month of Shawwal. Some historians suggesting two years before Hijrah, others suggesting three years prior to Hijrah. This marriage took place almost a year after the marriage with Sawdah. At the time of marriage A'isha was very young with some historians suggesting six years of age, others suggesting seven years of age. Hence she was sent back to live with her parents. A'isha was the daughter of Abu Bakr, a very close ally of Prophet Muhammad ﷺ. A'isha started living with the Prophet in the 2nd year of Hijrah, in Madinah. A'isha was well educated regarding Islam and it is through her that a large portion of religion, especially regarding the family life of Prophet Muhammad, has reached us; some scholars mentioning that she has reported 2210 narrations. Historians have correctly labelled her as the most educated Muslim jurist in Islam; leading Sahabah used to go to her and ask her questions regarding Islam. She passed away in Madinah on the 17th of Ramadhan 58AH (678 CE), some reports mention 57AH at the age of sixty six or sixty seven.

4 – Hafsah bint Umar

Her lineage is Hafsah bint Umar bin Khattab bin Nufayl bin Abd al-Uzza bin Riyah bin Abdullah bin Qurt bin Razah bin Ade'e bin Ka'b.

She was born 18 years before Hijrah, which corresponds to the year 604CE. Hafsah was married to Khunays bin Hudhafah al-Sahmi who passed away as a result of a wound during the battle of Badr (some reports suggesting battle of Uhud). As Hafsah was still relatively young at this age, her father Umar searched to get her re-married. He suggested her to Abu Bakr and Uthman, but both failed to give a positive reply. Very shortly, the Prophet sent a message to Umar requesting the marriage of Hafsah to the Prophet. The marriage took place in Sha'ban 3AH.

She passed away in Madinah in the month of Sha'ban, 45AH (665 CE) at the age of sixty, some reports suggesting sixty-three.

5 – Zaynab bint Khuzaymah

Her lineage is Zaynab bint Khuzaymah bin Harith al-Hilaliyyah.

During the days of *jahiliyyah* (days of ignorance) she was called Umm al-Masakeen (the mother of the destitute) for her care for the poor people. She was a widow, earlier married to Ubaydah bin Harith who was martyred in the battle of Badr. Some historians have mentioned she was married to Abdullah bin Jahsh who was martyred in the battle of Uhud. Prophet Muhammad married her in third year of Hijrah during the month of Ramadhan.

She passed away in Madinah in the month of Rabi' al-Akhir, 4AH (625 CE), just eight months (some have said less than eight months) after her marriage to Prophet

Muhammad ﷺ. Some historians have suggested she was 30 years old at the time of death. The Prophet, himself led the funeral prayer and buried her in the graveyard of Madinah, Baqi. Two wives of the Prophet passed away during his life; Khadijah and Zaynab, all the other wives passed away after the Prophet.

6 – Umm Salamah (Hind bint Abu Umayyah)

Her lineage is Hind bint Abu Umayyah ibn al-Mugayrah.

Prophet Muhammad ﷺ got married to Umm Salamah in the fourth year of Hijrah, the month of Shawwal. She was known for her intelligence and distinctive manners. She accepted Islam very early during the Islamic period, and even migrated to Abyssinia with her first husband Abu Salamah (Abdullah bin Abdul Asad). During their stay in Abyssinia a son, Salamah, was born to them. They soon returned to Makkah and thereafter migrated to Madinah where their family increased by another son Umar and two daughters. Abu Salamah passed away in Madinah as a result of a wound he received in the battle of Uhud. He never passed away straight away, rather he was sent on an expedition, on his return in Safar 4AH the old wound returned and became the cause of death. Soon Abu Bakr sent a marriage proposal to her, she declined. Thereafter, the Prophet sent a proposal marriage to her, she replied that she is past the age of marriage as she can no longer give birth to any children; further, she has children currently that she intends to look after. However, the Prophet replied that he is more senior in age than her, further, Allah and his messenger will take care of the children; eventually she accepted the proposal. She was married to the Prophet after the death of Zaynab bint Khuzaymah, hence she lived in the house that Zaynab used to live in.

She passed away in Madinah in the year of 59AH, some historians' mention 62AH. She was 84 at the time of her death. She was the last wife of Prophet Muhammad to die and was buried in the famous graveyard of Madinah, Baqi.

7 – Zaynab bint Jahsh

Her lineage is Zaynab bint Jahsh al-Asadiyyah. She was born 33 years before Hijrah (590CE).

She was related to Prophet Muhammad ﷺ as her father, who was an Arab from North Arabia had settled in Makkah for personal reasons. His father married an aunt of the Prophet, Umaymah bint Abdul Muttalib.

Zaynab was first married to the freed slave of Prophet Muhammad ﷺ Zaid. However, the couple had problems and as a result Zaid divorced Zaynab. Zaid had been adopted by the Prophet, based on ancient Arab traditions, the adopted son was treated exactly as the blood son; therefore, it was unlawful to marry the former wife of the adopted son. However, Islam removed that ruling and showed that the rules of an adopted son are not exactly the same as the blood son. Verses of the Qur'an were revealed in this meaning. Allah ordered Prophet Muhammad to marry Zaynab which eventually took place in Dhul Qa'dah 5AH (some historians mentioning 4AH).

She passed away in Madinah in the year of 20AH (641CE) at the age of 53, the second caliph Umar led the funeral prayers. She was the first wife of Prophet Muhammad to die and was buried in the famous graveyard of Madinah, Baqi. Historians have mentioned that the Prophet had prophesised that the first wife to die after me would be the wife with the longest hands, the wives took the apparent meaning and measured the hands of each wife with Sawdah having the longest hands. However, once Zaynab passed away first, they realised the statement of the Prophet was not to be taken at face value, rather Zaynab was known for her 'long hands in almsgiving'.

8 – Juwayriyah bint al–Harith

Her lineage is Juwayriyah bint al-Harith bin Abi dharar al-Khuza'ee. She was born 9 years prior to Hijrah 613CE (whereas other sources suggesting she was born slightly earlier than this).

She was the daughter of the leader of Banu al-Mustaliq. She was originally married to Musafe'e bin Safwan; however, she fell in the hands of the Muslims after the battle of al-Murayse'e. When the Muslims went for battle against the tribe Banu Al-Mustaliq in the 6th year of Hijrah, she was from amongst the women captured, she was handed over to Thabit bin Qays who decided to let her free in exchange of a certain amount. The Prophet paid Thabit this amount, freed her and married Juwayriyah. Once the news spread throughout Madinah that the prophet had married Juwayriyah, from the tribe of Banu Al-Mustaliq, the Muslims set free all the prisoners they were holding from the tribe saying that it is impossible for us to hold onto the in-laws of the Prophet as prisoners; historians mention that approximately hundred families were freed. Imam Tabri has mentioned: "I am not aware of any woman that was more blessed for her people than Juwayriyah."

She passed away in Madinah in the year of 56AH (676CE), with some historians suggesting she passed away in 50AH, at the age of 65.

9 – Ramlah bin Abu Sufyan (Umm Habeebah)

Her lineage is Ramlah bint Abu Sufyan bin Harb. She was born 25 years before Hijrah (596CE).

Ramlah was the daughter of Abu Sufyan, a chief of Makkah, belonging to the famous family of Banu Umayyah. She married Ubaydullah bin Jahsh in Makkah. Umm Habeebah was married with Ubaydullah bin Jahsh, both had accepted Islam and were bearing the torture in Makkah. Hence they migrated to Abyssinia along with other Muslims. However, Ubaydullah later converted to Christianity and passed away, Umm Habeebah remained in the state of Islam. The prophet sent a message of marriage to Umm Habeebah through the Negus; she was very happy at the proposal and immediately accepted. The Negus married her to the Prophet and even paid 400 dinars in dowry on behalf of the Prophet, he sent Umm Habeebah to the Prophet under the escort of Shurahbeel bin Hasnah; the Prophet married her on his return from Khaybar, in 7 A.H, Rabi al-Awwal.

She passed away in Madinah in the year of 42AH (662CE) or 44AH (664CE).

10 – Safiyah bint Huyayy

Her lineage is Safiyah bint Huyayy bin Akhtab.

Safiyah, a Jewess, was the daughter of Huyayy bin Akhtab, a chief of the Jewish tribe of Banu Nadhir (a descendant of Prophet Haroon).

Safiyah was married to Sallam bin Mishkam who later divorced her. She then got married to Kinanah bin Rabe'e; Kinanah passed away fighting the Muslims in the battle of Khaybar. She fell into the hands of the Muslims in the year 7AH. Some historians suggest she was handed over to the companion Dihyah al-Kalbi; however, other Muslims came to the Prophet and said she is the daughter of a chief of the Jews, hence giving her as a maid is not suitable. As a result the Prophet paid Dihyah a certain amount and freed her. She accepted Islam and the Prophet married her.

She passed away in Madinah in the year of 50AH (670CE) at the age of about 60, some sources suggest she passed away in 36AH, whereas others suggesting 52AH; she was buried in the famous graveyard of Madinah, Baqi.

11 – Maymoonah bint al–Harith

Her lineage is Maymoonah bint al-Harith bin Hazan al-Hilaliyyah. She was the sister of Abbas' wife, Umm al-Fadhl Lubabah al-Kubra bint al-Harith bin Hazan al-Hilaliyyah.

Maymoonah was the final wife that Prophet Muhammad ﷺ married. She belonged to the tribe of 'Amir bin Sa'sa, a famous tribe of Najd.

She was married to Abu Raht bin Abdul Uzza before the marriage with the Prophet. The Prophet married her during his journey to Makkah, when he went to perform Umrah the year after the treaty of Hudaybiyah. She married the Prophet at a place called Sarf, nine miles outside Makkah where the Prophet also invited the people of Makkah to a feast for the nikaah (marriage). The marriage took place in Dhul Qa'dah 7AH.

She passed away in Sarf (the same place she married the Prophet) and also buried there in the year of 51AH (671CE), some historians suggesting 38AH, some suggesting 61AH and some suggesting 62AH.

12 – Rayhanah bint Zaid

Her lineage is Rayhanah bint Zaid bin Amre, from the famous tribe of Banu Nadheer. Historians have disagreed whether she was a wife of the Prophet or whether she was a maid of the Prophet.

She was married to a man from Banu Quraydhah, however, she was captured in the battle against the people of Banu Quraydhah; she accepted Islam and the Prophet kept her for himself. Some reports suggest she was freed by the Prophet and then the Prophet married her, other historians are of the opinion that she was not freed, rather she was a maid of the Prophet. She was known for her eloquence and it is mentioned that she never asked the Prophet for any need except that the Prophet fulfilled her need.

She passed away in Madinah when the Prophet returned from his farewell Hajj (10AH/632CE), the Prophet himself buried her in the famous graveyard of Madinah, Baqi.

13 – Mariyah Qibtiya (Mary the Copt)

Her lineage is Mariyah bint Sham'oon al-Qibtiya.

Mariyah Qibtiya was a maid of Prophet Muhammad that was given by the Egyptian leader, Al-Muqawqis, in 8 A.H (some historians suggesting 7AH). When the Prophet sent a letter to Al-Muqawqis, the ruler of Egypt who was in Alexandria at that time, with Hatib bin Abi Balta'h; Al-Muqawqis wrote a letter back to the Prophet showing respect, etc; he also indicated that he believed that a new Prophet was soon to appear, however, he indicated that he thought that this Prophet was going to be from Syria. Despite not embracing Islam clearly, he sent many gifts back for the Prophet, including; two maidens, namely Mariyah and Seereen, he sent some cloth and a donkey as a gift for the Prophet. The Prophet kept Mariyah for himself, and gave Seereen to Hassan bin Thabit as a gift.

Mariyah is the mother of the Prophets son, Ibrahim, who was born in the year 9 A.H and passed away in the year 10AH; when Ibrahim was born the Prophet mentioned that Ibrahim has freed his mother, Mariyah.

Mariyah passed away during the rule of Umar, 16 A.H (637CE). And was buried in the famous graveyard of Madinah, Baqi.

Scholars have mentioned many reasons why the Prophet married many women, some of the reasons are:

- To teach the Ummah the removal of ideology that was strongly present during the days of ignorance, the idea of one tribe being superior to the other. Rather, the Prophet married woman from different tribes, including a woman from the Israelites, mother Safiyah.
- To teach the Ummah the importance of not leaving widow or divorced women alone; rather they should get married and one should not feel inferior in marrying them. Rather, all the wives of the Prophet were either widows or divorced except one, mother A'isha.
- To teach the Ummah the rules of adopted sons. With the marriage of Zaynab, who was originally married to Zaid, the adopted son of the Prophet. The Prophet taught the Ummah that the rules of the adopted son are not the same as a blood son.
- To teach the Ummah about giving status to the prisoners of war, by giving them freedom and getting them married so that they can have a successful life in the new lands.
- To educate the Muslim Ummah through the women. In pre-Islamic Arabian culture the education of all people, especially the women was very poor. The Prophet married women so he can educate those regarding Islamic laws, so that they can then spread the knowledge of Islam further. This is especially true for A'isha, the only virgin the Prophet married, as records show she was a major teacher from amongst the Companions, even the major male Companions used to come to her to study knowledge.
- To preserve the private life of Prophet Muhammad ﷺ, hence, teaching the Ummah how to live a private life and teaching all the male how to follow the best of husbands.

- Some marriages of the Prophet were also for political reasons; hence, many of the captives that the Prophet freed and married, there clans accepted Islam upon the good dealing of the Prophet with their women.

Children of Prophet Muhammad ﷺ

1 – Qasim

Qasim was the eldest child of Prophet Muhammad ﷺ. It is due to him the Prophet is referred to as 'Abul Qasim'. He was born before Islamic era and passed away at the age of about two.

2 – Zaynab

Zaynab was the eldest daughter of Prophet Muhammad ﷺ. She was born after Qasim when the Prophet was 30 years of age. Some historians have suggested she was elder than Qasim as well.

She was married to the son of her maternal aunt Hala bint Khuwaylid, namely, Abul 'Aas bin ar-Rabe'e when she was thirty. They had two children, a son named Ali and a daughter named Umamah. Ali passed away whilst he was young. Whereas Umamah married the fourth caliph Ali bin Abu Talib after the death of Fatimah (who was married to Ali bin Abu Talib). The Prophet had immense love for Umamah and would place her in his lap during prayer.

When Zaynab was migrating to Madinah, she suffered wounds at the hands of the disbelievers, she was suffering continuously from those wounds and passed away in Madinah in the year 8AH (630CE).

3 – Ruqayyah

Ruqayyah was born 3 years after Zaynab, when the Prophet was 33 years of age.

Ruqayyah was first married to Utbah, the son of Abu Lahab. However, Abu Lahab insisted that his son separates from the daughter of Prophet Muhammad, hence Utbah divorced her. Thereafter, Ruqayyah married the third caliph, Uthman; the couple migrated to Abyssinia. She gave birth to a boy, namely, Abdullah. At the age of six, Abdullah passed away when a rooster gouged his eye.

When the Muslims were busy in the battle of Badr, she was severely ill, as a result Uthman remained in Madinah during the battle. Ruqayyah passed away in this illness and was buried even before the Muslims returned from the battle, hence, the Prophet could not participate in her funeral.

4 – Umm Kulthoom

Umm Kulthoom was the third daughter of Prophet Muhammad ﷺ. Umm Kulthoom was first married to Utaibah, the son of Abu Lahab. However, Abu Lahab insisted that his son separates from the daughter of Prophet Muhammad, hence Utaibah divorced her. Umm Kulthoom migrated to Madinah with the rest of the Prophet's family. When her sister and wife of Uthman, Ruqayyah passed away in 2AH, she married Uthman in 3AH. Umm Kulthoom passed away in Madinah in the year 9AH (630CE) and was buried in Baqi. When she passed away, the Prophet remarked to Uthman, that if I had another daughter (which was not married) then indeed I would have given my daughter in the marriage of Uthman for a third time.

5 – Fatimah

Fatimah was the youngest daughter of Prophet Muhammad ﷺ. Fatimah was very beloved to the Prophet and the Prophet even said regarding her 'the leader of the women of paradise'. Fatimah was born 18 years prior to Hijrah (605CE).

Fatimah married the fourth caliph, Ali bin Abu Talib when she was approximately 18 years (some historians mentioning 2AH after the battle of Badr). Together they had six children. The three sons were Hasan, Hussain and Muhsin and the three daughters were Ruqayyah, Zaynab and Umm Kulthoom. However, one son and one daughter passed away in a young age, which is Muhsin and Ruqayyah.

She passed away six months (and in some sources, three months) after the demise of her father, Prophet Muhammad ﷺ.

6 – Abdullah

Abdullah was the second son of Prophet Muhammad ﷺ. He was born after the birth of Fatimah. Some sources suggest that he was born before the advent of Islam; however, the more stronger opinion seems to be that he was born after the advent of Islam. Some historians have suggested that this is why he was called 'Tayyab' and 'Tahir', meaning the 'pure one' as a reference to be born in Islamic period.

However, Abdullah passed away in his childhood. Upon his death 'Aas bin Wa'il mentioned 'the progeny of the Prophet is cut off'. Upon this remark Allah revealed Surah 108:

> 'Indeed, We have granted you [O Muhammad] al-Kawthar.
> So pray to your Lord and sacrifice [to Him alone].
> Indeed, your enemy is the one cut off (from future hope).'

7 – Ibraheem

Ibraheem was the third son and the final child of Prophet Muhammad ﷺ. He was born in 9AH (some reports suggesting 8AH), Jamad al-Awwal or Jamad al-A'kir to the slave of the Prophet, Mariyah Qibtiya.

On his birth, the Prophet performed *Aqeeqah* on the seventh day; two lambs were slaughtered. Also, Ibraheems' head was shaved and silver equal in weight to the hair was given in charity and the hair was buried.

Ibraheem passed away on the 29th of Shawwal, 10AH. Many different reports have been quoted for his age at the time of demise, including 70 days, 7 months, 16 months, 17 months and 18 months, he was buried in Baqi. On the day of his death a solar eclipse occurred in Madinah. The people thought that the eclipse was to commemorate the death of Ibraheem; however, the Prophet taught everyone that the eclipse had no link whatsoever with the demise of Ibraheem. The Prophet remarked at his demise that 'Ibraheem will be nursed by one of the maids of Paradise.'

Conclusion regarding the children of the Messenger ﷺ:

The first four children of the Prophet, Qasim, Zaynab, Ruqayyah and Umm Kulthoom were born prior to Prophethood. Some sources mention that the fifth and sixth child, Fatimah and Abdullah were even born before prophethood. The last child Ibraheem was born late in the Madinah life of the Prophet.

All the children of Prophet Muhammad ﷺ passed away during his lifetime except for Fatimah, who passed away six months after the demise of the Prophet.

Maps for Seerah

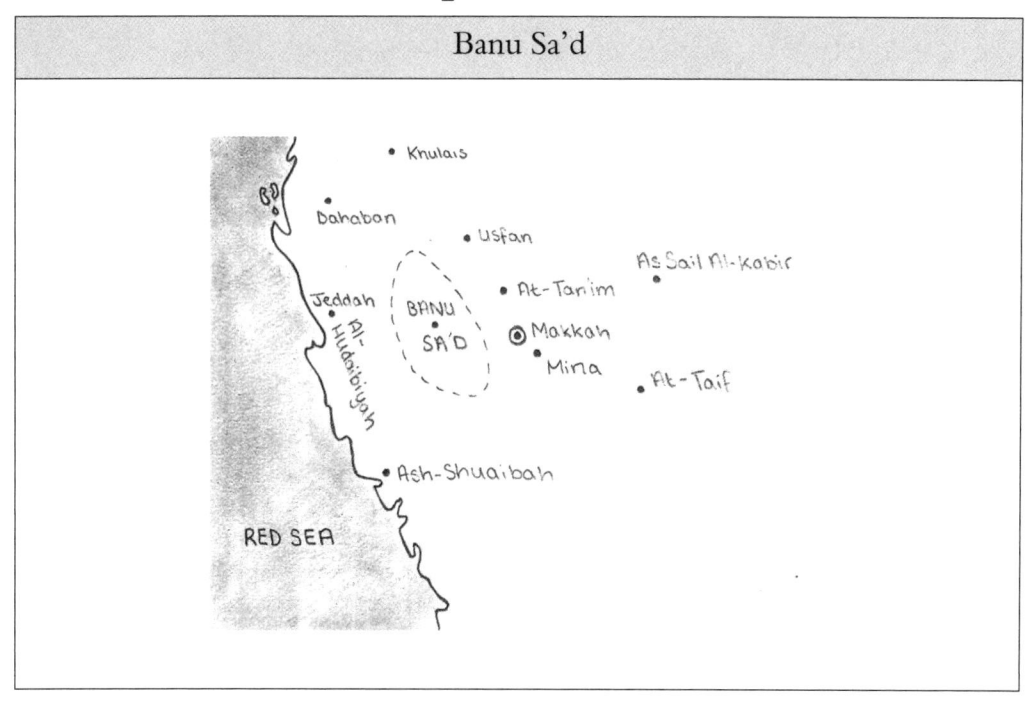

Banu Sa'd

Maps for Seerah

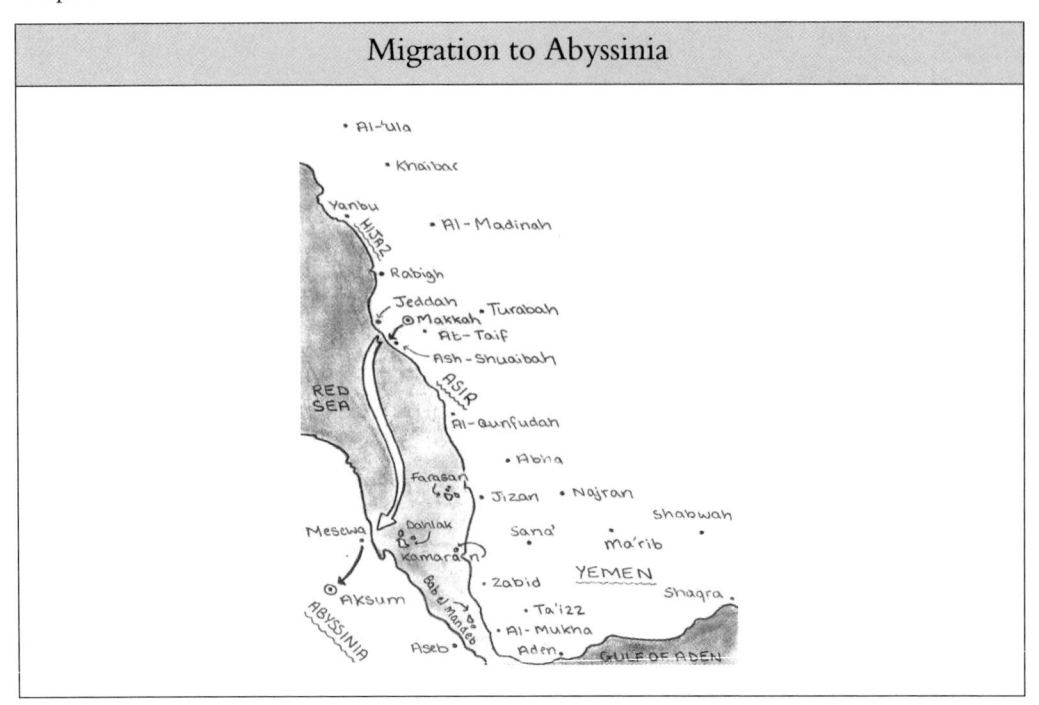

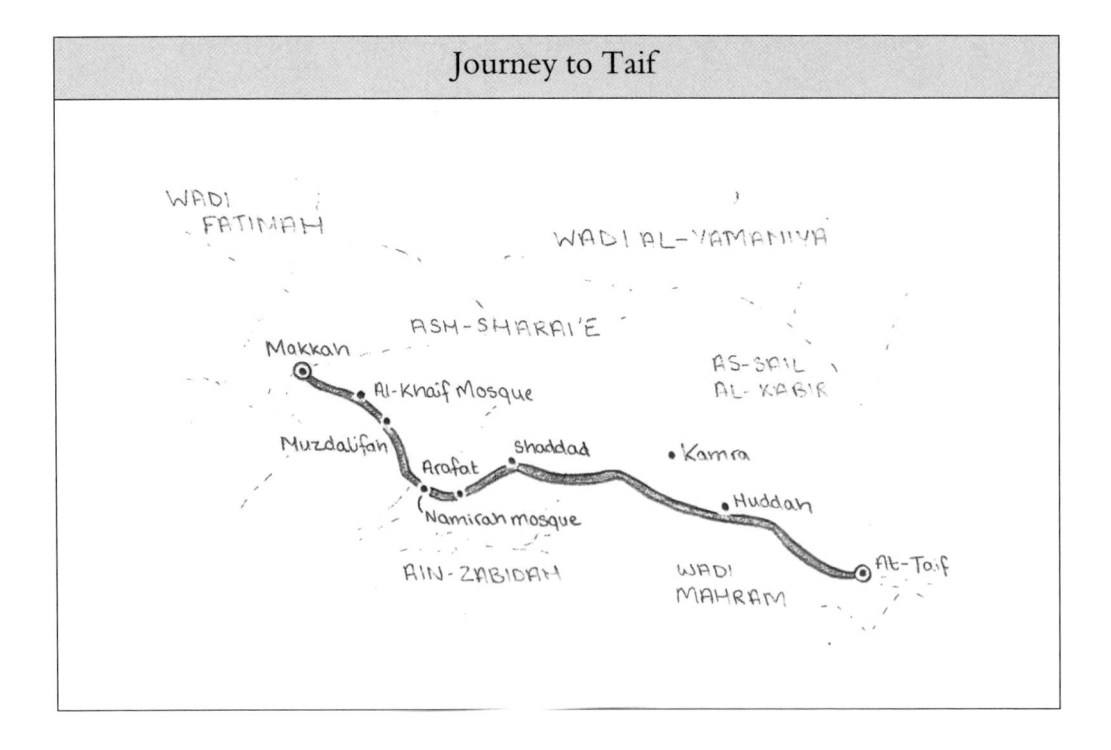

Migration to Abyssinia

Journey to Taif

Maps for Seerah

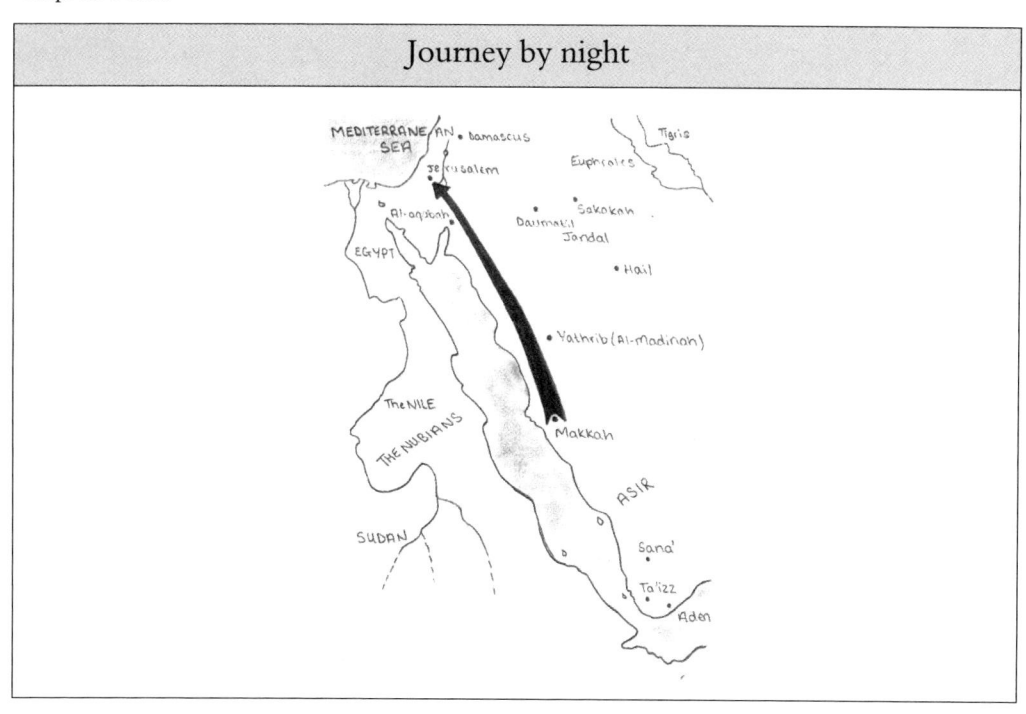

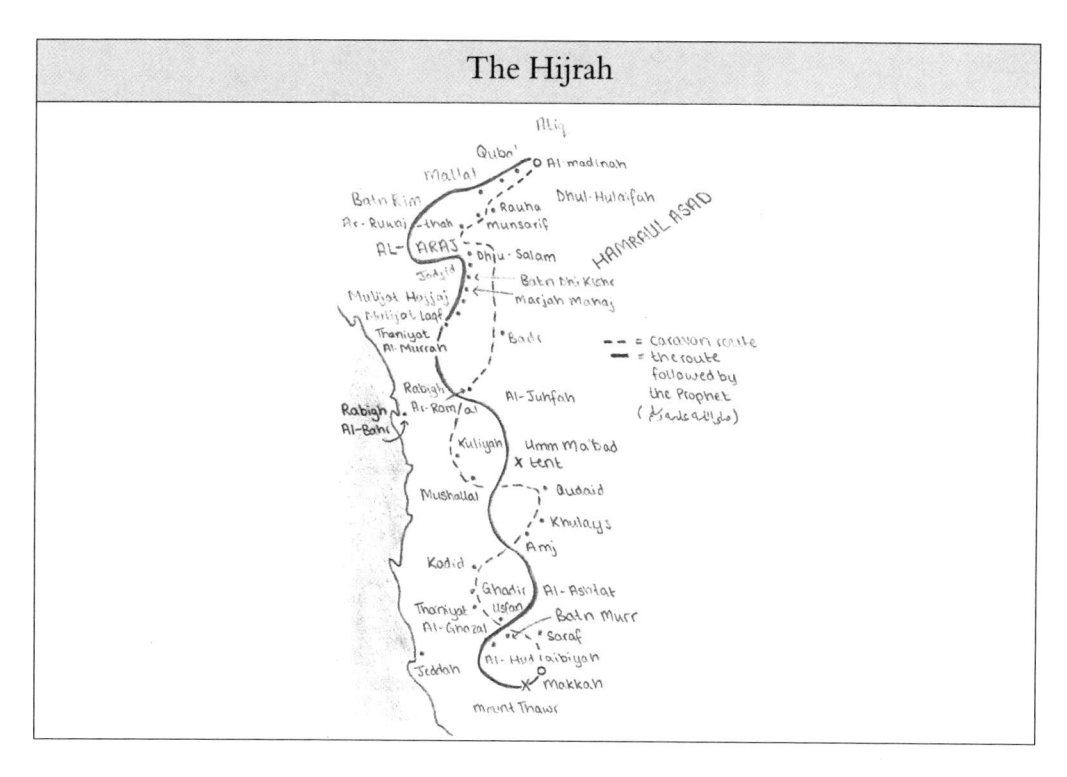

Journey by night

The Hijrah

Quba Masjid

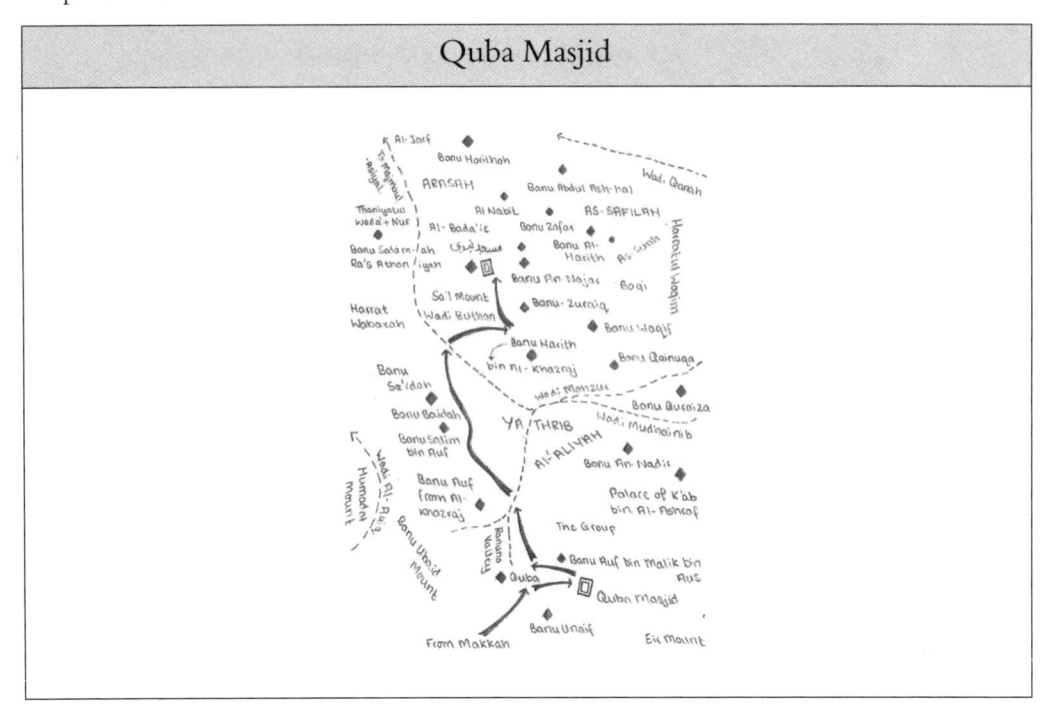

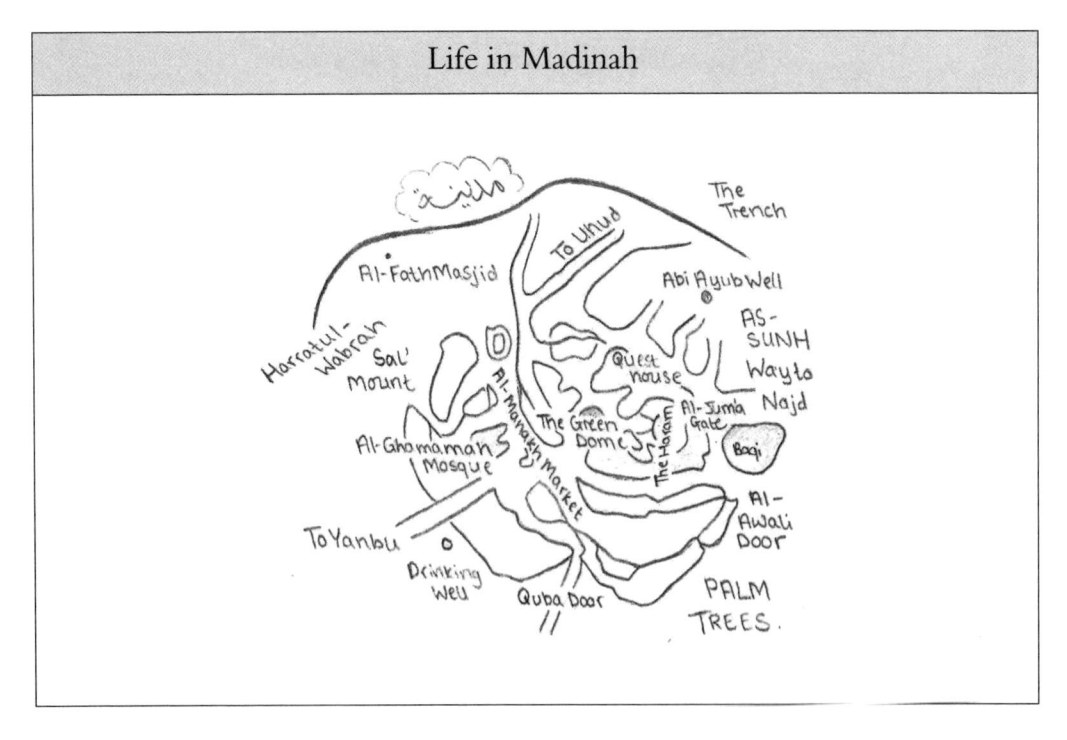

Life in Madinah

Maps for Seerah

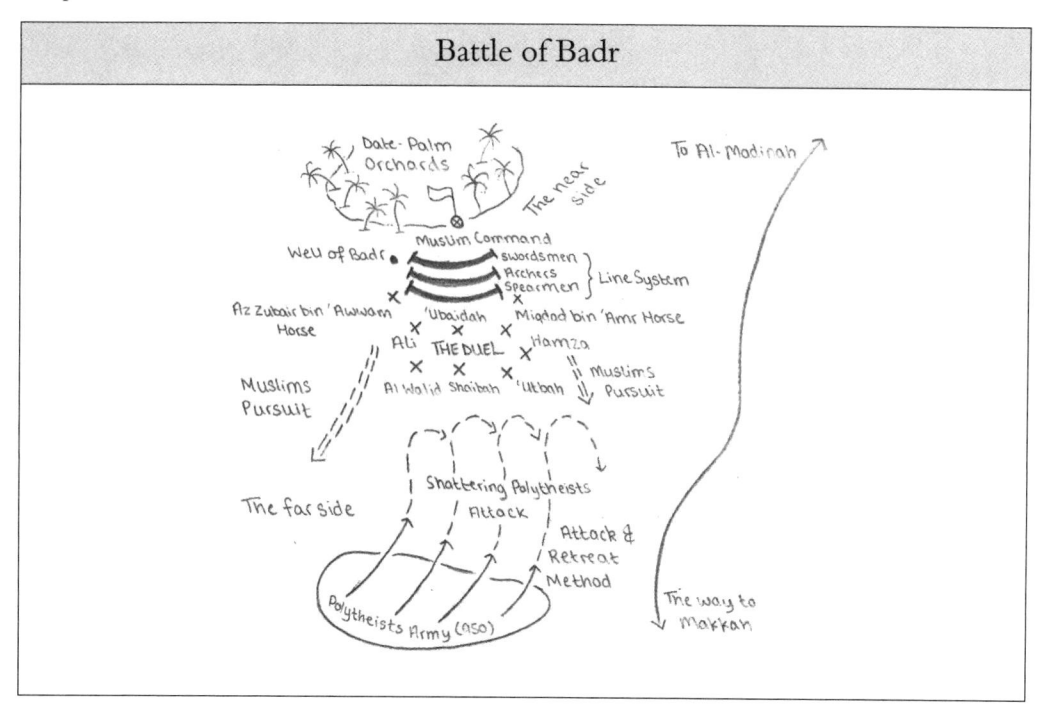

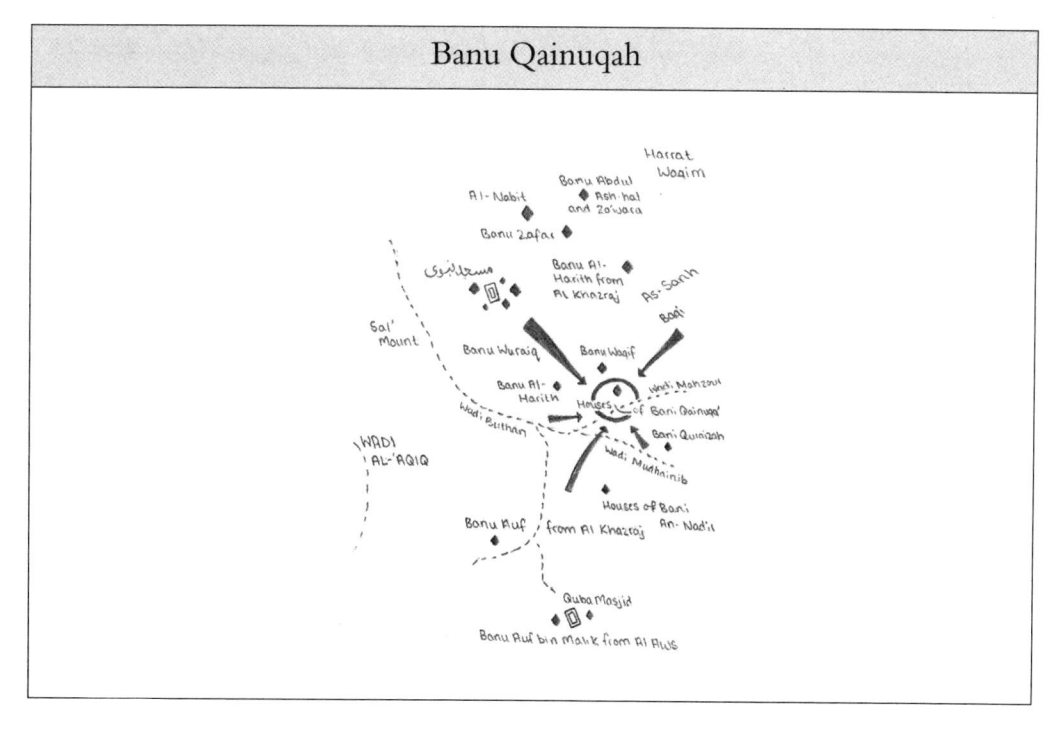

Battle of Badr

Banu Qainuqah

Saweeq Expedition

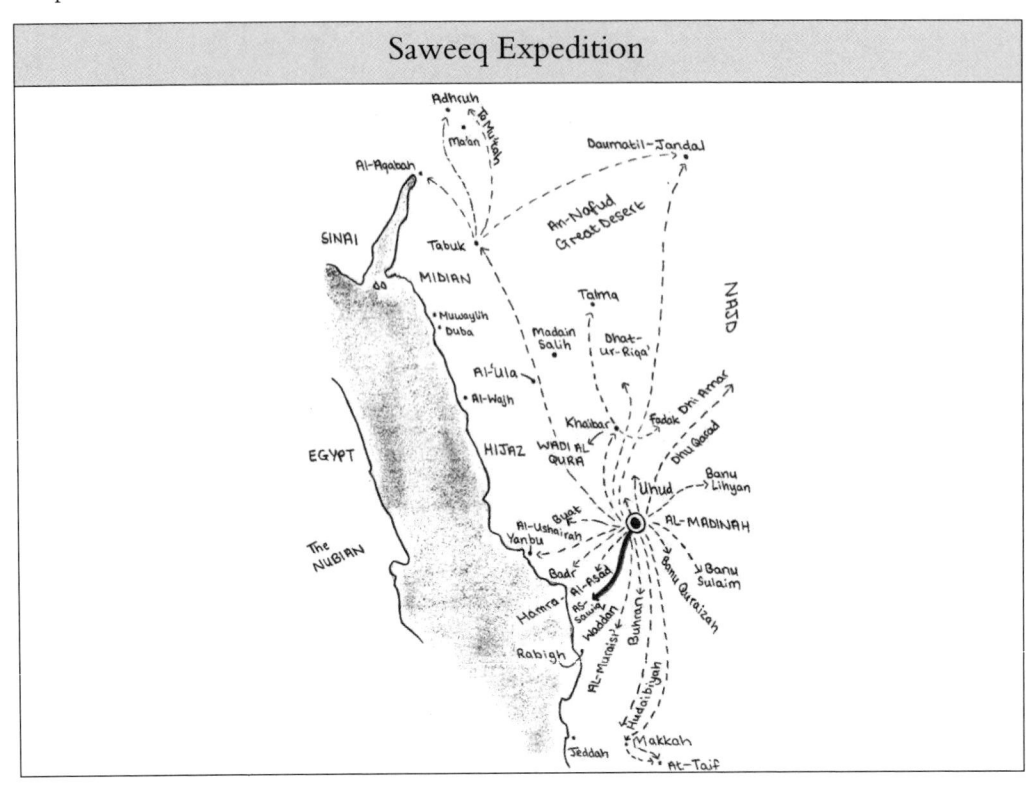

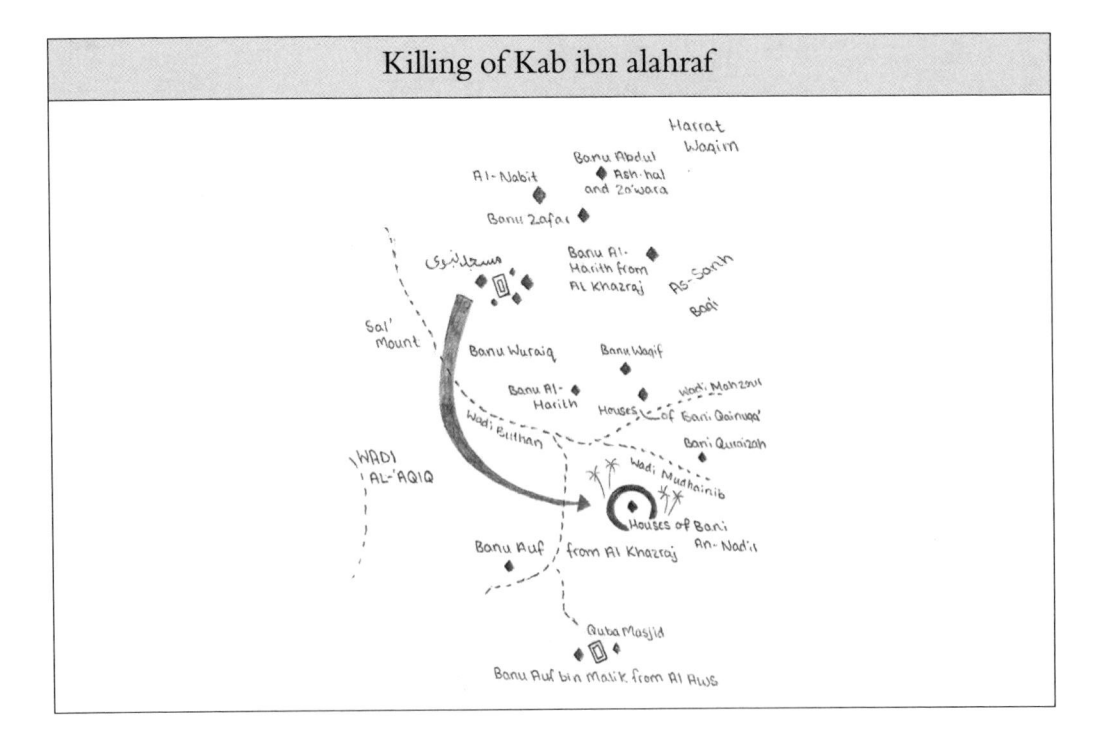

Killing of Kab ibn alahraf

Expedition to al-Qaradah

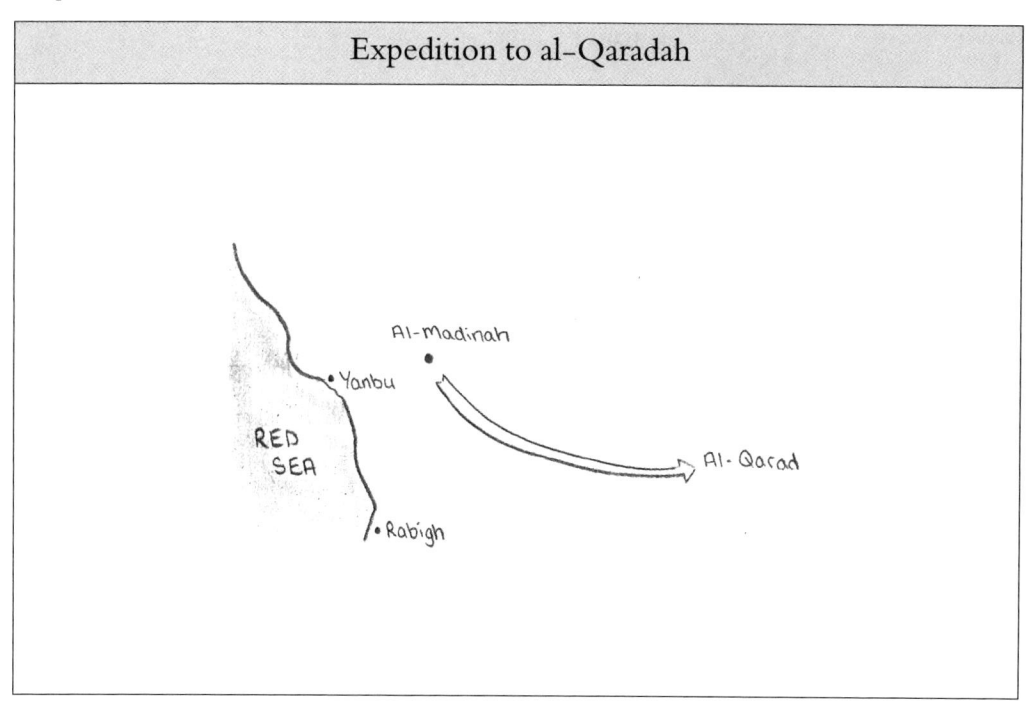

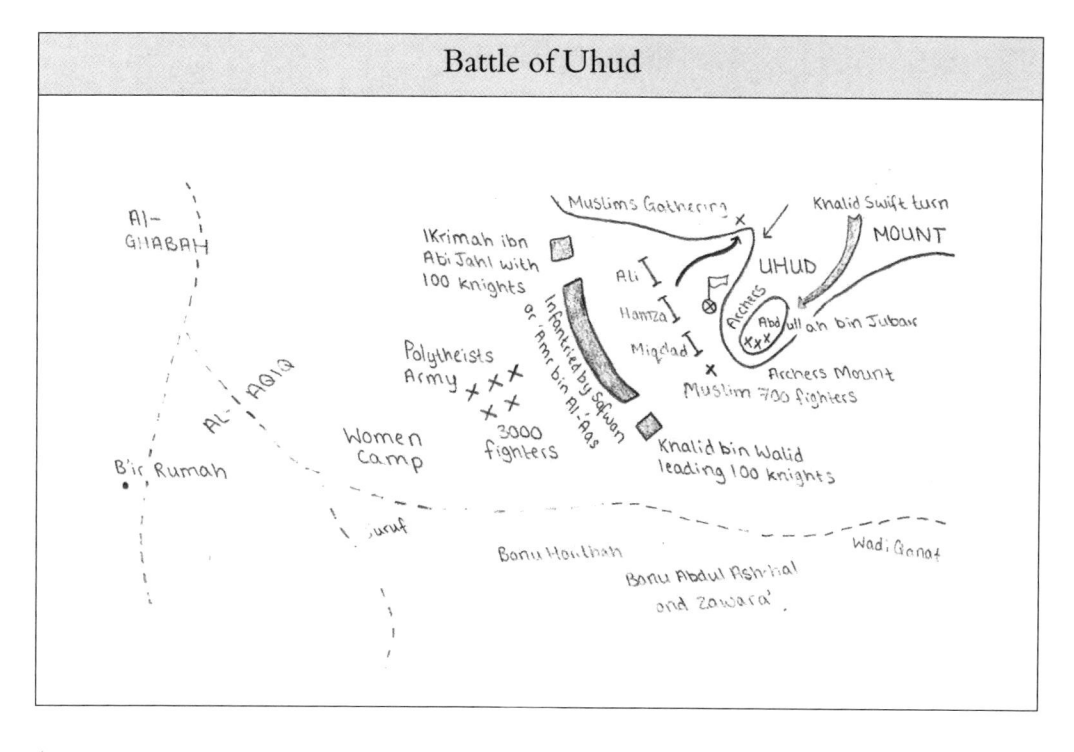

Battle of Uhud

Maps for Seerah

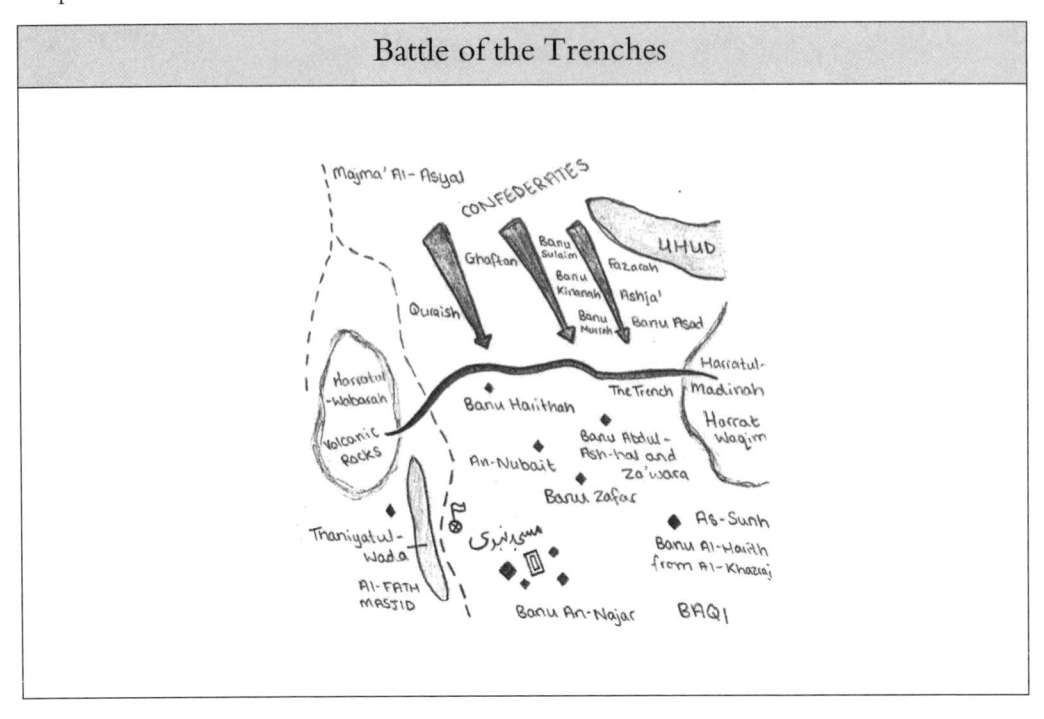

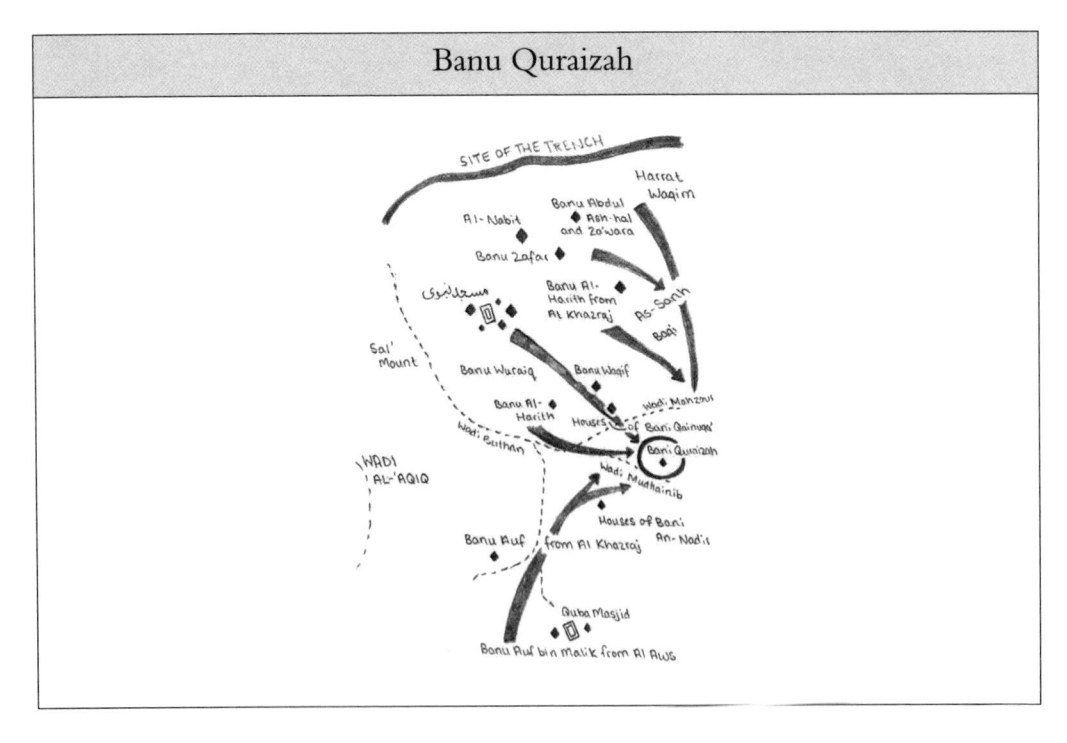

Battle of the Trenches

Banu Quraizah

Maps for Seerah

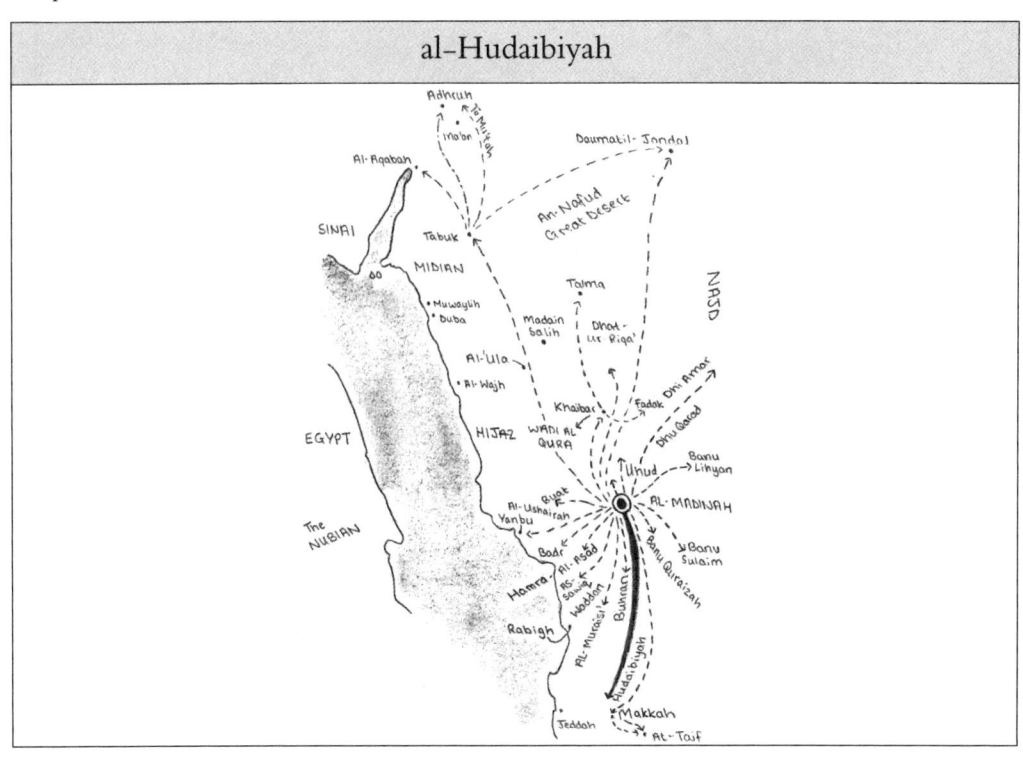

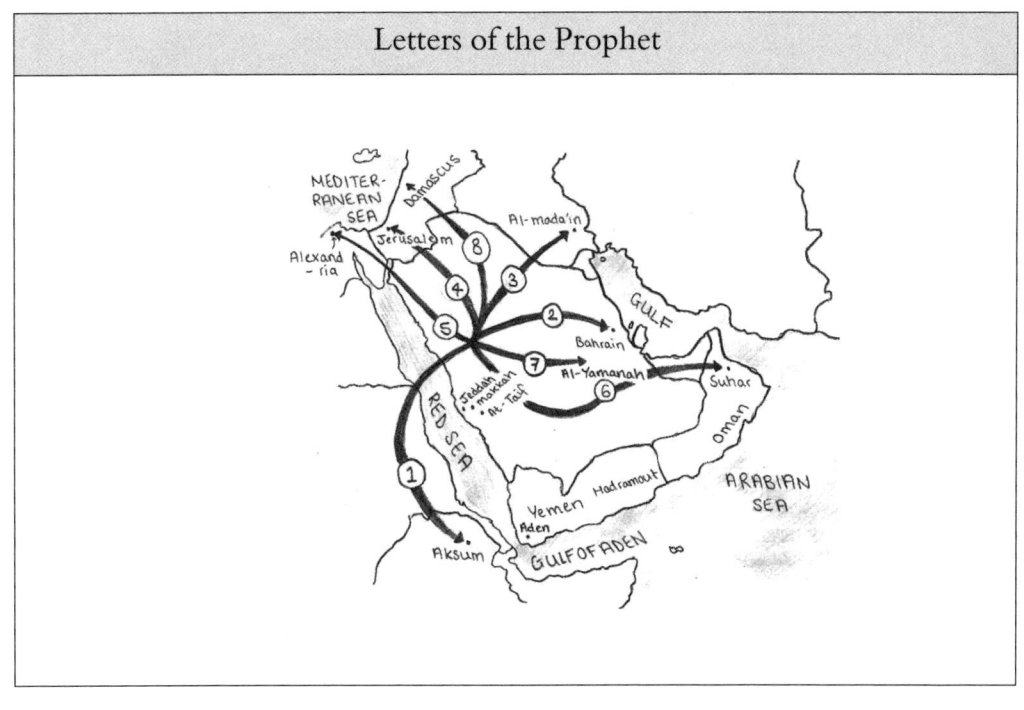

al-Hudaibiyah

Letters of the Prophet

273

Khaibar

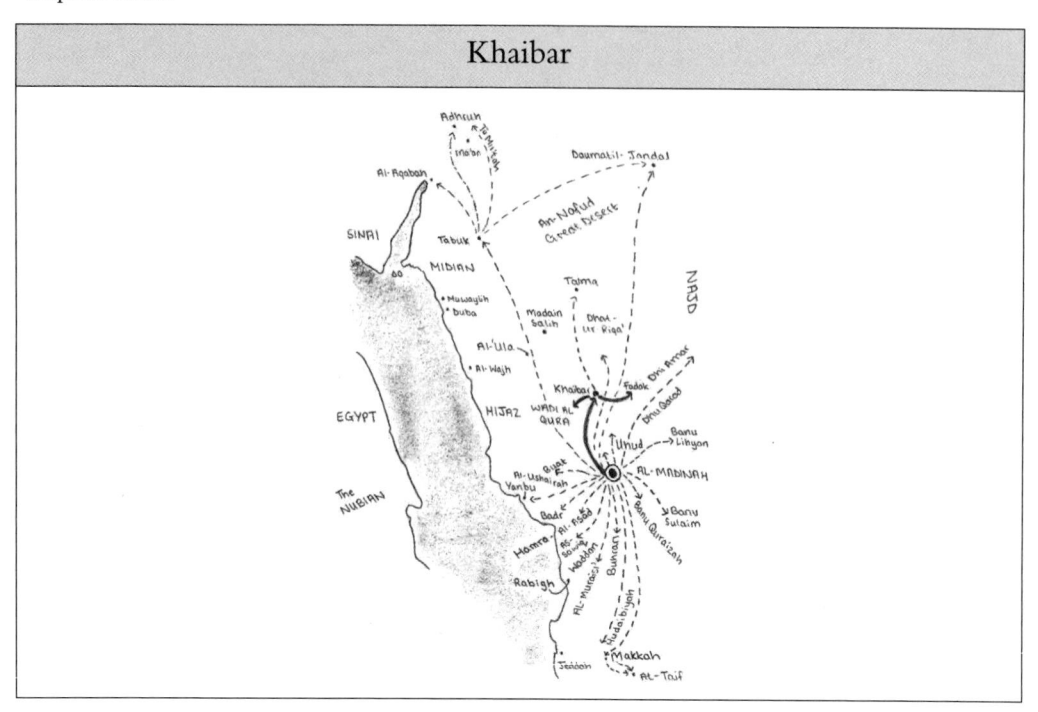

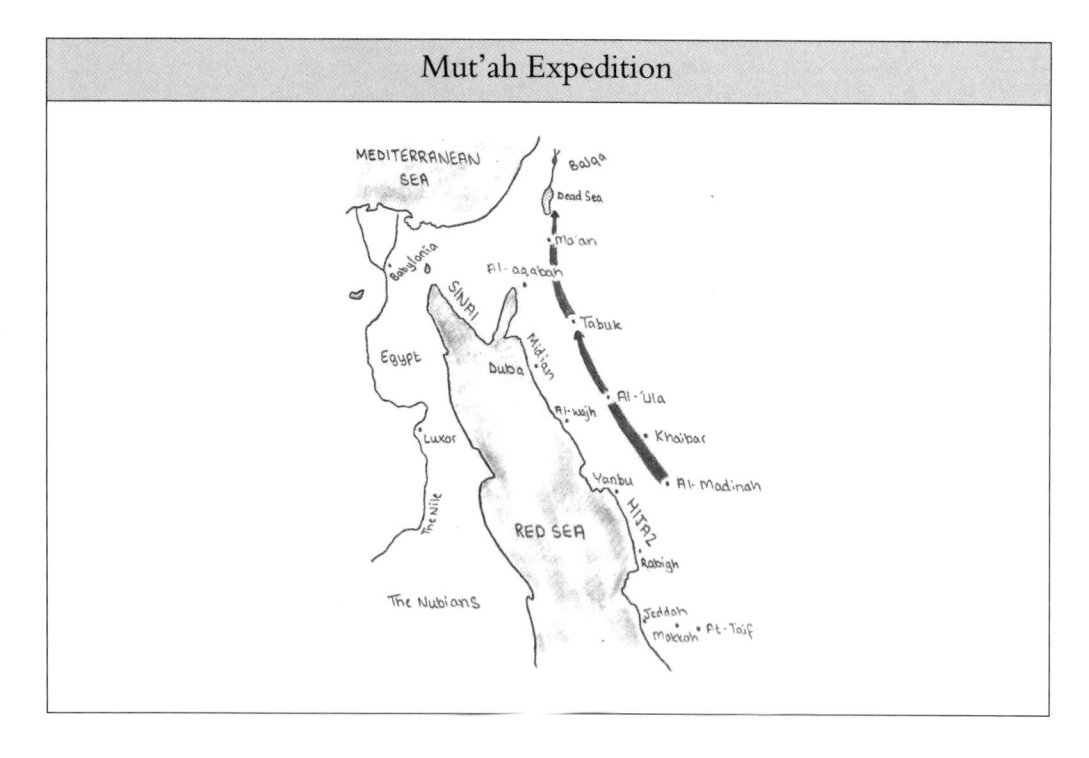

Mut'ah Expedition

Maps for Seerah

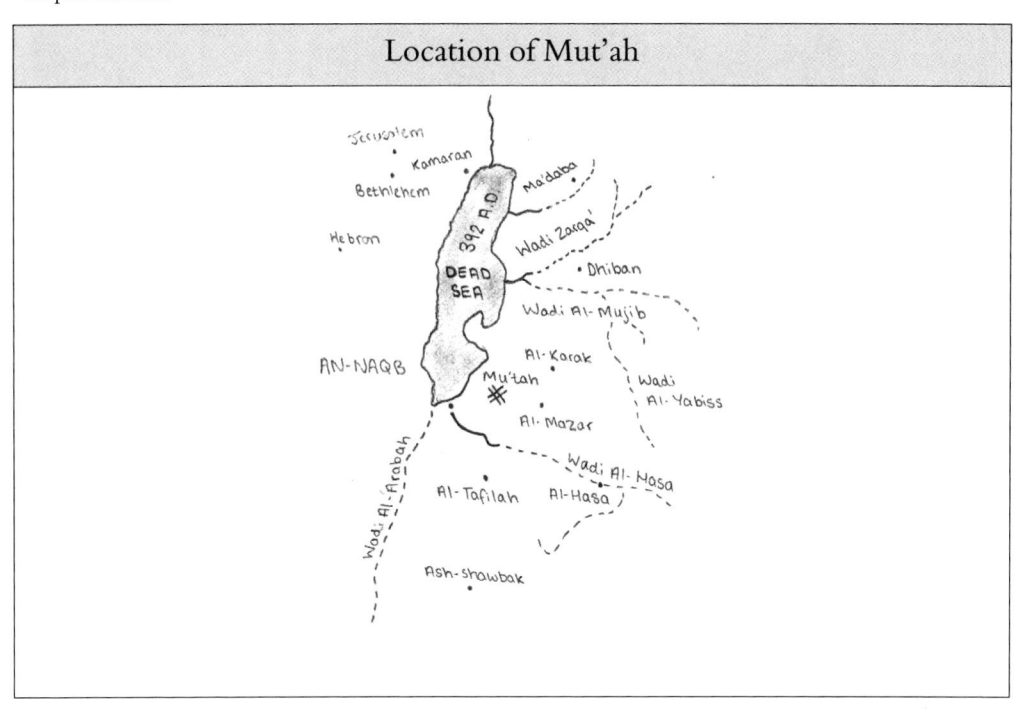

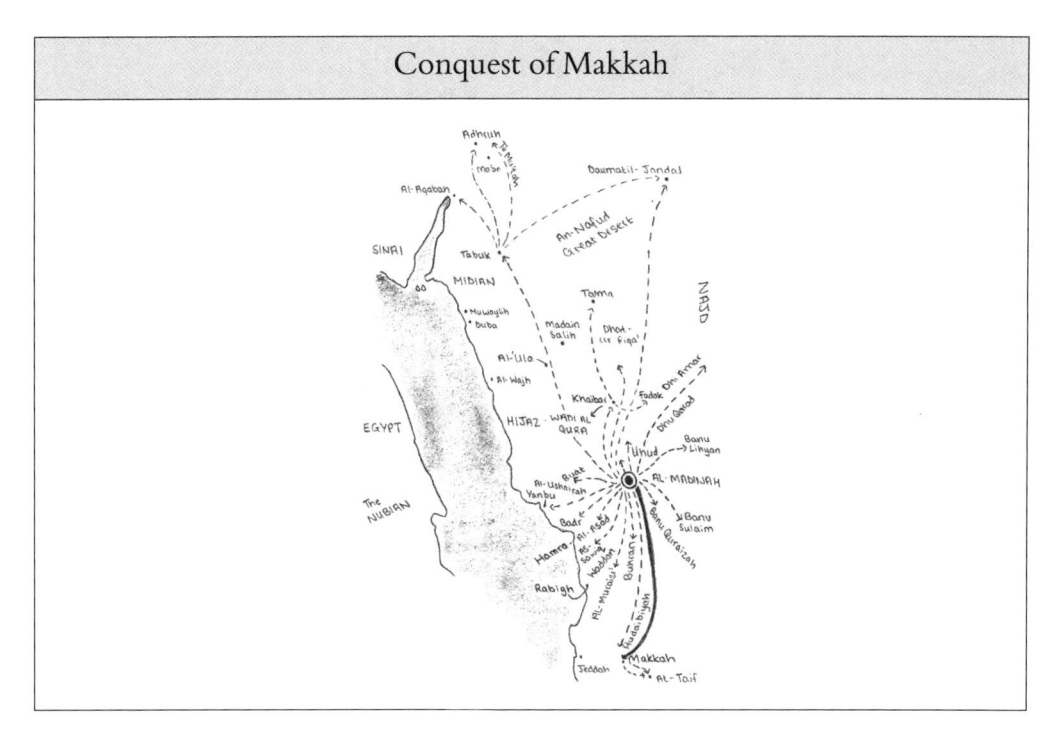

Location of Mut'ah

Conquest of Makkah

Maps for Seerah

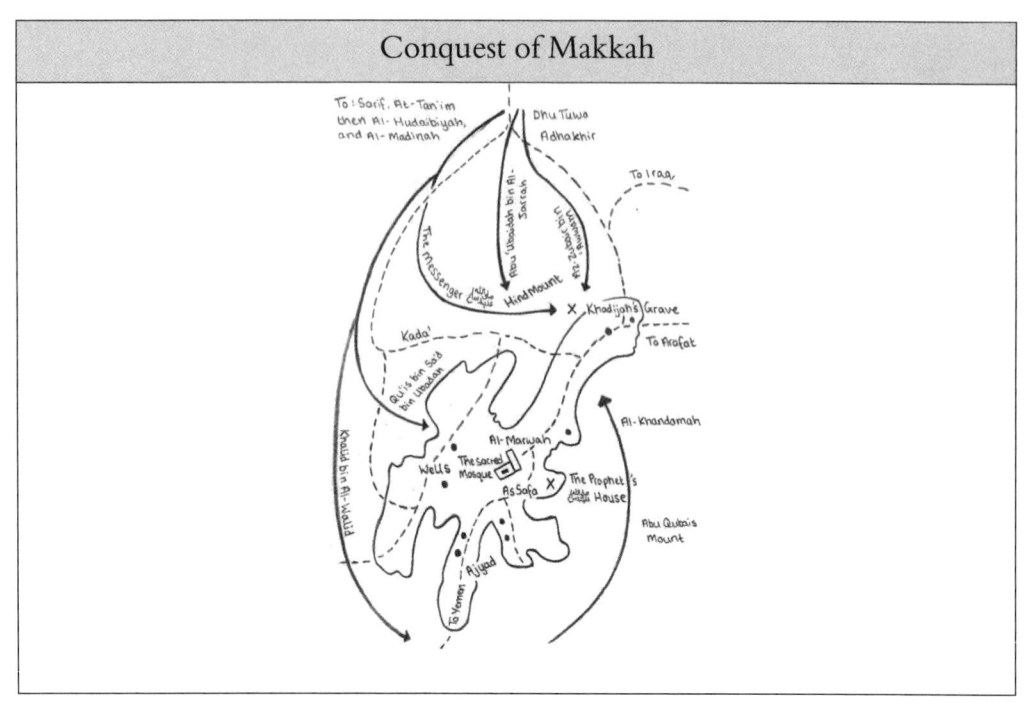

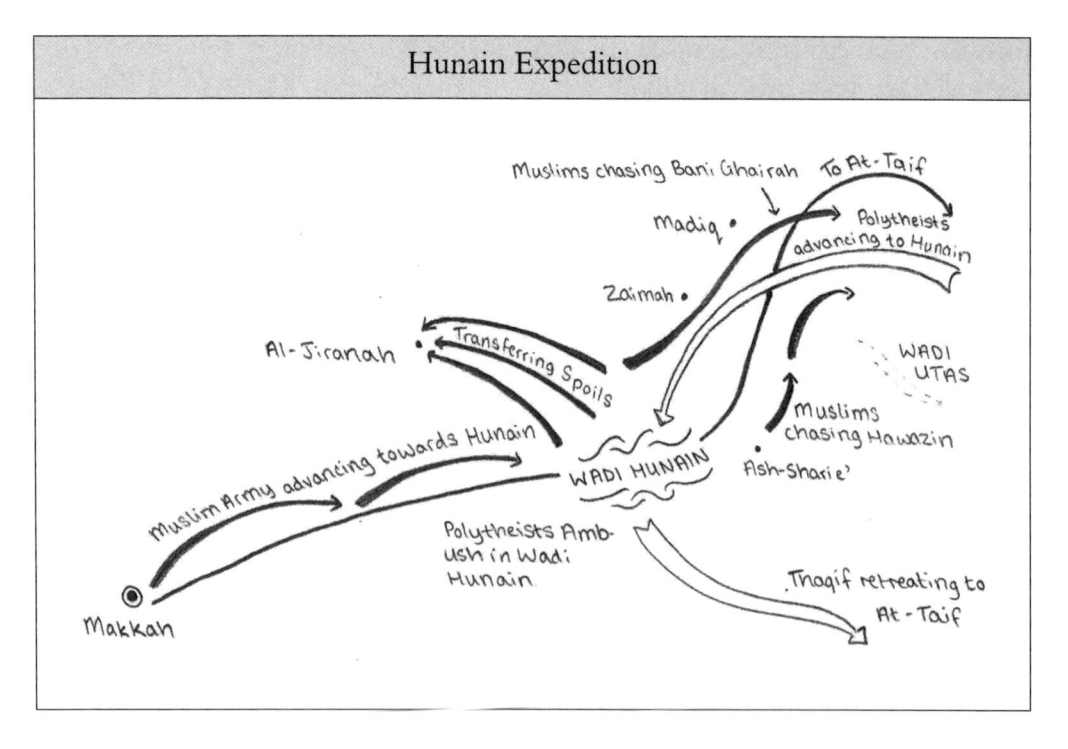

Conquest of Makkah

Hunain Expedition

Maps for Seerah

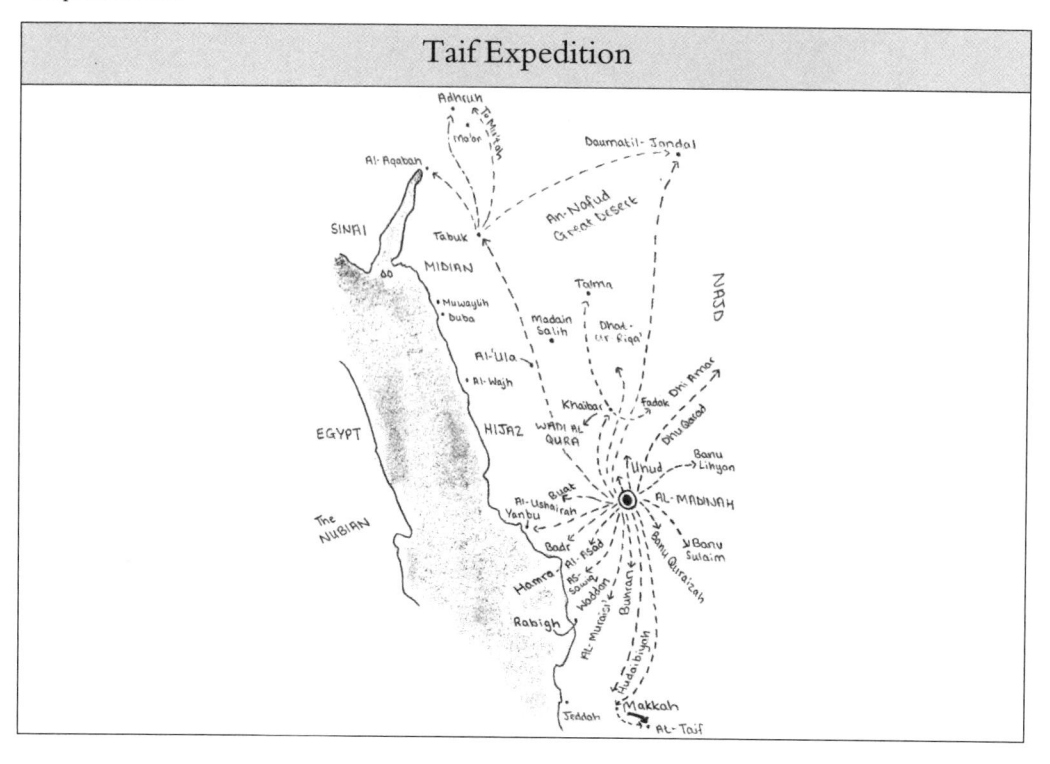

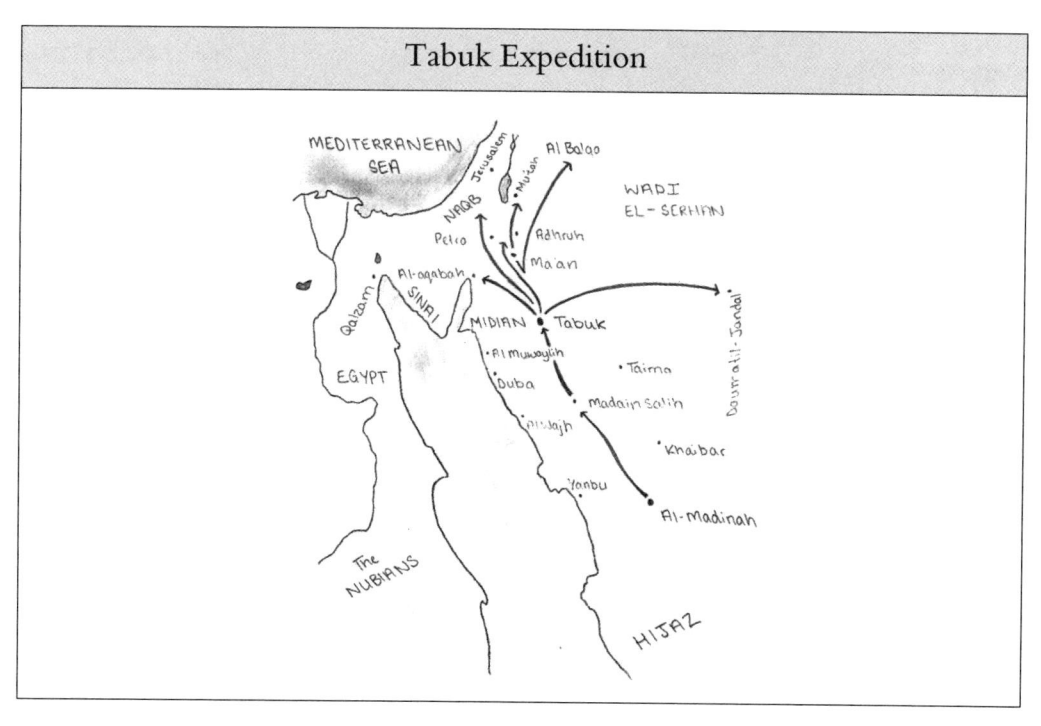

Taif Expedition

Tabuk Expedition

Maps for Seerah

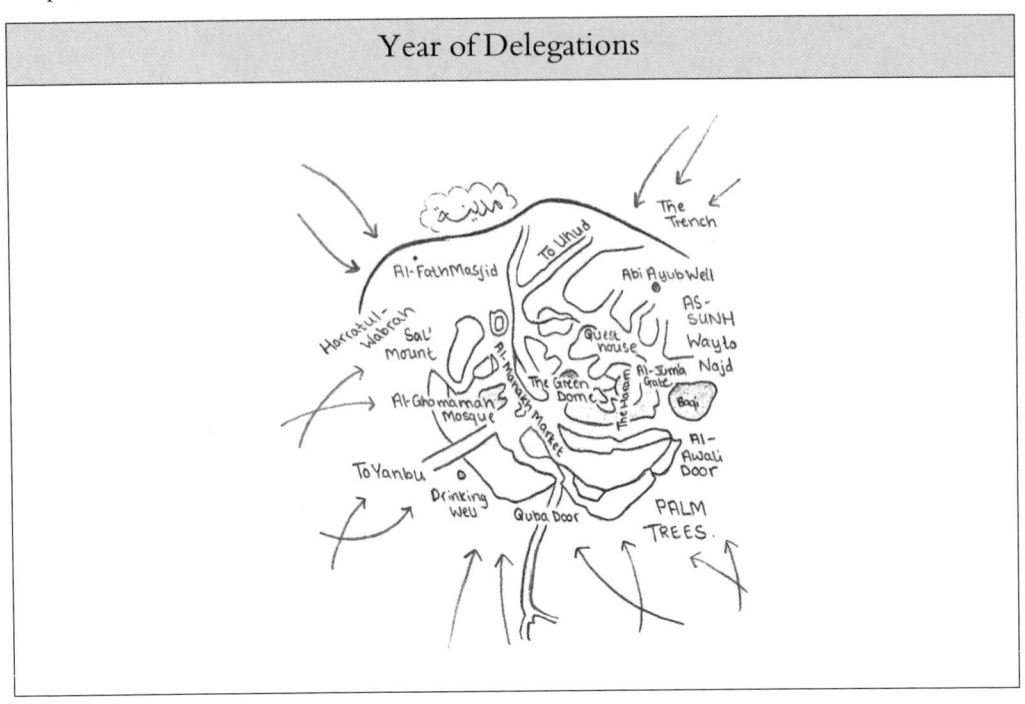

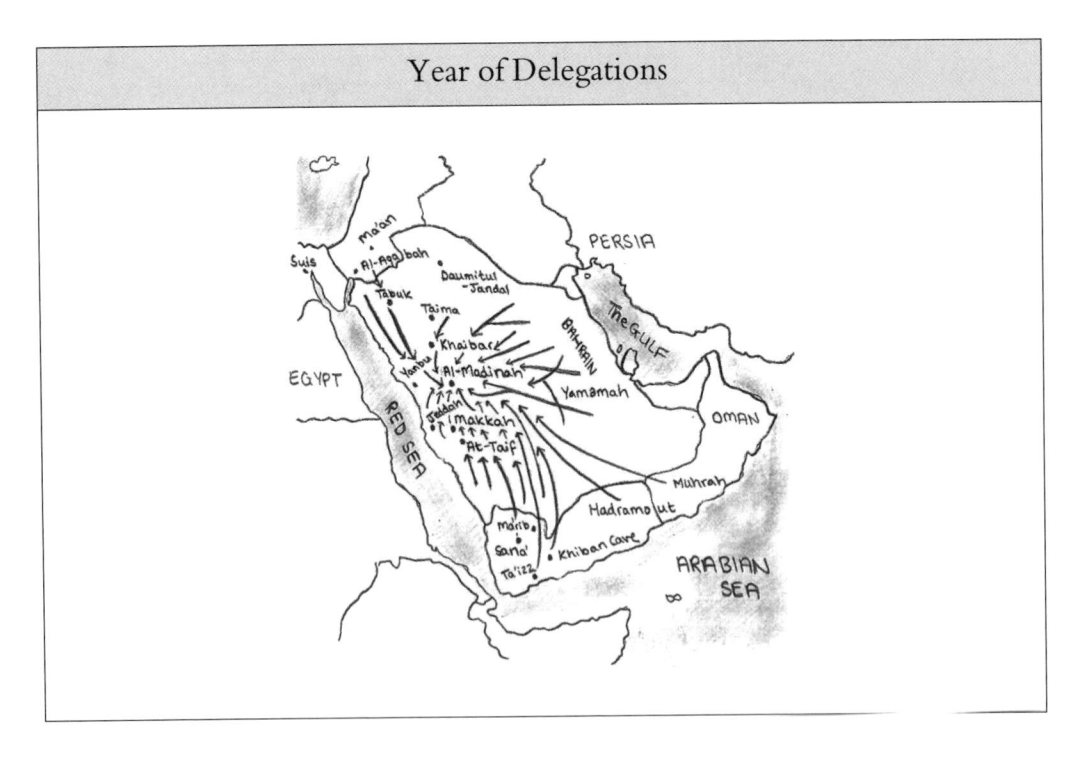

Year of Delegations

Year of Delegations

Maps for Seerah

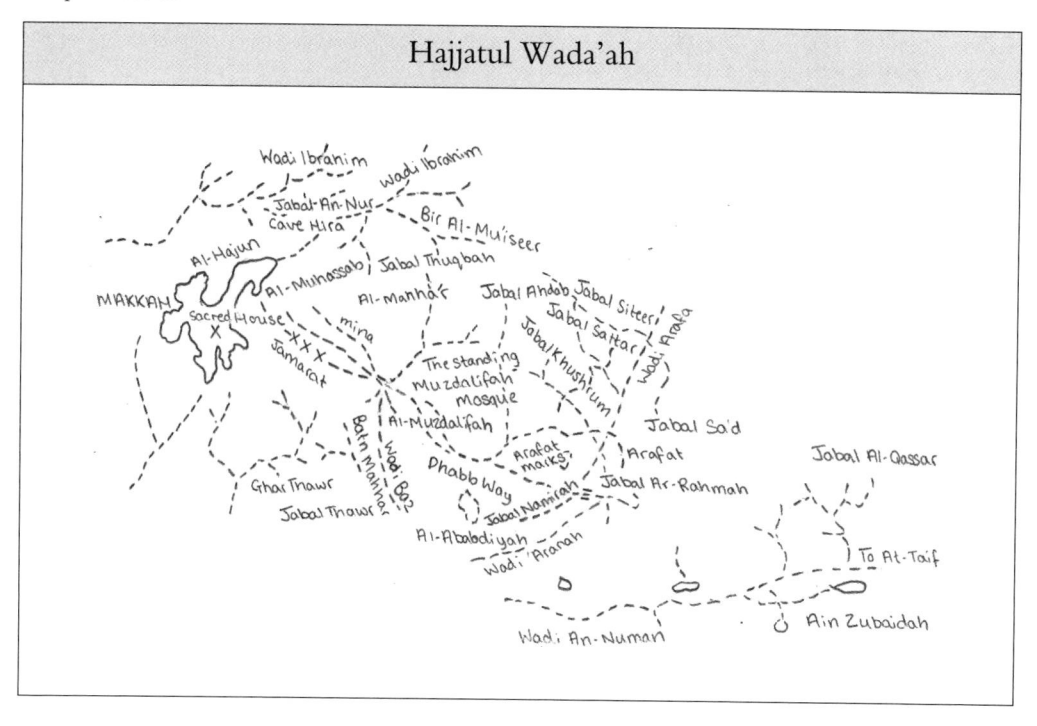

Hajjatul Wada'ah

فهرس الموضوعات

1- بعد نبيّ الله عيسى ابن مريم	....	10
2- الديانات القديمة	....	11
3- الجزيرة العربيّة	....	14
4- ظَهَرَ الْفَسَادُ فِي الْبَرِّ وَالْبَحْرِ	....	15
5- لِمَاذَا بُعِثَ النبيُّ فِي جزيرة العرب؟	....	16
6- مكَّة وقريش	....	18
7- ظهور الوثنيّة في مكَّة وقريش	....	22
8- حادثة الفيل	....	23
9- عبد الله وآمنة	....	27
10- ولادته الكريمة ونسبه الزَّكيّ	....	28
11- رضاعته ﷺ	....	30
12- وفاة آمنة وعبد المطّلب	....	33
13- مع عمّه أبي طالب	....	34
14- التربية الإلهيّة	....	35
15- زواجُهُ ﷺ من خَدِيْجَة ﵂	....	36
16- قصَّة بنيان الكعبة ودرء فتنة عظيمة	....	37
17- حلف الفضول	....	39
18- تباشير الصّبح وطلائع السّعادة	....	42
19- في غار حِراء	....	43
20- مبعثه ﷺ	....	44
21- في بيتِ خديجة ﵂	....	45
22- بين يدي ورَقَة بن نَوْفل	....	47
23- إسلام حديجة ﵂ وأخلاقها	....	48
24- إسلامُ عليّ بن أبي طالب وزيد بن حارثة رضي الله عنهما	....	50

25 – إسلام أبي بكر بن أبي قحافة وفَضْلُهُ في الدّعوة إلى الأسلام	....	51
26 – إسلام أشرافٍ مِنْ قريش	....	51
27 – الدّعوة جهارًا على جَبَلِ (الصَّفا)	....	52
29 – بَيْنَ رسول الله ﷺ وأبي طالب	....	54
30 – لو وَضَعُوا الشَّمْسَ في يميني والقمرَ في يساري	....	55
31 – تعذيب قريش للمسلمين	....	55
32 – محاربة قريش لرسول الله ﷺ وتفنّنهم في الإيذاء	....	58
33 – ماذا فَعَلَ كُفَّارُ قريشٍ بأبي بكر ﷺ؟	....	59
34 – احتيارُ قريش في وصْفِ رسولِ الله ﷺ	....	60
35 – قسوةُ قريش في إيذاءِ رسولِ الله ﷺ ومبالغتُهُمْ في ذلك	....	61
36 – إسلام حمزة عبد المطّلب ﷺ	....	61
37 – ما دار بين عُتْبَة وبين رسول الله ﷺ	....	62
38 – هجرة المسلمين إلى الحبشة	....	64
39 – تعقّب قريش للمسلمين	....	65
40 – تصوير جعفر بن أبي طالب للجاهليّة وتعريفه بالإسلام	....	66
41 – خيبة وفد قريش	....	67
42 – إسلام عمر بن الخطّاب ﷺ	....	68
43 – مقاطعة قريش لبني هاشم والإضراب عنهم	....	72
44 – في شعبِ أبي طالب ﷺ	....	72
45 – نقض الصّحيفة وإنّهاء المقاطعة	....	73
47 – وقع القرآن في القلوب السليمة	....	74
48 – الخروج إلى الطّائف وما لقي فيها من الأذى	....	76
49 – الإسراء والمعراج وفرض الصلوات	....	78
50 – عَرْضُ رسول الله ﷺ نَفْسَهُ على القبائل	....	79
51 – بدء إسلام الأنصار	....	80
52 – بيعة العَقَبَة الأولى	....	80

54 – بيعة العقبة الثانية	....	81
55 – الإذن بالهجرة إلى المدينة	....	82
56 – تآمُرُ قريش على رسول الله ﷺ الأخير وخيبتهم فيما أرادوا	....	84
57 – هجرة الرسول ﷺ إلى المدينة	....	85
58 – في غار ثَوْر	....	86
60 – ركوب سراقة في إثر الرسول صلّى الله علي وسلّم وما وقع له	....	87
61 – سوار كسرى في يد سراقة	....	88
62 – رجل مباركٌ	....	89
63 – كيف استقبلتِ المدينةُ رسولَ الله ﷺ	....	90
64 – مسجد في قباء وأوّل جمعة في المدينة	....	92
65 – في بيت أبي أيّوب الأنصاريّ ﷺ	....	92
66 – بناء المسجد النّبويّ والمساكن	....	93
67 – المؤاخاة بين المهاجرين والأنصار	....	94
68 – كتابه ﷺ بين المهاجرين والأنصار وموادعة يهود	....	95
69 – شرع الأذان	....	95
70 – ظهور المنافقين في المدينة	....	96
71 – تحويل القبلة	....	97
72 – تحرّش قريش بالمسلمين بالمدينة	....	98
73 – الإذن بالقتال	....	99
76 – معركة بدر الحاسمة	....	100
77 – تجاوُب الأنصار وتفانيهم في الطّاعة	....	102
78 – تنافس الغلمان في الجهاد والشهادة	....	103
79 – التفاوتُ بين المسلمين والكفّار في الْعَدَدِ والْعُدَدِ	....	104
80 – استعداد للمعركة	....	106
81 – دعاء وتضرّع	....	107
82 – هذان خصمان اختصموا في ربّهم	....	108

83 – التحامُ الفريقين ونشوبُ الحرب	....	109
84 – أوّل قتيل	....	110
85 – مسابقة الإخوة الأشقّاء في قتل أعداء الله ورسوله	....	111
86 – الفتح المبينُ	....	111
87 – وقع معركة بدر	....	113
88 – تعليم غلمان المسلمين فداء الأسرى	....	113
89 – الحميّة الجاهليّة وأخذ الثأر	....	114
90 – في ميدان أُحُدٍ	....	116
91 – مسابقة بين أتراب	....	116
92 – المعركة	....	117
93 – غلبة المسلمين	....	118
94 – كيف دارتِ الدّائرة على المسلمين	....	118
95 – روائع من الحبّ والفداء	....	121
96 – عودة المسلمين إلى مركزهم	....	124
97 – صبر امرأةٍ مؤمنة	....	126
98 – كيف دُفِنَ مُصْعَبُ بنُ عمير وشهداء أُحُد	....	127
99 – إيثار النساء لرسول الله ﷺ	....	128
100 – خروج الرسول ﷺ والمسلمين في أثر العدوّ واستماتتهم في نصرة الرسول ﷺ	....	128
101 – أحبّ إلى النفس من النفس	....	129
103 – كلمة قتيلٍ كانتْ سببًا لإسلام القاتل	....	131
104 – إجلاء بني النّضير	....	131
105 – غزواتُ ذاتِ الرّقاع	....	132
106 – غزوة الخندق أو غزوة الأحزاب	....	133
107 – الحكمة ضالّة المؤمن	....	134
108 – روح المساواة والمواساةِ بين المسلمين	....	135
109 – المعجزات النبويّة في الغزوة	....	137

110 - إذ جاؤوكُمْ مِنْ فوقكُمْ ومن أسفل مِنْكُمْ	137
111 - بين فارس الإسلام وفارس الجاهليّة	139
112 - أمّ تحرّض ابنًا على القتال والشهادة	140
113 - ولله جنود السموات والأرض	141
114 - نقض بني قريظة العهد	145
115 - المسيرُ إلى بني قريظة	146
116 - أنى لسعد أن لا تأخذه في الله لومةُ لائم	147
117 - العفو عَمَّنْ ظلم وعطاء من حُرِم	148
118 - رؤيا رسول الله ﷺ وتهيّؤ المسلمين لدخول مكّة	150
119 - إلى مكّة بعد عهد طويل	151
120 - بيعة الرّضوان	152
121 - معاهدة وصُلح وحكمة وحلم	153
122 - بلاء المسلمين في الصّلح والعودة إلى مكّة	155
123 - صلح مهين أو فتْح مبين	156
124 - عسى أن تكرهوا شيئا وهو خير لكم	157
125 - إسلام خالد بن الوليد وعمرو بن العاص	159
126 - دعوة الملوك والأمراء إلى الإسلام - دعوة وحكمة	159
127 - تسليم هرقل للإسلام وامتناعه عنه	161
128 - أدب النّجاشيّ والمقوقس	163
129 - غطرسة كسرى وعقابها	164
130 - غزوة خيبر - جائزة من الله	165
131 - جيش مؤمن تحت قيادة نبيّ	166
132 - قائد منصور	168
133 - بين أسد الله وبطَل اليهود	169
134 - عمل قليلًا وأجر كثيرًا	169
135 - ما على هذا اتّبعتك	170

136 - شرط البقاء في خيبر		171
137 - محاولة أثيمة لليهود		172
138 - فتوح ومغانم		173
139 - عمرة القضاء		174
140 - التنافس في خضانة البنت		174
141 - غزوة مؤتة - قتل سفير المسلمين وعقوبته		175
142 - أوّل جيش في أرض الرّوم		176
143 - ما نقاتل النّاس بعددٍ ولا قوّة		177
144 - قتال المستميتين وصولة الأسود		178
145 - قيادة خالد الحكيمة		178
146 - خبر عيان لا بيان		179
148 - كرّارون لا فرّارون		180
149 - فتح مكّة - تمهيد لفتح مكّة		180
150 - نقض بني بكر ﷺ وقريش الحلف		181
151 - الاستغاثة برسول الله ﷺ		182
152 - محاولة قريش لتجديد العهد		182
153 - إيثار النبيّ على الآباء والأبناء		183
154 - حيرة أبي سفيان وإخفاقه		183
155 - التأهّب لمكّة		184
156 - العفو عَمَّنْ ظلمَ		185
157 - أبو سفيان بن حرب بين يدي رسول الله ﷺ		186
158 - عفو عام وأمن بسيط		187
159 - أبو سفيان أمام موكب الفتح		187
160 - دخول خاشع متواضع لا دخول فاتح متعال		188
161 - مرحمة لا ملحمة		189
162 - مناوشات قليلة		190

190	163 - تطهير الحرم من الأوثان والأصنام	
191	164 - اليوم يوم برّ ووفاء	
192	165 - الإسلام دين توحيد ووحدة	
192	166 - نبي المحبّة ورسول الرّحمة	
193	167 - لا تمييز في تنفيذ حدود الله	
194	168 - بيعة على الإسلام	
195	170 - إزالة آثار الجاهليّة وشعائر الوثنية	
196	172 - غزوة حنين - اجتماع هوازن	
197	173 - في وادي حنين	
198	174 - الفتح والسّكينة	
200	175 - غزوة الطائف - فلول ثقيف	
200	176 - حصار الطّائف	
201	179 - سبايا حنين ومغانمها	
202	180 - ردّ السبايا على هوازن	
203	181 - رقّة وكرم	
204	183 - لا هودة مع الوثنيّة	
205	185 - زمن الغزوة	
206	186 - تنافس الصّحابة في الجهاد والمسير	
206	187 - مسير الجيش إلى تبوك	
207	188 - عودة الرّسول إلى المدينة	
208	189 - ابتلاء كعب بن مالك ونجاحه فيه	
210	190 - غزوة تبوك آخر غزوة	
210	191 - أوّل حجّ في الإسلام ونزول البراءة	
211	192 - عام الوفود - تقاطر الوفود إلى المدينة	
213	193 - فرض الزّكاة والصدقات	
214	194 - حجّة الوداع - أوان حجّة الوداع	

215	195 - كيف حجّ النبيّ ﷺ	
220	196 - الوفاة - كمال مُهِمَّة التّبليغ والتّشريع ودنوّ ساعة اللقاء	
220	197 - شكوى رسول الله ﷺ	
222	198 - آخر البعوث	
223	199 - دعاء للمسلمين وتحذير لهم عن العلوّ والكبرياء	
223	200 - زهد في الدّنيا وكراهية لما فضل من المال	
224	201 - اهتمام بالصّلاة وإمامة أبي بكر	
225	202 - خطبة الوداع	
226	203 - آخر نظرة إلى المسلمين وهم صفوف في الصّلاة	
226	204 - تحذير من عبادة القبور واتّخاذها مساجد	
227	205 - الوصيّة الأخيرة	
229	206 - كيف فارق رسول الله ﷺ الدّنيا	
231	207 - كيف تلقّى الصّحابة نبأ الوفاة	
231	208 - موقف أبي بكر الحاسم	
232	209 - بيعة أبي بكر بالخلافة	
233	210 - كيف ودّع المسلمون رسولَهُم وصَلّوا عليه	
234	211 - وكان ذلك يوم الثلاثاء	
235	212 - أزواجه أمّهات المؤمنين	
236	213 - أولاده ﷺ	
237	214 - الأخلاق والشّمائل	
241	غزوات (Battles)	
245	سريّة (Expeditions)	
249	Important events of seerah	
251	Wives of Prophet Muhammad ﷺ	
261	Children of Prophet Muhammad ﷺ	
265	Maps for seerah	

Our publications
Jamiatul Ilm Wal Huda

1000 Hadith (in Arabic with English translation)

This book is a compilation of a 1000 authentic narrations of Prophet Muhammad ﷺ from the six famous books, it is designed in chapter form. The book has originally been created for memorisation, yet it can be useful for general reading as well. The 1000 narrations have been translated into easy flowing English, easily understandable for all. A book that would not only be of great benefit in the classroom environment, rather it will be very useful for study circles and daily reminders at home as well. In sha Allah.

Usool al-Hadith (in Arabic)

This book is aimed at teaching Usool al-Hadith to an intermediate level; in an easy format. It is filled with tables and flowcharts; this style has been adopted to make the subject as easy as possible to understand. Furthermore, flowcharts have been added at the end of the book which covers majority of the subject.

Mantiq (in Arabic)

This book is aimed at teaching the classical Mantiq (logic) terms to an intermediate level; in an easy format. It is filled with tables and flowcharts; this style has been adopted to make the subject as easy as possible to understand. Furthermore, flowcharts have been added at the end of the book which covers majority of the subject.

Zahratun Nahw (part 1)

This book is designed for teaching Nahw (Arabic syntax) for the beginner level. It has adopted a very simple style with very simple terms indicated. The depth of the subject has been avoided; aiming to consolidate the very basics of grammar for the learners.

Hidayatun Nahw (with Q&A in English)

The book Hidayatun Nahw is a book taught in many places for intermediate level Nahw. However, due to its complex text, many readers find many parts of the text difficult to solve. Therefore, for the English speaking readers, this book was designed with the intention of making the complex text of the book easier for understanding. Hence, the English question & answers do not go into much detail beyond the content of the book; it is more based on solving the book.

Qisas an-Nabiyeen (part 1-4)

Qisas an-Nabiyyeen is a compilation of short and entertaining stories about some of the Messengers. It was written by Shaykh Abul Hasan Ali an-Nadwi for students starting to learn the Arabic language. The Jamiatul Ilm Wal Huda publication has the original text with an addition of over 2500 words of Arabic vocabulary with English and Urdu meanings.

Qisas an-Nabiyeen (part 5)

Qisas an-Nabiyyeen is a compilation of short and entertaining stories about some of the Messengers, part 5 is dedicated to the final Prophet, Muhammad. It was written by Shaykh Abul Hasan Ali an-Nadwi for students starting to learn the Arabic language. The Jamiatul Ilm Wal Huda publication has the original text with an addition of over 1300 words of Arabic vocabulary with English and Urdu meanings. Further, this publication has added footnotes of certain names and events and added additional Seerah information at the end of the book.

Diwan of Imam Shafe'e

The compilation includes the Arabic poetry of Imam Shafe'e with explanatory translation in English. A very simple and easy style of translation has been adopted, allowing all to benefit from the valuable advices and lessons captured by Imam Shafe'e within his poetry. It should hopefully serve beneficial for students of Arabic along with those that are unable to read or understand Arabic. Furthermore, there is a vocabulary list of the difficult words in footnotes allowing students to benefit further. Also, a treatise of Arabic poetry rules in English has been added to the beginning of the compilation for further benefit.

A Comprehensive Guide To Tajweed

This book is aimed at teaching enhanced level Tajweed according to the recitation of Imam Hafs. Many simple books have been written in the English language on the subject of Tajweed; however, most were restricted to the beginner's level. Hence, the need arose to compile a book of advanced level which would enable the English speaking audience to learn detailed Tajweed directly from an English source. This book will allow the reader to straight away solve many of the detailed books of Tajweed within the Arabic language. It may even prove to be a commentary for many of the Arabic texts.

Training the Students of Sacred Knowledge (in English)

This book is aimed at teaching the students of the sacred knowledge the etiquettes of studying. This book *Riyāḍat al-Muta'allimīn* is indispensable and beneficial especially for students of knowledge and teachers. Imam Ibn al-Sunnī outlines the etiquettes and guidelines for students and teachers, the methods of teaching and learning, and the different sciences that should be acquired. This compilation has translated the original work in a reader friendly manner, mentioning the approximately 300 etiquettes with proofs from narrations.

Durus al-Lughah al-Arabiyyah (part 1)

Durus al-lughah al-Arabiyyah is a book taught in many institutes as a beginners/intermediate guide for Arabic learning. Book 1 covers 23 important chapters of Arabic grammar, language and literature; allowing the students to become equipped with the foundation/intermediate before enhancing to higher level. The book was designed specifically for non-Arab students intending to learn basic writing, reading and speaking skills within modern-day Arabic. This publication explains the core lessons and meanings of each chapter in English, along with additional notes at the end of important modern-day Arabic words not covered within the original book.

Durus al-Lughah al-Arabiyyah (part 2)

Durus al-lughah al-Arabiyyah is a book taught in many institutes as a beginners/intermediate guide for Arabic learning. Book 2 covers 31 important chapters of Arabic grammar, language and literature; allowing the students to become equipped with the foundation/intermediate before enhancing to higher level. The book was designed specifically for non-Arab students intending to learn basic writing, reading and speaking skills within modern-day Arabic. This publication explains the core lessons and meanings of each chapter in English, along with additional notes at the end of important modern-day Arabic words not covered within the original book.

Al-Muqaddimah al-Jazariyyah

Al-Muqaddimah al-Jazariyyah is a compilation of tajweed rules by Shams al-Din al-Jazari in over 100 poems. The Jamiatul Ilm Wal Huda publication has the original text with an addition of English translation/explanation; allowing readers to easily understand the Arabic lines.

Suwar min Hayat as-Sahabiyyaat

Suwar min Hayat as-Sahabiyyat is a compilation of short and entertaining stories about eight female Companions. It was written by Shaykh Abdul Rahman Ra'fat al-Pasha for students starting to learn the Arabic language. The Jamiatul Ilm Wal Huda publication has the original text with an addition of over 1000 words of Arabic vocabulary with English and Urdu meanings; also, a brief of each female scholar in the English language.

40 Hadeeth on Islamic Manners

Islam teaches us the great importance of manners and etiquettes to the extent that it has been regarded as the weightiest deed in the scale of good deeds. This compilation of 40 Hadeeth with translation and explanation of the 40 Hadeeth will, insha Allah, serve as a means of encouragement to us all; young, old, students, scholars, laity etc. The style of the explanation has been kept very simple with approximately two sides of explanation for each Hadeeth, most of the explanation are simply capturing Qur'an verses, other Prophetic narrations or sayings of the pious scholars in regards to the topic discussed. The chapters included are wide ranging, from mercy to parents, anger to jealousy, treatment towards Muslims and non-Muslims, rights of the Lord to the rights of the creation and so.

Das Sabak (in Urdu & English)

The book Das Sabak is a book taught in many institutes as a beginners guide for Arabic learning. The book covers ten very important topics of Arabic grammar; allowing the students to become equipped with the foundation before enhancing to intermediate level. The book was designed to make translation of the Qur'an easier for beginners; covering most words up to half of the first para. However, as the book was written in Urdu, it became hard for the English speaking audience to take benefit from the book; hence, the need arose to make a parallel English version of the book. The Urdu has been kept within the book, with explanatory English notes for each chapter.

Sarf (volume 1)

To achieve a deep and coherent understanding of any language, it is of imperative importance that an individual grasps the fundamental and foundational rules along with working on increasing the vocabulary within that language. This volume covers the introduction of Arabic morphology (sarf), building from the basic level. It introduces all the famous nineteen scales with their past tense, present/future tense, imperative, prohibitive, emphatic forms and much more. Furthermore, it builds onto the 'small charts' (*sarf sagheer*) for these words and also provides other words for practice. The compilation also indicates to the 'special meanings' and nuances of each scale. Even though this volume does not delve into the 'advanced variations' of these nineteen scales, a small introduction to these 'advance variations' is mentioned within this volume. Finally, some words regarded difficult in the Holy Qur'an by Arabic morphology students have been mentioned and explained within this volume.

A preview of these books can be viewed by visiting the following link:

http://www.jamiah.co.uk/achievements/jamiah-publications/